퇴사 말고 휴직
남자의 휴직, 그 두려움을 말하다

남자의 휴직, 그 두려움을 말하다

| 초 판 1 쇄 | 2020년 6월 30일 |
| 1판 2 쇄 | 2020년 7월 7일 |

지 은 이 | 최호진
발 행 인 | 김영희

편집·디자인 | 이상숙
발 행 처 | (주)와이에치미디어
등 록 번 호 | 2017-000071호
주 소 | 08054 서울특별시 양천구 신정로 11길 20
전 화 | 02-3771-0245
팩 스 | 0502-377-0138
홈 페 이 지 | www.yhmedia.co.kr
E - m a i l | fkimedia@naver.com
I S B N | 979-11-89993-21-4 03190
정 가 | 1만 5,000원

· 낙장 및 파본 도서는 바꿔 드립니다.
· 이 책 내용의 전부 또는 일부를 재사용하려면 반드시 (주)와이에치미디어의 동의를 받아야 합니다.
· 독자 여러분의 원고를 기다립니다. 책을 엮기 원하는 아이디어가 있으면 fkimedia@naver.com 으로 간략한 개요와 취지를 연락처와 같이 보내주십시오.

이 도서의 국립중앙도서관 출판예정도서목록(CIP)은 서지정보유통지원시스템 홈페이지(http://seoji.nl.go.kr)와 국가자료공동목록시스템(http://www.nl.go.kr/kolisnet)에서 이용하실 수 있습니다.
(CIP제어번호 : CIP2020022700)

남자의 휴직, 그 두려움을 말하다

최호진

YH Media

저자의 글

나의 쉼표 이야기를 시작하며

글에 쉼표를 쓰기 시작했다. 쉼표를 쓰는 법을 배운 적이 없어 처음에는 어색했지만, 쓰다 보니 점점 편해졌다. 문장이 길어질 때, 쉼표는 요긴하게 쓰였다. 강조하고 싶을 때, 몇 개를 나열할 때도 유용했다. 마침표만 가득한 글에 쉼표가 쓰이니 글에 숨통이 트였다. 쉼표가 단순히 쉼을 표시하는 것만은 아니라는 것도 알게 되었다. 강조할 때, 연결할 때, 끊어줄 때, 쉼표는 그때마다 맡은 바 역할을 다 했다.

어느 순간부터 쉼표는 내게 특별한 존재가 되었다. 문장 부호 이상이었다. 내 인생의 첫 번째 쉼표 덕분이었다. 그 쉼표는 바로 '휴직'이었다. 나는 40년 가까이 달리기만 했던 인생에서, 처음으로 쉼표를 찍을 수 있었다. 쉼표는 단순히 쉬는 것만을 의미하진 않았다. 회사 생활에 쉼표를 찍었지만, 한 번도 쉰다고 생각하지 않았다. 매일 일상에서 무언가를 했다. 아이들을 돌보기도 하고, 글을 쓰기도 하고, 책을 읽기도 했다. 회사 밖 사람들을 만나며 새로운 세상을 접하기도 했다. 덕분에 그동안 보지 못했던 것들이 보이기 시작했다. '나는 누구인가'라는 근원적 질문 속에서 진짜 '나'를 찾기 위해 노력했다. 그 속에서 좋은 아빠로서 어떻게 살아야 할지 고민했고, 회사에서의 내 잘못도 보았다. 복직 후, 나를 지키며 일하는 방법도 찾을 수 있었다. 그 속에서 나의 꿈도 찾았다.

이 책은 나의 '쉼표'에 대한 이야기다. 사고가 있던 며칠을 제외하고, 휴직기간 동안 매일 글을 썼다. 일상을 기록하고, 읽은 책을 정리하고, 순간순간 일어난 감정을 표현했다. 그것이 쌓여서 한 권의 책이 되었다. 처음부터 책을 써야겠다는 생각이었다면 이렇게 정리하기 어려웠을 것이다. 별 생각 없이 매일 써 내려간 텍스트들 덕분에 책을 완성할 수 있었다. 켜켜이 쌓인 글이 한 권의 책이 되는 것을 보면서 신기하고 뿌듯하면서 동시에 많은 분들께 감사할 따름이다.

출판사 와이에치미디어를 만난 건 행운이었다. 열정적인 대표님 덕분에 내 이야기가 책으로 정리될 수 있었다. 그 과정에서 매일 응원해 준 아내에게도 고맙다는 말을 전하고 싶다. 내 책이 잘 되기를 바라며 '남편은 10만 부 작가가 된다'를 100일 동안 100번씩 써 내려간 아내의 지지와 도움은 내게 큰 힘이 되었다. 나를 자극하는 두 아들 또한 이 책이 나올 수 있게 한 원동력이었다. 나를 가르쳐 주는 아이들에게도 고마움을 전한다. 양가 부모님과 가족들, 그리고 이 책이 나올 때까지 나를 끊임없이 응원해 준 많은 분들에게도 감사의 인사를 드린다.

아직도 책이 나온다는 게 실감나지 않는다. 사람들이 어떤 반응을 보일지 걱정되는 것도 사실이다. 좋은 책으로 읽혔으면 한다. 이 책이 단지 나의 쉼표 이야기로 끝나지 않고 누군가에게는 위로가 되고, 누군가에게는 희망이 되며, 또 누군가에게는 이정표가 될 수 있었으면 좋겠다. 더불어 많은 사람들의 관심을 받는, 많이 읽히는 책이 되면 더할 나위 없이 좋을 것 같다.

최 호 진

저자의 글 | 나의 쉼표 이야기를 시작하며

1 두려움 속의 도전 - 드디어 휴직이다

나는 휴직하기로 했다

나는 화만 내는 아빠였다	14
삶에 균열이 생기기 시작하다	20
남자의 휴직 - 두려움이 컸다	25
인생도, 휴직도 중요한 건 타이밍	29
아내의 지지와 응원을 받는다는 것	33
Tip 하나. 휴직을 결정할 때 반드시 따져봐야 할 세 가지	36

익숙한 것들과의 결별

무기력하지 않게 살아보기로 했다	42
충동적이지만 다소 계획적인…	46
버킷리스트 100개를 만들다	50
자기혁명캠프에서 새로운 내가 되다	55
지리산 단식원에서 나를 찾다	61
Tip 둘. 휴직하자마자 첫 한 달, 꼭 해 보면 좋을 세 가지	66

나만의 루틴 찾기

휴직기간을 어떻게 보낼 것인가	72
아내의 부탁	76
한 달 습관 만들기	79

나만의 오피스를 만들다	83
꾸준한 글쓰기에 공을 들이다	86
나의 이야기로 강의해 보기	91
마라톤 풀코스에 도전하다	95
흔들리며 피는 꽃	99
실패도 담담하게 받아들이다	103
Tip 셋. 휴직기간 중 나의 루틴을 지켜준 책들	108

2 무모한 도전 - 엄마 없이 아이 둘과 70일간 캐나다 여행

떨고 있는 나 - 용기를 내다

나 떨고 있니	116
어른인 나도 두려운데 아이야 오죽하랴	120
아내에게 70일의 자유를 선물하다	122
독점 육아 여행의 베이스 캠프	124
Tip 하나. 엄마 없이도 아이들과 즐겁게 여행하는 요령	128

위니펙 캠프는 뭐지

밴쿠버를 거쳐 위니펙으로	132
캠프의 첫 날이 밝았다	134
요리 - 못 하는 게 아니었구나	137
나만의 시간을 갖다	141
6주 간의 캠프를 마치며	144
Tip 둘. 아이들과 놀아 주지 마세요, 그냥 노세요	150

어쩌다 우리는 병원에 왔을까

하늘이 노랗게 보이다	154
모든 게 내 탓이다	159
수술은 잘 되었으나…	163
병원비 좀 깎아 주세요	168
더 좋은 일이 생길 거야	173
Tip 셋. 아빠의 여행 필수품 세 가지	177

자연 속에서 마음 부자가 되다

자동차 여행을 꿈꾸다	182
아름다운 대자연에 빠지다	186
운명처럼 마주했던 아주 특별한 밴프 캠핑	190
감동은 예상치 못한 곳에서 왔다	195
괜찮아, 지금도 잘하고 있어	200
Tip 넷. 여행 기억을 오래 남기기 위한 방법	204

우리는 더 단단해졌다

여행 근육을 키우다	208
지금 이 순간을 즐겨라	212
쓰면, 이루어진다	216
그래, 다 잊어버려 Forget about it	219
끝까지 잘하자	223
Tip 다섯. 아이와 여행 스케줄을 짤 때 주의할 점	227

3 새로운 도전 – 휴직의 끝은 퇴사가 아니다

어느새 마흔, 비로소 보이는 것들

한 발짝 물러서니 내 잘못이 보였다	234
좋은 직장, 좋은 직업이란 무엇인가	238
우물 안 개구리로 살았네	243
회사에서 내가 챙긴 것은 자존심이었다	247
임원이 되어야만 성공한 것이라고 생각했는데…	252
악마는 디테일에 있다	257
모든 것은 다 내게서 비롯되었다	260
회사를 바라보는 내 마음이 달라졌다	265

나는 소망한다

아내에게 인정받으며 살고 싶다	270
아이들은 나를 가르치는 스승이다	274
아이들에게 바라기보다는 내가 먼저!	278
작은 꿈이 생겼습니다	283
나는 기버Giver인 척 살기로 했다	287

에필로그 | 다시 일터로 돌아가며

아직도 난 배가 고프다	291
이젠 더 이상 마흔이 두렵지 않다	294

퇴사 말고 휴직
남자의 휴직, 그 두려움을 말하다

제1장

두려움 속의 도전
드디어 휴직이다

1. 나는 휴직하기로 했다
2. 익숙한 것들과의 결별
3. 나만의 루틴 찾기

나는 휴직하기로 했다

︙

나는 화만 내는 아빠였다
삶에 균열이 생기기 시작하다
남자의 휴직 - 두려움이 컸다
인생도, 휴직도 중요한 건 타이밍
아내의 지지와 응원을 받는다는 것
[Tip 하나. 휴직을 결정할 때 반드시 따져봐야 할 세 가지]

나는
화만 내는 아빠였다

나는 변덕이 심한 아빠였다. 기분이 좋을 때는 한없이 잘 놀았지만, 아이들이 내 뜻대로 움직이지 않을 때에는 아이들에게 불같이 화를 내곤 했다. 블로그에 좋은 아빠일 때의 나의 모습만 주로 남겨서 그런지 사람들은 나를 오해하곤 했지만, 현실의 나는 아이들에게 소리나 꽥꽥 지르는 신경질적인 아빠였다.

아이들에게 화를 내는 상황은 여행할 때 특히 자주 발생했다. 나와 아내는 여행을 좋아하고 여행지에서 느끼는 낯섦을 즐겼다. 각박한 현실로부터 벗어날 수 있다는 점도 여행이 주는 이점이었다. 다행히 아이들도 잘 따라 다녔고 어느새 우리 부부만큼이나 여행을 좋아하게 되었다. 생활비를 아껴가며 이곳저곳 다녔다. 그게 남는 거라 생각했으니.

대체로 행복한 여행이었지만, 여행이 항상 좋을 수는 없었다. 여행의 분위기를 망치는 주범이 있었으니 그게 바로 '나'였다. 나도 모르게 '욱' 할 때가 종종 있었고 그때마다 즐거운 분위기가 망가지곤 했다. 굳이 핑계를 대자면 예민했기 때문이다. 안전을 위해 조심해야 한다고 생각했고 그렇기에 아이들을 엄하게 대하는 게 맞다고 판단했다. 착한 아이들은 아빠의 말을 대체로 잘 따랐지만 아직 어렸기에 예상치 못한 행동으로 나를 화나게 했고, 나는 종종 이성을 잃고 소리를 지르곤 했다. 대부분은 별 것도 아닌 일들이었는데 말이다. 신나게 바닷가에서 놀다 온 아이가 신발에 묻은 모래를 차안에서 털 때, 지친 아이가 길거리에서 토했을 때도 이를 타박하며 소리질렀다. 제주 여행 때는 그곳에서 사귄 친구와 작별인사를 못해 서운해 하는 큰 아이에게 화를 냈다. 작별인사를 못한 건 어쩔 수 없는 상황이었고, 만난 지 며칠 안 된 친구라 별 것도 아닌 일이라 생각했는데 아이가 뚱하게 있으니 짜증이 났던 것. 아이들끼리 투닥거리며 싸울 때도 마찬가지였다.

어린 아이들이 충분히 할 만한 행동이었다. 그런데 그런 것들이 심기를 건드렸고 그때마다 나도 모르게 '욱'하고 말았다. 옆에서 아내가 제어한 덕분에 금세 괜찮아질 때가 많았지만 그렇다고 화를 냈던 게 없던 일로 사라진 것은 아니다. 아이들에게는 나의 행동이 상처로 남는 듯 했다.

재작년 연말 아이들만 데리고 스키장에 다녀오고 나서 며칠 후의 일이다. 토요일 아침 아이들은 밥을 먹으며 스키장에서의 2박 3일에 대해 아내에게 조잘조잘 이야기했다. 회사 일 때문에 함께 하지 못했던 아내는 이야기를 재밌게 들었다. 엄마가 흥미를 보이자 신이 난 아이들은 아빠가 스키장에서 화내던 상황을 이야기했다.

나는 리프트를 탈 때마다 여섯 살인 둘째를 도와줘야 했다. 키가 작아 어쩔 수 없었지만 나도 스키를 잘 타지 못했기에 매번 신경 쓰였고 꽤 힘이 들었다. 그러다 리프트를 타는 순간 스키가 바닥에 떨어지는 사고가 발생했다. 다행히 뒷사람이 스키를 가져다 줘 문제는 해결됐지만 그 상황에 나는 짜증이 폭발했고, 아이들에게 화를 내고 말았다. 장난을 치긴 했어도 크게 잘못한 것은 없었는데 아이들은 화내는 아빠 옆에서 눈치를 봐야 했다. 그리고 아이들은 이를 정확하고 생생하게 묘사하며 아내에게 '고자질'했다. 대부분 즐거운 시간이었고 화를 낸 건 몇 분 되지 않았는데도 그 사건이 가장 강렬했나 보다.

 이야기를 들으며 민망했고 그런 나의 행동이 후회스러웠다. 비단 스키장에서만 그랬던 건 아니다. 아이들은 아빠가 화를 낸 하나하나를 잘 기억하고 있었다. 그래서 더 속상했다. 아이들과의 즐거운 추억이 나 때문에 엉클어지는 것 같아 아쉬웠고 미안했다. 그렇다고 내 행동이 개선된 것도 아니었다. 그러지 말아야겠다고 다짐했지만 결국은 말뿐이었다. 화를 낼 때마다 진심으로 사과했지만 그때뿐, 여전히 나는 수시로 아이들에게 울컥하는 그런 아빠였다.

 스키장에 다녀온 지 몇 주 뒤, 우연히 뇌과학자 정재승 교수와 교육학자 최재정 교수의 강의를 이틀 동안 연달아 듣게 되었다. 전문 분야가 다른 두 분이셨지만 공교롭게도 두 강의 모두 부모가 아이에게 화를 내는 이유에 대해 이야기했다. 두 분의 강의를 들으며 내 문제에 대해 바로 알 수 있었다. 아이를 내가 낳은 새끼이므로 내 마음대로 할 수 있는 '내 것'이라고 생각한 것. 내 것인 아이들이 내 말을 따라 주지 않고 나의 의도대로 움직이지 않아 화가 난 거다.

강의를 듣고 아이를 내 것이라고 생각하는 마음에 대해 곰곰이 생각해 보았다. 그리고 아이들을 내 소유물로 생각하는 마음 이면에 또 다른 것이 있다는 사실을 알게 되었다. 세상에 내 마음대로 할 수 있는 유일한 존재가 바로 아이들이라고 나는 생각했다. 직장에서는 내 마음대로 할 수 있는 게 아무것도 없었다. 직장생활을 10년 넘게 하면서 이런저런 벽에 부딪히는 나를 발견했다. 생각하는 대로 일이 풀리지 않았다. 상사의 비위를 맞춰야 했고, 후배의 눈치도 봐야 했다. 아내와의 관계는 좋았지만 아내 또한 내 맘대로 할 수는 없는 사람이었다. 하지만 아이들은 달랐다. 양육이라는 미명하에 내 마음대로 움직일 수 있는 존재라고 생각했다. 그래서 아이들에게 화를 냈다. 세상에서 유일하게 통제 가능한 대상이 내 말을 듣질 않으니 분풀이를 해야 했던 것이다.

쥐구멍에라도 숨고 싶을 정도로 부끄러웠다. 아이들을 통제 대상으로 생각한 것도 문제였지만, 아이들을 통제함으로써 내 욕망을 해소하려는 이기심이 더 큰 문제였다. 그날 이후 아이들을 나의 소유물로 인식하지 말아야겠다고 다짐했다. 최재정 교수가 말했던 것처럼 아이들은 소중한 선물이다. 언젠가 아이들이 우리 품을 떠나기 전까지 잠시 소중하게 맡아 두고 있는 것뿐이다. 물론 그렇다고 아이들에게 화를 내지 않는 아빠로 환골탈태한 것은 아니었지만 두 강의는 아이들을 바라보는 나의 태도에 많은 변화를 주었다.

몇 달 뒤 휴직을 했다. 다소 충동적인 선택이기도 했지만 그 속에서 내가 진짜 좋아하는 것을 찾고, 아이들에게도 당당한 아빠가 되고 싶은 바람도 있었다. 걱정도 많이 했지만, 휴직은 여러모로 나에게 선물과도 같았다. 회사의 일원으로서가 아닌 자연인으로서 '나'에 대해 돌아볼 수 있는 시간이었다.

휴직기간 동안 후회하지 않기 위해 열심히 하루하루를 보냈다. 어렵게 찾은 나만의 소중한 시간을 헛되이 보내고 싶지 않았다. 매일 새벽같이 일어나 달리기를 하고, 책을 읽고, 글을 썼다. "너무 힘들지 않냐"는 주위의 걱정도 들었지만 그게 내가 할 수 있는 최선이었다. 그리고 그 속에서 지난 14년 간의 직장생활에 대해 반성도 했고, '나다움'을 찾아 나갔다. 직장에서든 직장 밖에서든 내가 어떻게 살아야 즐겁고 행복한지를 알 수 있게 되었다.

아이들과 즐거운 추억도 만들었다. 70일 동안의 캐나다 여행은 휴직의 하이라이트였다. 여행은 아내 없이 아이 둘만 데리고 가는 무모한 도전이었다. 시작할 때는 두려움에 비행기 안에서 떨기도 했다. 아이가 아파서 병원에 입원했을 때는 내가 왜 이런 짓을 했나 후회하며 하늘을 원망했다. 하지만 여행을 마칠 때쯤 나는 아이들에게 많은 것을 배울 수 있었다. 아이들을 나 혼자 돌보며 다니는 동안 아이들을 오롯이 관찰할 수 있었고 그 속에서 아이들의 소중한 가치를 발견할 수 있었다. 내 손아귀에 있는, 통제 대상이라고 생각했던 아이들이 알고 보니 나를 일깨우는 스승 같은 존재라는 사실을 여행을 통해 비로소 알게 되었다.

내가 유일하게 통제할 수 있는 대상은 아이들이 아니고 바로 나 자신이라는 사실도 깨달았다. 휴직기간 동안 할 수 있는 것들에 최선을 다하고, 할 수 없는 것들을 흘려 보내는 방법을 체득하며 나 자신을 통제

하는 법을 배웠다. 그 속에서 조금씩 성장하는 나를 발견했다. 나에 대한 새로운 발견은 아이들을 놓아주는 계기가 되었고, 덕분에 나는 변덕쟁이 아빠에서 벗어날 수 있었다. 아이들이 내 뜻대로 움직이지 않는다고 불같이 화를 내지도 않았다. 더 이상 아이들에게 죄책감을 느끼며 사죄하지도 않았다. 완벽하진 않지만 수시로 울컥하는 나를 다스릴 수 있게 되었기 때문이다.

작년 연말 『백 살까지 유쾌하게 나이 드는 법』을 재미있게 읽었다. 정신과 의사 이근후 박사의 '나이듦'에 대한 이야기가 인상적이었다. 여든 해를 넘긴 그의 인생 이야기를 보며 어떻게 살아가야 할지 고민도 해보고, 좋은 부모가 되는 방법에 대해서도 성찰할 수 있었다.

> 좋은 부모가 되려고 너무 애쓰지 않아도, 그저 양육자로서 자기 인생을 사는 데 열중해도, 부모로서 역할을 괜찮게 해낼 수 있다.
> ─이근후, 『백 살까지 유쾌하게 나이 드는 법』 중

좋은 부모가 되는 방법의 중심에는 아이들이 아닌 내가 있다는 것을 알게 됐다. 다른 무엇보다 나의 삶을 잘 사는 것이 중요했다. 그제서야 알게 됐다. 좋은 아빠가 되기 이전에 좋은 내가 되는 게 먼저라는 것을.

삶에
균열이 생기기 시작하다

2016년 11월, 출장차 미국 실리콘 밸리에 다녀왔다. 그곳에 있는 혁신 기업들의 문화를 배우고 신사업 거리를 찾는 게 회사에서 우리 출장 팀에 부여한 미션이었다. 새로운 문화를 경험할 수 있는 좋은 기회였지만 과제의 난이도가 너무 높았다. 만나야 하는 업체를 회사에서 별도로 정해준 것도 아니었다. 어디에 가서 누구를 만나야 할지 우리가 직접 정해야 했다. 다소 막막한 상황이었다.

난감해 하던 우리에게 선녀가 내려왔다. 그녀를 알게 된 것은 후배 덕분이었다. 페이스북에서 실리콘 밸리의 기업을 방문한 후 소감을 정리한 그녀의 피드를 한 후배가 우연히 보게 됐다. 나의 고민을 알고 있던 후배는 그녀를 만나보라고 추천해 주었다. 지푸라기라도 잡는 심정으로 그녀의 페이스북을 뒤졌지만, 쉽게 만날 순 없었다. 이미 친구가 5,000명이 넘는 분이었기에 더 이상 친구 추가가 되지 않았다. 메신저로 메시지를 보냈지만 아쉽게도 응답이 없었.

그 다음날. KOTRA에서 주관하는 스타트업 피칭 행사에 갔다. 한국

스타트업을 실리콘 밸리에 소개하는 자리였다. 알아듣지도 못하는 영어 프리젠테이션을 열심히 들으며 나 또한 우리 회사에 도움이 될 만한 괜찮은 스타트업을 찾아보려고 했다. 그런데 깜짝 놀랄 일이 일어났다. 어제 페이스북을 통해 만나려 했던 그 분이 내 눈앞에서 떡 하니 발표 중인 게 아닌가. 발표가 끝나자마자 그녀를 쫓아갔다. 그리고 대뜸 내 상황을 소개하면서 이곳에서 만날 수 있는 좋은 업체를 추천해달라고 부탁했다. 그녀는 우리의 요청을 시원하게 받아줬고, 몇몇 업체를 그 자리에서 바로 소개시켜 주기까지 했다.

다음날 페이스북 메신저로 이야기를 나누다 우리가 머물던 숙소 근처에 그녀가 있다는 사실을 알게 되었다. 주말이었기에 서로 여유가 있었던 터라 우리는 숙소 근처 카페에서 다시 만났다. 한참동안 이런저런 이야기를 나누며 친해졌다. 그리고 그녀의 선한 오지랖 덕분에 나와 상사는 실리콘 밸리 출장에서 다양한 사람들을 만날 수 있었다. 물론 출장의 목적인 혁신 문화를 찾고 신사업 거리를 발굴하는 데까지는 나가지 못했지만, 좋은 인연을 알게 된 것만으로도 의미 있는 출장이었다.

출장을 마치고 한국으로 돌아와 그녀를 다시 만났다. 그녀는 내게 몇 명의 스타트업 대표를 소개시켜 주었다. 우리는 함께 만났고 모임까지 만들게 되었다. 그리고 단체 채팅방을 통해 업계 이야기부터 기술과 주요 트렌드까지 다양한 이야기를 접할 수 있었다. 그녀를 포함해 새로 알게 된 스타트업 대표들은 나에게 신기한 사람들이었다. 번듯한 대기업을 자기 발로 박차고 나와 어려운 창업의 길로 들어선 분들이었다. 힘들게 버텨내고 있는 상황이었지만 그들은 하나같이 자기가 하는 일에 강한 확신과 열정을 지닌 멋진 사람들이었다.

그게 내 삶에 조금씩 균열을 일으키기 시작했다. 회사와 집을 오가기만 하면서 회사 사람들만 만났던 나는, 상사를 안주거리 삼아 동료와 소주 한 잔 기울이는 것을 즐기던 나는, 우물 밖 세상을 십여 년 만에 처음으로 접하게 되었다. 맨 처음 그들을 보면서 부끄럽고 부러운 감정이 들었다. 회사에서 애면글면 버티고 있는 내가 상대적으로 작아 보였고, 그들이 확신을 갖고 퇴사를 선택했던 용기를 나 또한 갖고 싶었다. 그런 분들이 내 삶에 건전한 자극이 되었다. 궁금했다. 우물 밖에서 어떤 재미난 일들이 일어나는지 알고 싶었다.

두 번째 균열은, 출장을 다녀온 후 몇 달 뒤에 일어났다. 한 권의 책 때문이었다. 책을 읽다 온몸에 닭살이 돋았다.

> 상대적으로 나는 어떤지 스스로를 바라봤다. 직장생활을 10년 넘게 했지만 어떤 한 분야의 전문가는 아니었다. 회사에서 쓰는 보고서 이외에 글이라고는 거의 써본 적이 없었다. 다른 사람에게 공유할 만한 나만의 콘텐츠도 없었다. 그들은 어떻게 그렇게 될 수 있었을까? 어떻게 자기가 하고 싶은 일을 찾고, 뛰어난 능력을 갖추고, 자신만의 콘텐츠를 만들 수 있었을까? 남들이 저렇게 열심히 사는 동안 나는 지금까지 뭘 했나 하는 자괴감이 들었다.
>
> ─신정철, 『메모 습관의 힘』 중

신정철 작가의 『메모 습관의 힘』에 나오는 작가의 이야기가 마치 내 이야기 같았다. 나를 돌아보는 계기가 되었다. 지난 10여 년 동안 나 또한 회사에 길들여진 채, 뭐 하나 내세울 것 없는 존재가 되었다. 주어진 환경에서 회사에서 시키는 일만 잘하면 되겠지 싶어 나를 가꾸는 일에 소홀했는데 그런 시간이 너무 아쉬웠다. 내 콘텐츠 하나 없이 회사에 대한 불평불만만 늘어놓는 존재가 되어버린 내가 싫었다. 세상 사람들이 다들 자기의 커리어를 쌓으며 빠르게 나가고 있는데 나만 제자리인 것 같아 아쉬웠고, 나도 한때는 잘 나갔었는데 왜 이러고 있나 싶었다.

그의 이야기에 공감한 나는 신 작가의 메모 습관, 그 꾸준함에 빠져들었다. 메모가 아닌 다른 무엇이라도 꾸준히 하면 좋겠다고 생각했다. 그때 생각난 게 블로그였다. 블로그를 꾸준히 하되 그동안 해왔던 육아 중심이 아닌 나의 고민과 이야기를 담아보려 했다. 그때부터 열심히 글을 쓰기 시작했고, 글을 쓰며 세상과 소통하고 나의 중심을 잡는 시간을 즐기게 되었다.

『에고라는 적』에서 작가는 살아있는 시간과 죽은 시간을 구별했다. 살아있는 시간은 무엇이든 배우려고 노력하고 행동에 옮기며 보내는 시간을 의미하는 반면, 죽은 시간은 수동적으로 기다리기만 하는 시간을 뜻한다고 한다. 이 구절을 보면서 나는 회사를 다니며 하루하루 버티는 나의 시간이 죽은 시간이었다는 것을 알게 되었다. 주말만 기다리고, 휴가만 기다리며, 퇴직하는 그날만 기다리는 그저 기다리기만 한 시간이었다. 하지만 두 번의 균열로 우물 밖 세상에 대해 궁금해 하기 시작하고, 글을 꾸준히 쓰게 되면서부터 나의 시간이 조금씩 살아났다. 심폐소생술을 한 것처럼 미세하지만 점점 뛰는 속도가 빨라지면서 삶에 생기가 도는 것을 느낄 수 있었다.

그것이 바로 내 휴직의 시발점이었다. 인생의 미세한 균열을 일으켜 준 그분들이 고마웠다.

남자의 휴직
- 두려움이 컸다

2018년 12월 31일 오후 5시 30분, 종무식을 앞둔 시점에 부장께 휴직원 결재를 받았다. 상사의 마음이 바뀔까봐 후다닥 휴직원을 인사부에 제출했다. 14년차 직장인의 갑작스런 휴직.

나는 한 회사에서 14년을 일했다. 회사에서 나쁘기만 했던 것은 아니었다. 새로운 기회 영역에서 인정도 받았다. 혼자만의 생각이긴 했지만 조금만 더 버티면 몇 년 안에 승진도 할 수 있을 것 같았다. 하지만 두 번의 균열 이후 어느 순간부터 불안하기 시작했다. 조금 더 미루다 보면 그저그런 월급쟁이로 쭉 살아갈 것 같았다. 지금의 마음으로 계속 살아갈 자신이 없었다. 아니 그렇게 살고 싶지 않았다. 다소 충동적이었지만 좀 더 달라지고 싶은 마음에 휴직을 선택했다.

휴직을 해야 할지 말아야 할지 고민하는 동안 그리고 팀장, 부장에게 말하는 순간까지도 내 선택에 확신이 없었다. 회사에서 휴직은 많은 것을 포기해야 했다. 휴직을 1년 한다는 말은 2~3년 승진을 포기하는 것과 다름없었다. 가계에 대한 부담도 컸다. 우리 집은 나 때문에 긴축재정을 해야 했다. 하지만 신기하게도 휴직을 하겠다는 말을 뱉어내고 나니 마음이 편안해졌다. 더 이상 거스를 수 없게 되니 후련해진 것. 식도에 꽉 막혔던 음식물들이 사이다 한 잔으로 뻥 뚫린 느낌이었다. '이제 1년 반 동안 자유의 몸이 되는구나.'

2005년 1월 3일, 나는 국내의 한 은행에 들어갔다. 어려운 취업 관문을 뚫고 유일하게 붙은 회사. 세상물정 모르는 20대 중반의 대학 졸업 예정자의 눈으로 봤을 때 회사는 꽤 괜찮아 보였다. 면접을 지원해주는 은행 직원들도 멋져 보였다. 연봉도 높고 복지도 좋아 사람들이 가고 싶어 하는 좋은 직장 같았다. 그렇게 나는 은행원의 길로 들어섰다.

나의 꿈은 은행원이 아닌 아나운서였다. 중학교 1학년 때부터 아나운서가 되고 싶었다. 남들 앞에서 말하는 것을 좋아했던 나의 적성에 딱 맞춤이라고 생각했다. 힘들었던 중고교 시절을 견디게 했던 것도 그 꿈 덕분이었다. 하지만 나는 아나운서 시험에 보기 좋게 미끄러지고 말았다. 준비가 제대로 안 된 탓이었다. 오랫동안 꿈을 간직하며 살았지만 방송사에서 어떤 사람을 원하는지 철저히 분석하지 못했다.

신기한 건 그 다음이었다. 나는 오랜 나의 꿈을 곧바로 포기했다. 무서웠다. 꿈을 위해 1년을 아무 소속 없이 취업준비생으로 살아가고 싶지 않았다. 1년 쉬다가 자칫 인생의 낭떠러지로 떨어질 것 같아 두려웠다. 10년 넘게 간직한 꿈을 포기하고 곧장 여러 회사에 지원했고, 운 좋게도 바로 은행에 취직할 수 있었다. 무엇에 홀린 듯이 그렇게 후다닥 은행에 들어갔다.

은행 생활은 나쁘지 않았다. 일을 하면서 보람도 느꼈고 조직에서 인정도 받을 수 있었다. 생각보다 꽉 막힌 조직도 아니었고 선배들도 나를 존중해 주었다. 탄탄대로까지는 아니더라도 조직에서 정도를 걷고 있었다. 혜택도 많이 받았다. 회사에서 두 달 동안 보내주는 해외연수도 다녀올 수 있었고, 원하는 부서에서 재미나게 일할 수도 있었다.

하지만 점점 일을 하면 할수록 나 자신에 대한 회의감이 들었다. 회사 생활을 하면 할수록 지루한 일상을 견디기 힘들었다. 앞으로 달라질 일이 없다고 생각하니 매일이 우울했다. 아침이 밝아오는 게 싫었다. 회사에 가야 한다는 사실이 나의 눈꺼풀을 무겁게 만들었다. 우연히 읽은 책 속의 한 구절이 내게 하는 말 같아 가슴이 아팠다.

> 나는 나의 가능성을 완전히 불태운 적이 한 번이라도 있는가?
> ─할 엘로드, 『미라클 모닝』 중

나는 내 인생을 제대로 불태우고 있는 걸까? 새로운 계기가 필요했다. 휴직을 고민하게 되었다. 물론 쉽지 않은 선택이었다. 한 번도 가보지 않은 길이기에, 그리고 새로운 길이기에 무서웠다. 적어도 직장생활에서는 후회할 게 뻔했다. 승진을 더 이상 못할 수도 있는 상황이었다. 남성 휴직자라는 주홍글씨가 나의 직장생활을 힘들게 만들 것이 불 보듯 훤했다. 소중한 1년 반의 시간을 아무것도 해내지 못하고 허비할 수 있다는 두려움도 있었다. 고심 끝에 신청한 휴직인데 내가 진짜 찾고 싶은 것을 발견하지 못하면 어떻게 하나 걱정도 됐다.

하지만 직장에서는 후회할지언정 인생에서는 후회하고 싶지 않았다. 두려움과 걱정보다는 지금의 내 상태를 바꿔보고 싶은 열망이 컸다. 의미 없이 보내는 삶에 전환점이 필요했다. 하루하루가 너무 소중해서 매일 아침을 설레는 기분으로 맞이하고 싶었다. 진짜 행복한 삶이 무엇인지 몸으로 보여주는 아빠가, 그리고 남편이 되고 싶었다. 다소 충동적이고 약간은 무모했지만 이전과는 다른 내가 되고 싶다는 비장한 마음을 품고 나는 그렇게 휴직을 선택했다.

인생도, 휴직도 중요한 건 타이밍

대학교 2학년 때의 일이다. 초등학교 때부터 함께했던 친구가 서울로 대입 준비를 하러 올라왔다. 친구는 3개월 동안 집중적으로 수학 공부를 해보겠다고 노량진 고시원에 자리를 잡았다. 친구가 온다니 반가웠다. 공부에 방해되지 않는 선에서 같이 '놀면' 좋겠다 싶었다. 하지만 나는 바빴다. 연애도 해야 했고, 학교 수업도 들어야 했고, 동아리 활동도 해야 했다. 그러던 어느 날 친구에게 문자가 왔다.

"나 다시 전주로 돌아간다."

급작스런 친구의 문자를 보고, 생각보다 빨리 집으로 가는 것 같아 놀랐다. 조금은 아쉬웠지만 그때는 그냥 별 생각 없이 지나치고 말았다. 대학에 들어가고 한참 뒤, 친구는 웃으며 그때 노량진에서 보냈던 몇 개월에 대한 이야기를 내게 들려줬다.

그는 창문 하나 없는 고시원 생활이 힘들었다고 한다. 하루는 치킨이 너무 먹고 싶어 고민 끝에 KFC 치킨 매장에 갔지만, 혼자 홀에서 치킨을 먹을 용기가 없었던 어린 21살의 친구는 고시원에 치킨을 포장해 와 먹었다. 하지만 문제는 그 다음! 방에 배인 치킨 냄새가 빠지지 않아 며칠 동안 기름 냄새 배인 방에서 지내야 했다. 그리고 그렇게 힘들게 고시원 생활을 해야 할 이유를 찾지 못한 친구는 계획보다 빨리 집으로 돌아갔다.

웃으며 옛이야기를 하는 친구를 보며 제때 찾아가지 못한 게 많이 미안했다. 내가 조금만 더 자주 찾아갔으면 어땠을까? 그가 선택한 대학이, 그리고 지금 하고 있는 일이 달라졌을 수도 있고, 뭐가 됐든 그때를 좋은 시절로 기억했을 수도 있을 것이다. 그때 처음으로 느꼈다. 사람 사이에도 '타이밍'이 중요하다는 것을 말이다.

회사에서 상사의 눈치를 볼 때가 있다. 상사가 기분이 좋은지 그렇지 않은지에 따라 보고할 시간을 맞춘다. 아내에게 '잘못'을 고백할 때도 적절한 시간을 따져보곤 한다. 말해도 혼나지 않을 시간 말이다. 뭐든 분위기를 잘 보고 해야 탈이 없고 원하는 바를 얻을 수 있다. '타이밍'을 잘 맞추느냐에 따라 그 결과가 달라진다. 타이밍은 인간관계에만 적용되는 것은 아니다. 투자를 할 때도 의사결정을 할 때도 적절한 타이밍은 중요하다. 직장도 직업도 타이밍을 잘 잡아야 좋은 선택을 할 수 있다.

갑자기 타이밍을 들먹이는 것은 휴직에도 적절한 타이밍이 있다고 생각하기 때문이다. 회사의 상황에 따라 휴직 신청이 가능할 수도, 불가능할 수도 있지만 그것을 떠나 개인에게 적절한 시기를 맞추는 것 또한 중요하다고 생각한다. 나의 경우 당초 적절한 타이밍을 계산해서 맞춘 휴직은 아니었다. 하지만 휴직을 하고 몇 달이 지난 후 나에게 이번 휴직은 적절한 타이밍이었다는 판단이 들었다. 휴직 전부터 군불을 때듯 하나하나 시도했던 것이 큰 도움이 되었다. 덕분에 나에게 주어진 이 시간이 소중하고, 매일매일이 즐거웠다.

휴직 이전부터 나는 블로그를 통해 세상과 소통하며 내 생각을 드러냈다. 아이들과의 추억을 기록하고 싶어 시작한 블로그였지만 꾸준히 기록하다 보니 나의 생각을 표현하는 데 익숙해졌다. 블로그란 공간 속에서 매일 나를 관찰했고, 나의 성장을 도모할 수 있었던 것이 휴직기간 동안에도 나를 지속적으로 움직이는 힘이 되었다.

휴직 1~2년 전부터 집중적으로 읽은 책들도 도움이 되었다. 책을 거의 읽어본 적이 없던 내가 책을 읽기 시작하면서 새로운 세상을 보게 된 것. 좋아하는 작가들의 이야기를 읽으며 그들을 따라하고 싶었다. 불안하다는 생각을 접고 새로운 도전을 해보는 것도 필요해 보였다. 비극이라고 생각되던 지금 이 순간이 희극의 시작이 될 수 있겠다는 기대도 꿈틀거렸다.

휴직을 너무 심각하게 받아들이지 않은 것도 지금을 최적의 타이밍이라 생각하게 만들었다. 휴직과 퇴사는 확실히 다르다. 퇴사를 위해서는 많은 준비가 필요하다. 생존을 위해 경쟁력도 갖춰야 한다. 휴직은 그렇지 않다. 끝나고 되돌아갈 곳이 있다. 크게 바라지 않고 단 한 가지라도 절실하게 생각하는 바가 있다면, 그리고 그것을 위해 공들인 시간이 있다면 휴직의 적절한 타이밍을 잡는 게 그리 어렵지 않을 수 있다.

모든 일에는 적합한 때가 있다. 무엇을 하든 제때 하는 게 중요하다. 후회는 제때 하지 못해서 발생하는 감정이다. 지나간 버스를 놓치고선 '조금만 더 서두를 걸'하고 생각하는 것처럼 우리는 매번 시간이 지나고 나서 실행하지 못함을 후회한다. 그때가 가장 적합한 때였다고 말이다. 나도 그랬다. 친구가 그렇게 전주로 가버렸을 때, 그리고 한참 뒤 힘든 시절 이야기를 나에게 전해주었을 때 제때 하지 못한 나의 행동들이 아쉬웠고 후회됐다.

그렇다고 좋은 때를 찾아서 마냥 기다리는 것이 능사는 아니다. 지금이 적합한 때라고 생각하는 마음가짐도 중요하다. 나중에 후회할지라도 현재의 삶이 최고의 순간이라고 생각하자.

그런 의미에서 이번 휴직은 나에게 최고의 타이밍이었다. 아니 최고의 타이밍이라고 생각하기로 했다. 분명 좋은 결과가 나를 기다리고 있을 테니까.

아내의 지지와 응원을 받는다는 것

"휴직을 하시다니…, 참 대단하시네요."
"하하, 별 말씀을요. 그냥 미친 척 하고 했어요."
"하하, 물론 호진 씨도 대단하신데요. 저는 아내분이 대단한 것 같아요. 어떤 분이실지 궁금해요."

사람들과 만나 이야기를 나누다 보면 나의 휴직 이야기가 주요 화두가 되곤했다. 휴직을 하게 된 이유와 휴직하며 보내는 일상을 궁금해 했다. 그리고 내 아내가 어떤 사람인지 알고 싶어 했다. 어떻게 하면 남편의 휴직을 그렇게 허락할 수 있느냐며 아내의 이야기를 듣고 싶어 했다. 그런 이야기를 들을 때마다 나는 아내가 자랑스러웠다. 그리고 고마웠다. 아내의 전폭적인 지지가 없었다면 내가 휴직을 할 수도, 다양한 도전을 할 수도 없었을 테니 말이다.

아내는 나와 같은 은행원이다. 같은 회사의 입사 동기로, 보통의 연애가 그렇듯이 친하게 지내다 연애를 시작했고 그러다 결혼에까지 이르게 되었다. 아내와의 결혼생활은 더할 나위 없이 좋았다. 아내와 나는 코드가 잘 맞았다. 좋아하는 야구 팀도 같았고, 정치 성향도 비슷했다. 같은 회사를 다니고 있던 터라 서로 공유할 수 있는 사항도 많았다. 대화를 시작하면 두세 시간은 기본이었다.

나에 대해 누구보다 잘 알고 있는 아내는 항상 나를 지지하고 응원했다. 블로그도 그랬다. 5년 전부터 시작한 내 블로그를 가장 열성적으로 응원해 준 사람도 아내였다. 아내는 매일 나의 글을 읽고 댓글을 달아주었다. 그녀의 칭찬을 받는 날은 최고의 날이었다. 춤을 추는 고래마냥 나는 아내의 칭찬에 신이 나 혼자서 어깨춤을 췄다. 물론 그녀의 피드백이 항상 달콤한 것만은 아니었다. 가끔씩 뼈 때리는 한 마디로 나를 반성하게 했다.

블로그를 보며 아내는 나를 더 이해할 수 있게 되었다고 한다. 솔직한 생각을 말이 아닌 글로 보면서 아내는 나의 답답함에 공감했다. 하나씩 풀어낸 이야기 덕분에 그녀는 나의 휴직을 허락했다. 블로그 글이 아니었어도 나의 휴직을 응원해 주었을 아내였지만, 글이 주는 울림이 그녀로 하여금 남편의 휴직이 좋은 결과로 이어질 것이라는 확신을 갖게 만든 듯 했다.

응원하는 것도 모자라 아내는 순간순간 나를 일깨울 때도 많았다. 그녀는 내게 평강공주 같은 사람이었다. 좋은 책을 권해줄 때마다 아내의 탁월한 추천에 감탄한 적도 많았다. 아내가 골라 준 책 덕분에 내 안에 있는 사슬을 하나씩 끊어낼 수 있었다.

아내는 나에게 불만이 있을 때 바꾸라고 이야기하기보다는 몸으로 직접 보여주고 믿어주었다. 덕분에 나는 시나브로 바뀌었다. 아내의 이런 행동은 내가 사람들을 대할 때 어떻게 해야 하는지를 일깨워 주었다. 당장 바꾸려고 하기보다는 바뀔 수 있다는 믿음, 그리고 기다림이 중요하다는 사실을 그때 알았다.

모든 순간이 행복하고 좋았던 것만은 아니었지만 아내 덕분에 나의 결혼생활은 대체로 행복했다. 단란한 가정을 꾸리고 살아가는 데는 아내의 역할이 컸다. 아내를 보면서 진정한 사랑이 무엇인지 배웠다. 그녀는 10년이 지난 지금까지도 여전히 나를 많이 사랑하고 있다.

휴직 둘째 날은 아내의 생일이었다. 어쩌다 보니 그날 나는 구본형 작가의 『익숙한 것과의 결별』을 읽었다. 인생에서 가장 잘 한 일 중 하나가 아내와 결혼한 것이라는 부분을 읽는데 나도 모르게 눈물이 났다. 사람도 많은 오후의 스타벅스에서 꺼억꺼억 소리내어 울고 말았다. 그날이 아내의 생일이어서 더 감정이 격해진 듯했다.

나도 구본형 작가처럼 아내와 결혼한 것이 내가 살면서 가장 잘 한 일이라고 생각했다. 아내를 만나 아이들을 낳고 행복하게 지낼 수 있는 것도 기쁨이지만, 더 큰 것은 아내 덕분에 내가 많이 변했다는 사실이다. 게다가 그런 아내의 전폭적인 지지를 받고 있으니, 고마운 마음에 눈물이 나지 않을 수 없었다. 그리고 지금의 소중한 시간을 제대로 보내고 싶다고 다짐했다. 아내의 지지와 응원에 보답하는 방법은 그것뿐이라고 생각했다.

Tip 하나. 휴직을 결정할 때 반드시 따져봐야 할 세 가지

퇴사에 비해 고민의 무게가 가볍다고 하지만, 휴직 또한 꽤나 어려운 결정이다. 수입이 끊기고, 승진에서 누락되는 등 손해가 발생하기 때문에 심사숙고해야 한다. 그렇다고 몇 날 며칠 고민한다고 쉽게 답이 나오는 것도 아니다. 고민을 '잘' 해야 한다. 이를 위해 세 가지를 따져 보라고 말하고 싶다. 다음 질문들에 'Yes'라고 답할 수 있다면 휴직을 해도 괜찮다고 본다.

하나, 하고 싶은 일이 있는가?

휴직을 하고 당장 하고 싶은 일이 있는지 체크해볼 필요가 있다. 물론 이때 하고 싶은 일은 다양할 수 있다. 나의 경우, 휴직기간 동안 나 자신을 찾아보고 싶었다. 이를 위해 가장 하고 싶은 것이 글쓰기였다. 매일 꾸준히 글을 쓰는 것만으로도 충분히 나에게 의미 있는 시간이 될 것이라 생각했다. 물론 회사를 다니면서도 글을 쓸 수 있었지만, 하루 몇 시간씩 집중해서 '제대로' 글을 써보고 싶었다.

영어 공부를 제대로 해보고 싶어 휴직을 선택한 이도 있었다. 회사 다니랴, 육아하랴 정신없는 상황에서 영어 공부에 대한 의지는 있었지만 이를 실천에 옮기기 어려웠는데, 휴직을 하고 나서야 본격적으로 공부를 하게 되었다고 한다.

번아웃이 와서 휴직을 선택한 이도 만났다. 그는 공황장애로 인해 약까지 복용할 만큼 회사 생활이 주는 스트레스가 상당했다. 그에게 휴직은 말 그대로 일에서 벗어나 잠시 쉬는 것이었다. 그를 보면서 쉬는 것도 휴직 후 할 수 있는 일 중 하나라고 생각했다. 하지만 쉰다고 마음을 먹었다면 한 번 더 고민해 보라고 권하고 싶다. 어떻게 쉬는 게 온전히 쉬는 것인지에 대해서 말이다. 단순히 늦잠을 자고 TV를 보는 것이 쉬는 것이 아닐 수도 있다. 여행을 가는 것도, 사람들을 만나 수다를 떠는 것도, 책을 보는 것도 쉼일 수 있다. 자신만의 쉼이 무엇인지 생각해보고 이를 실천에 옮겨보는 게 필요하다고 본다. 그래야 푹 쉬고 난 후 회사로 가는 발걸음이 가벼워질 수 있다.

하고 싶은 일이 여러 개일 필요는 없다. 단 한 가지라도 집중해서 하고 싶은 게 있다면 휴직은 충분히 선택할 만한 것이라고 생각한다. 하고 싶은 일에 제한을 둘 필요는 없다.

둘, 배우자는 나의 휴직을 지지하는가?

기혼자에게 휴직을 위해 넘어야 할 가장 큰 산은 배우자이다. 배우자의 동의를 얻는 것이 절대적으로 필요하다. 동의를 넘어 배우자의 지지까지 받게 된다면 더할 나위 없이 좋다. 그렇기에 배우자를 설득해야 한다. 물론 쉽지 않겠지만 포기하지 말고 적극적으로 노력해보자.

이를 위해 휴직 후 하고 싶은 일을 정리해 배우자에게 설명해야 한다. 휴직기간을 의미 있게 보낼 수 있다는 확실한 믿음을 배우자에게 심어줘야 한다. 나의 경우 블로그가 그 통로였다. 글을 통해 아내는 나의 진심을 이해했다. 꼭 블로그일 필요는 없다. 배우자와 소통할 수 있는 무엇이어도 괜찮다. 사업계획서 작성 실력을 발휘해 휴직계획서를 작성하는 것도 방법이다. 필요하면 프리젠테이션도 할 수 있다. 정공법으로 진지한 대화로 풀어갈 수도 있다.

다만 부모님의 허락을 받을 필요는 없다고 생각한다. 물론 부모님의 적극적인 지지를 받는다면 그것 또한 좋겠지만 쉽지 않은 일이다. 부모님은 자식들이 하는 일에 언제나 걱정부터 하시기 때문이다. 괜히 긁어 부스럼을 만들 필요는 없다. 개인적으로는 휴직기간을 끝내고 복직한 후 말씀드려도 늦지 않다고 생각한다.

셋, 경제적으로 버틸 수 있는가?

맞벌이든 외벌이든 한 명의 수입이 끊긴다는 것은 가정경제에 큰 타격이다. 그렇기에 휴직을 하면서 경제적인 측면을 고려하지 않을 수 없다. 금전적인 것만 따져서 계산기를 두드리면 분명 휴직은 손해인 장사다. 손익을 셈하기보다는 과연 버틸 수 있을지를 판단하는 게 중요하다. 이를 위해 한 달 생활비를 얼마나 줄일 수 있는지 체크하고, 현재의 통장잔고와 대출여력 등을 따져봐야 한다.

우리 부부는 한 달 생활비를 400만 원 정도에 맞췄다. 기존 생활비에서 100만 원 정도를 아끼는 수준이었다. 2018년 통계청 가계동향조사에 따르면 4인 가족 기준 가계비 지출이 약 483만 원이라고 하는데, 평균에 조금 못 미치는 금액이다. 세부적으로는 대출금 원리금 상환액 80만 원, 식료품 및 생필품비 150만 원, 보험료 50만 원, 교육비 50만 원, 각종 공과금 40만 원, 경조사비 30만 원 등.

휴직하자마자 허리띠부터 졸라맸다. 우선, 나의 지출을 최소화했다. 기존에 회사 생활의 스트레스로 적지 않게 나갔던 시발비용(스트레스를 받지 않았으면 쓰지 않았을 비용)이 없어진 것은 그나마 다행이었다. 자유로워지니 물욕도 사라져 계획 없이 돈을 쓰지 않았다. 아이들과의 외식도 삼갔다. 나들이도 주로 집 근처 도서관과 한강공원을 이용했다. 다행히 아이들도 새로운 상황에 큰 불만 없이 잘 적응했다.

아끼고 산다 해도 손실은 감수해야 했다. 1년 기준 소요비용이 총 4,800만 원. 휴직 직전 받았던 상여금 및 연말정산 환급금 등으로 1,500만 원을 모았고, 육아휴직급

여를 월 130만 원 정도 받아 일부 비용을 보전했지만, 그래도 1년간 약 2,000만 원 정도의 손실이 있었다. 회사에서 받았을 급여라는 기회비용까지 감안하면 손실 규모는 더 큰 셈. 경제적인 것만 따지면 분명 손해다. 하지만 휴직기간 동안 하고 싶은 일이 있고 지금이 적기라고 생각되면 '나'를 '돈'보다 앞에 두고 결정해도 괜찮지 않을까? 버틸 수만 있다면 말이다. 인생을 길게 봤을 때 1년 버티는 게 큰 문제가 되지는 않을 테니까. 돈은 복직하고 또 벌면 되니까.

위 세 가지 질문에 모두 확신에 찬 'Yes'를 외치지 못하는 분이 많으실 듯 싶다. 그래도 괜찮다. 대신 자문자답하는 시간을 충분히 가질 것을 권한다. 그 과정에서 휴직이 얼마나 절실한지 가늠할 수 있게 될 것이다. 고민의 결과, '해 볼 만하다'라는 결론만 나와준다면 당신의 선택은 꽤 괜찮은 것이라고 본다.

익숙한 것들과의 결별

․․․

무기력하지 않게 살아보기로 했다
충동적이지만 다소 계획적인…
버킷리스트 100개를 만들다
자기혁명캠프에서 새로운 내가 되다
지리산 단식원에서 나를 찾다
[Tip 둘. 휴직하자마자 첫 한 달, 꼭 해 보면 좋을 세 가지]

무기력하지 않게
살아보기로 했다

　　　　　　　　　　　Couch Potato라는 표현이 있다. 이 말은 소파Couch에 누워서(때로는 앉아서) 포테이토칩Potato을 먹으며 텔레비전만 보는 사람을 뜻한다. 게으른 사람을 나타낼 때 주로 쓰이는 말이다.

　한때 나도 Couch Potato 같은 사람이었다. 소파에 누워서 보지도 않는 TV를 틀어놓고 이리저리 채널을 돌리는 게 인생의 낙이었다. 회사에서 받은 스트레스가 쌓이면 쌓일수록 게으름 지수는 올라갔다. 회사를 마치고 집으로 돌아와서 손 하나 까딱하기가 귀찮은 날이 많았다. 그야말로 무기력 그 자체였다. 주말에는 늦잠을 자는 게 당연했다. 낮잠도 두세 시간은 기본. 얼마나 게을렀던지 하루에 천 걸음도 걷지 않은 적도 있었다. 당시 아내와의 사이도 그리 좋지 못했다. 너그러운 아내였지만 그녀의 인내심에도 한계가 있었다. 아내는 나의 게으름에 혀를 내둘렀고, 사소한 일로 나와 티격태격하는 경우가 잦았다.

　회사 때문이라고 생각했다. 회사에서 나는 어떤 존재일까 고민했다. 나는 그렇게 특별해 보이지 않았다. 언제나 다른 사람으로 대체 가능한 사람. 나는 여왕벌의 지시를 따르는 하나의 일벌에 지나지 않았다. 여러 번의 직무를 경험하며 느낄 수 있었다. 인사 이동으로 다른 부서로 옮겨도 문제가 크게 일어나지 않았다. 나를 대신해 온 후임자는 금세 내 일에 적응했다. 나도 마찬가지. 새로운 부서에 가서 새로운 직무를 맡아도 몇 주면 웬만한 업무는 무리 없이 진행할 수 있었다. 회사에서 하나의 꽃으로 불리고 싶었지만 나는 하나의 몸짓에 불과했다. 회사라는 조직에서 나를 특별하게 바라봐 주기를 바라는 게 무리라는 것을 알고 있었지만, 그럼에도 불구하고 내가 언제든 누구와도 대체 가능하다는 것은 내 삶의 에너지를 갉아먹어 버렸다. 이는 나의 자존감을 떨어뜨렸고 나를 한없이 게으른 사람으로 만들었다.

하지만 우연한 사건으로 나의 무기력의 진짜 원인을 알게 되었다. 2017년 1월 어느 추운 겨울날, 회사(이땐 카드사 직원이었다) 임원진 워크숍 자리에서였다. 워크숍 중간에 사장님과 전 임원 앞에서 우리 팀의 발표가 있었다. 팀원 한 명 한 명이 순서대로 발표했고, 내 차례는 마지막. 몇 주간 준비했기에 최선을 다했다. 발표의 마지막이니만큼 화룡점정의 마음으로 심호흡을 하며 발표를 시작했다. 시작할 때는 조금 떨렸지만 이내 마음이 안정되었고, 즐겁게 프리젠테이션을 마칠 수 있었다. 사람들이 나의 이야기에 흥미를 보이는 게 느껴졌다. 그런 느낌이 나를 신나게 만들었다. 덕분에 사장님께 팀 전체가 칭찬을 들을 수 있었다. 보람 있는 경험이었다. 발표가 끝나고 함께 준비했던 회사 동료가 내게 한 마디 건넸다.

"너는 즐기면서 발표를 하더라. 발표하는 내내 너무 행복한 표정이었어."

동료가 건넨 칭찬이 좋았다. 그런데 이 말이 자꾸 머릿속에서 뱅뱅 돌았다. 내가 행복한 표정이었다는 그의 이야기를 듣다 보니 숨겨져 있던 나의 열정이 되살아나는 기분이었다. 비로소 내가 언제 제일 행복한지 알게 되었다.

나는 남 앞에 나서서 이야기하는 것을 좋아하는 사람이었지만, 그동안 그 좋아하는 것을 애써 외면하고 있었다. 더 이상 남 앞에서 이야기하는 삶을 살지 못할 것이라고 생각해 좋아하는 것을 포기하고 살았던 것이다. 학창시절 나를 생기발랄한 학생으로 만들었던 아나운서의 꿈. 내가 진짜 좋아하는 것을 할 수 없다고 생각한 채 포기하고 살았던 것이 에너지를 소진시켰고, 그로 인해 무기력해졌다는 사실을 그제서야 알게 되었다. 꼭 남 앞에 나서는 것이 아니더라도 예전의 활기찬 모습으로 돌아갈 방법을 찾아야겠다고 마음먹었다.

휴직하자마자 한 분과 이런저런 이야기를 나눌 기회가 있었다. 사람의 마음을 꿰뚫어 보는 '독심술'이 있다고 한 그 분은 나와 한참 동안 이야기를 나누다 이런 말을 던졌다.

"호진 님은 무기력한 게 아니라 두려운 것이었어요."

당황스러웠다. 두려움이 많다는 것은 인정하지만 내 무기력의 실상이 두려움이라는 그의 이야기에 선뜻 동의할 수 없었기 때문이다. 일상이 두려웠던 게 사실이었지만 그게 무기력과 연결된다고 생각하지 않았던 것이다. 하지만 이야기를 곱씹어 볼수록 그의 말이 무슨 뜻인지 이해됐다.

실패하고 좌절하기 싫다는 마음이 커서, 아예 새로운 도전을 피하려고 했다는 사실을 알게 됐기 때문이다. 괜한 짓을 했다가 상처받고 싶지는 않았던 것이다.

무기력한 상태에서 벗어나는 가장 빠르고 쉬운 방법을 그제서야 알게 된 나는 무엇이 되었든 도전해 보는 것이 필요하다는 것을 깨달았다. 기왕 시작한 휴직인데 두려워하지 말고 해보고 싶은 것을 다 해보며 1년 반을 보내고 싶었다. 그동안 꼭꼭 싸두었던 에너지를 휴직 중 제대로 써야겠다고 생각했다. 더 이상 무기력한 모습으로 살고 싶지 않았다.

충동적이지만
다소 계획적인…

"휴직하면 뭐 하실 거예요?"

휴직을 신청하고 사람들을 만날 때마다 그들은 내게 휴직 후 계획을 묻곤 했다. 솔직히 말하자면 계획은 딱히 없었다. '내가 가장 좋아하는 일', '가장 잘 하는 일'을 찾아보겠다고 선언했지만 휴직은 다소 충동적이었다. 그렇기에 구체적으로 무엇을 할 것이라고 말할 수 없었다. 꼭 해야 할 일이라면 아이들 육아를 책임져야 한다는 정도?

계획은 없었지만 매일 해야겠다고 마음 먹은 일이 하나 있었다. 바로 '글쓰기'. 휴직하면서 가장 우선으로 삼았던 것은 매일 글을 쓰는 일이었다. 나를, 일상을, 그리고 아이들과의 추억을 기록해야겠다고 생각했다. 매일 글을 쓰다 보면 내가 고민하는 문제의 해결책이 나올 것이라 기대했다. 그래서 나는 사람들이 뭘 할 거냐고 물으면 매일 글을 쓸 것이라고 대답하곤 했다.

나는 글을 쓰는 일을 누구보다 싫어하는 사람이었다. 내가 쓴 글을 누가 보고 비웃을까봐 항상 두려웠다. 지금도 남들의 시선에서 그닥 자유롭지 못하다. 하지만 그럼에도 불구하고 나는 글 쓰는 일을 즐기게 됐다. 우연히 블로그를 시작, 매주 3번씩 정기적으로 블로그에 글을 올리고, 급기야 매일 글을 쓰면서 글 쓰는 일을 좋아하게 된 것.

맨 처음 글을 쓰기 시작한 것은 우연한 계기에서였다. 5년 전 큰 아들과 단 둘이 오사카 여행을 다녀왔다. 아이와 유니버설 스튜디오와 온천 등 유명 관광지도 둘러보고 맛있는 음식도 맛보며 즐거운 시간을 보냈다. 돌아오는 비행기를 타기 위해 공항으로 가는 길에 문득 지금의 소중한 추억들을 기록하고 싶다는 생각이 들었다. 사진으로만 저장된 일상에 글도 함께 남기고 싶었다. 그렇게 처음으로 블로그를 통해 아이들과의 추억을 기록하기 시작했다. 많은 사람들이 드나든 것은 아니지만, 누군가 내 글을 읽어주는 사람들이 있다는 사실에 흥분하며 글을 썼다. 오사카 여행기부터 시작한 블로그는 아이들과의 일상을 기록하는 저장소로 활용됐다.

하지만 아이들과의 기록을 남기는 일은 꼭 유쾌한 것만은 아니었다. 보여주기식 글을 쓰는 것 같았다. 순수하지 못한 경우가 종종 있었다. 친한 친구 한 명은 우스갯 소리로, "너는 애들과 놀려고 나들이를 가는 게 아니라, 블로그에 포스팅 올리려고 놀러가는 것 같아"라고 말했다. 친구의 농담이 얄미웠지만 부정할 순 없었다. 처음 블로그를 시작할 때의 마음은 온 데 간 데 없고 주객전도의 상황이 되어 버렸다.

보여주기식 글쓰기에서 벗어난 것은 2017년경부터였다. 신정철 작가의 『메모 습관의 힘』을 읽고 나서부터 책을 읽고 서평을 쓰기 시작했다. 간간이 나의 생각도 집어넣으며 꾸준히 글을 썼다. 급기야 7월부터는 매주 월요일, 수요일, 토요일 이렇게 세 번씩 정기적으로 글을 올리기 시작했다.

지인의 블로그를 따라했다. 친한 회사 선배 중 내게 많은 영감을 주는 분이 있다. 그가 쓴 여행기가 내 눈길을 사로잡았다. 일주일간의 여행 이야기를 20편 넘게 나눠서 정기적으로 글을 올리는 게 좋아보였다. 다음 편을 기다리게 하는 묘미도 있었다. 비록 나의 글 솜씨가 그를 따라잡기 어렵겠지만, 그냥 따라 해 보기로 했다. 그리고 그때부터 쉬지 않고 매주 3개의 글을 썼다. 꾸준히 글을 올린 덕에 경향신문의 '올해의 꾸준왕'에 선정되어 기사가 실리기도 했다.

이렇게 하다 보니 블로그에 글을 쓰는 일이 습관이 되었다. 매일매일 조금씩이라도 글을 썼다. 그러면서 보여주기식 글쓰기에서 탈피할 수 있었다. 매주 세 번씩 글을 쓴다는 생각에 글을 조금 더 잘 쓰고 싶어 글쓰기 책도 이것저것 찾아 읽었다.

2018년 9월부터는 매일매일 블로그에 글을 올리기 시작했다. 우연히 들은 블로그 강의에서 미션을 받았다. 30일 동안 매일 글을 올려 보라는 미션이었다. 김민식 PD의 『매일 아침 써봤니』도 영향을 줬다. 순수한 건지, 순진한 건지는 알 수 없지만 나도 그를 따라서 7년 정도 매일 글을 올리면 그처럼 될 수 있지 않을까 싶었다. 그리고 한 달 동안 열심히 블로그에 글을 남겼다.

첫 30일은 많이 힘들었다. 하지만 한 달 더 하고 싶었고, 한 달이 끝나고 또 한 달 더 하고 싶다는 생각이 들었다. 결국 매일 글을 써서 블로그에 올리는 게 일상의 가장 중요한 미션이 되어 버렸다. 매일 글을 쓰다 보니 찾아오는 사람들도 늘었다. 피드백도 있었다. 여행 후기를 보고 가이드를 예약하신 분도 있었고, 내 글을 보고 용기를 얻었다는 분도 있었다. 아내만 달아주던 댓글이었는데 관련 없는 사람들이 하나씩 남긴 댓글을 보며 자신감도 얻게 됐다. 누군가 나의 글을 읽어준다는 사실만으로도 힘이 났다.

"글을 쓰는 이유는 행복해지기 위해서다."

강원국 작가의 글쓰기 수업에서 들었던 이 말이 오래도록 뇌리에 박혔다. 사실 글을 쓰는 과정은 전혀 행복하지 않았다. 매일 한 편의 글을 쓰는 것은 꽤나 고통스러운 작업이었다. 하지만 매일 한 편의 글을 완성하는 것은 큰 성취감을 주었다. 켜켜이 쌓인 성취감은 나의 자존감을 높여줬고 이는 곧 행복과 직결됐다.

휴직을 하면서 뚜렷한 계획은 없었지만, 글을 꾸준히 써야겠다는 생각 하나만으로도 충분하다는 생각이 들었다. 그것만 꾸준히 해도 괜찮은 것 아닌가 싶었다. 그저 무작정 써보자고 마음먹었다. 그게 내가 휴직을 하면서 꼭 해야 하는 유일한 미션이자 계획이었다.

버킷리스트 100개를
만들다

죽기 전에 꼭 해보고 싶은 일들을 적어 놓은 리스트를 일컫는 버킷리스트bucket list는 영어의 'kick the bucket'이라는 말에서 나왔다. 이 말의 어원은 중세시대로 거슬러 올라간다. 교수형을 집행할 때 올가미로 목을 두른 뒤 버킷을 올려놓았다가 이것을 차버리며 형을 집행한 데서 나온 말이 kick the bucket이다. 이런 유래로 kick the bucket은 죽는다는 의미를 그리고 버킷리스트는 죽기 전에 꼭 해야 할 일들이라는 의미를 지니게 되었다.

나도 버킷을 차버리기 전 하고 싶은 나만의 버킷리스트가 있었다. 스카이 다이빙, 오로라 보기, 세계여행, 책 출간 및 TV 강의 등이 그것이었다. 죽기 전에 해야 할 일이라는 생각에 다소 거창한 것들을 적었다. 그런 것을 해보고 죽어야 내 삶이 아쉽다는 생각이 덜 들 것 같아서 그랬을까? 그래서인지 버킷리스트가 내 생활 속 깊숙이 파고들지는 못했다. 지금, 당장, 꼭 해야 하는 일이 아닌 먼 미래의 일들로 생각했다. 죽기 전에만 하면 되는 일들로.

우연한 경험을 통해 버킷리스트를 내 생활 속으로 끌어 들일 수 있었다. 2018년 초의 일이다. 회사 밖에서 다양한 사람을 만나고, 꾸준히 글을 쓰긴 했지만 내가 진짜 하고 싶은 일이 무엇인지 알 수 없었다. 나만의 콘텐츠를 만들어 보고 싶었지만 쉽지 않았던 것이다. 답답해 하던 내게, 지인은 그가 대학생 시절 했던 버킷리스트 프로젝트를 소개시켜 주었다. 일명 '버킷리스트 100' 프로젝트. 올해가 내 인생의 마지막이라고 생각하고 하고 싶은 일 100가지를 적어보는 것이었다.

처음 들었을 때에는 다소 황당했다. 100가지 버킷리스트를 적는 것도 쉽지 않아 보였는데 1년이라는 제한 요건은 큰 장벽처럼 느껴졌다. 하지만 그의 추천에 따라 100개의 버킷리스트를 작성해 보기로 했다. 프로젝트에 대한 부연 설명 때문이었다. 그는 1년 동안 하고 싶은 일 100가지를 적어 보면 내가 진짜 하고 싶은 일이 무엇인지, 내가 어떤 사람인지를 알 수 있다고 했다. 그의 말을 100% 신뢰하진 않았지만 솔깃했다. 답답한 나의 상황에 도움이 될 것 같았다. 속는 셈 치고 100개의 리스트를 만들어 보기로 했다. 다 만들고 나면 무언가 보이기를 기대하면서.

하고 싶은 일 100가지를 하나씩 적어 보았다. 예상대로 만만치 않은 작업이었다. 꾸역꾸역 한 칸씩 써 내려갔다. 60개 정도까지는 어떻게든 쓸 수 있었지만 그 다음부터는 아무리 생각해도 나오지 않았다. 쥐어짠다는 생각으로 2박 3일 동안 시간이 날 때마다 수시로 하고 싶은 일을 생각했다. 아내의 도움을 받아 결국 '힘들게' 100개의 버킷리스트를 채울 수 있었다.

100개의 버킷리스트를 다 작성하고 곧장 대단한 발견을 한 것은 아니었다. 그것을 다시 몇 개의 카테고리로 나눠 보고 나서야 비로소 신기한 것들이 보였다. 가족의 소중함이 새삼스레 느껴졌다. 버킷리스트의 상당 부분이 아내 또는 아이들과 함께 하는 것이었다. 가족들과 함께 하고 싶은 일에는 소소한 것들이 많았다. 아내 생일에 미역국 끓여 주기, 아이들과 노래방 가기, 양가 부모님께 선물하기와 같이 사소하지만 중요한 것들이 눈에 띄었다. 일상에서 진짜 중요한 것이 꼭 거창할 필요는 없다는 것을 버킷리스트 100개를 쓰고 정리하다 보니 알 수 있었다.

부끄러운 사실도 드러났다. 회사에 대한 나의 마음가짐이 리스트에 오롯이 담겨 있었다. 회사에서 하고 싶은 일이 몇 가지밖에 안 되는 데다 그마저도 의무감에 가까운 '해야 할 일'들 뿐이었다. 나름 청운의 꿈을 안고 들어와 깨어 있는 시간의 3분의 2를 보내고 있는 곳인데….

내가 진짜 원하는 것이 '꾸준한 성장'이라는 것도 알 수 있었다. 100가지 리스트를 한참 훑어 본 나는, 강한 성장에 대한 욕구가 내 안에 있음을 확인할 수 있었다. 글을 쓰고, 운동을 하고, 사람들과의 관계를 넓히려는 나의 버킷리스트 속에는 현재의 삶에 안주하기를 거부하고 발전하는 내가 되고 싶다는 욕망이 담겨 있었다.

회사에서 하고 싶은 일이 없는 것은 이런 나의 '성장'에 대한 욕구를 회사가 채워주지 못한다고 생각했기 때문이다. 매일 쳇바퀴 돌 듯 똑같은 일상이 답답했고, 꼬박꼬박 들어오는 월급이 주는 안정감 때문에 어쩔 수 없이 회사를 다녀야 하는 상황이 안타까웠다. 버킷리스트에는 회사 밖 새로운 세상에서 다양한 경험을 쌓으며 더 크고 싶은 내 마음이 있었다.

정재승 교수의 책 『열두 발자국』에서 소개된 '메멘토 모리'라는 말이 인상적이었다. 메멘토 모리는 '죽음을 기억하라'는 의미의 라틴어다. 정 교수는 사람들이 이 말을 기억하면 하루하루를 소중하게 생각하며 살 수 있다고 설명한다.

> 내일 혹은 한 달 후에 죽는다고 생각하면 앞으로 내게 주어진 시간을 어떻게 보내야 할지 고민하게 되겠지요. 그리고 정말 소중한 일들에 집중하게 되고, 주변에서 벌어지는 다양한 일들도 대수롭지 않게 생각되고, 선택의 무게도 훨씬 가벼워집니다.
>
> ─정재승, 『열두 발자국』 중

내가 그냥 흘려보낸 오늘 하루가 어제 죽은 이가 그토록 살고 싶었던 내일이라는 말처럼 죽음을 생각하면 하루하루를 허투루 보내지 않게 된다. 그런 점에서 나의 버킷리스트는, 연말에 내가 죽는다는 가정하에 시작된 다소 무거운 프로젝트였지만 나의 한 해를 소중하게 만드는 계기가 되었다. 나를 더욱 잘 알게 해주고, 소중한 일상에 대한 나의 마음가짐을 새롭게 하는 '혁명적'인 사건이었다.

덕분에 2018년을 특별하게 보낼 수 있었다. 물론 버킷리스트 100개를 다 이루겠다고 하나씩 체크하며 산 것은 아니었지만 100개를 만들어 보고 알게 된 것들과 당장 해야 할 것들을 확인한 덕분에 나는 상당수의 버킷리스트를 실행에 옮길 수 있었다. 100개 중 무려 54개나 실천에 옮겼다. 쓰기만 했을 뿐인데, 이렇게 많은 것을 실천할 수 있었다는 게 놀라웠다.

소중한 경험을 1년으로 끝낼 수는 없었다. 휴직을 결정하고 2019년을 시작하면서 다시 버킷리스트 100개를 채웠다. 그 전과는 확실히 다른 느낌이었다. 내가 하고 싶은 생각들을 맘껏 펼쳐볼 수 있다는 점에서 직장인으로서 버킷리스트를 만드는 것과, 휴직자로서 버킷리스트 100개를 만드는 것은 질적으로 달랐다.

버킷리스트 100개를 만들다 보니 휴직 중에 내가 무엇을 하고 싶은지 보였다. 가장 큰 화두는 역시 나 자신의 성장. 내가 가진 제약을 극복해보고 싶은 마음이 100개의 리스트에 드러났다. 두 아이의 아빠, 한 여자의 남편으로서의 삶도 중요하지만, 인간 최호진으로서의 삶을 1년 동안 만들어보고 싶다는 사실을 버킷리스트 100개를 만들며 알게 되었다. 다소 이기적인 모습으로 보일 수 있지만, 조금은 그렇게 '나'를 중심으로 휴직기간을 만들어보고 싶었다.

맨 처음 만든 버킷리스트가 나를 알아가는 계기가 되었다면, 두 번째 버킷리스트 100개는 내 휴직기간 중의 밑그림을 잡아주는 역할을 했다.

자기혁명캠프에서
새로운 내가 되다

휴직하자마자 열정이 충만했다. 제대로 된 휴직기간을 보내고 싶은 마음이 컸다. 그런 나의 열정을 더욱 강렬하게 만든 수업이 있었다. 바로 〈자기혁명캠프〉였다. 〈자기혁명캠프〉는 『나는 오늘도 경제적 자유를 꿈꾼다』의 저자 청울림이 만든 자기계발 프로그램이다.

『나는 오늘도 경제적 자유를 꿈꾼다』를 우연한 기회에 읽게 되었다. 대기업 출신인 저자가 회사를 나오고 겪은 경험이 인상적이었다. 그의 자기혁신의 삶을 따라 해 보고 싶었다. 〈자기혁명캠프〉에 참여한 것도 그런 이유에서였다. 나를 바꾸는 계기가 될 수 있을 것 같았다. 게다가 타이밍도 절묘했다. 내 휴직의 시작과 거의 일치했다. 이 프로그램을 통해 자극받고 휴직을 시작하면 큰 도움이 될 듯 싶었다.

2019년 1월 12일, 토요일 오전 10시 첫 수업이 시작되었다. 강의장에 들어서자마자 사람들이 환한 얼굴로 하이파이브를 하는데 적잖게 당황스러웠다. 에너지가 강한 수업이라는 것은 알았지만 처음부터 그 기운이 너무 강한 듯하여 약간 위축이 됐다. 괜히 온 것은 아닐까?

첫 수업은 즐거웠지만 다소 부담스럽기도 했다. 같은 테이블 사람들끼리 한 조가 되었다며 조 이름과 구호를 정하라고 하니 대학생 시절로 돌아가 MT에 온 기분도 들었다. 거기까지는 재미있었다. 하지만 전체적인 분위기는 첫 하이파이브만큼이나 부담스러웠다. 마치 종교 부흥회에 온 듯한 기분이랄까. 청울림 강사는 기존 틀을 깨고 새롭게 도전하는 사람이 되어야 한다며 우리에게 '변화'를 강조했다. 그리고 사람들은 물개 박수를 치며 그의 이야기에 환호했다. 흡사 〈그것이 알고 싶다〉에나 나올 법한 종교집단의 모습 같달까? 청울림이 수강생을 향해 변해야 한다며, 좀 더 적극적인 사람이 돼라고 이야기하는데, 나도 모르게 '믿습니다'라고 외칠 뻔 했다. 첫 수업은 그렇게 끝이 났다.

다음날부터 본격적인 '캠프'가 시작되었다. 캠프라고 해서 사람들이 모여서 숙식을 함께 하는 것은 아니다. 단체 채팅방과 온라인 카페로 연결되어 매일매일의 미션을 수행하고 이를 인증함으로써 흡사 숙식을 하는 것처럼 활동했기에 '캠프'라는 이름이 붙여진 것 같았다. 그리고 5주간 나는 자기혁명캠프에서 제공하는 수많은 미션들을 수행했다.

나를 바꾸고 싶은 욕망이 컸기에 미션들을 빠짐없이 최선을 다해 수행했다. 매일 아침 5시 이전에 일어나서 기상 인증을 하고 일기를 썼다. 주별로 나온 과제도서를 읽고 리뷰를 썼다. 그리고 내 꿈을 다시 그려보고 구체적인 계획을 정리했다. 미션을 수행하는 과정 자체는 굉장히 힘들었다. 하지만 그만큼 얻는 것도 많았다. 분명 첫날에는 종교 부흥회 같다고 걱정했는데 끝날 때쯤에는 종교에 심취한 사람처럼 5주 동안 푹 빠져 지냈다. 아마도 강사가 헌금을 요청했다면 냈을지도 모르겠다.

중간에 엄청난 경험을 했다. 같이 수업을 듣던 동기 중 한 명이 새벽에 달리기를 하며 느꼈던 감정을 수업 중 공유했다. 그의 짜릿한 경험을 듣는 내내 엉덩이가 들썩였다. 나도 그처럼 달려보고 싶었다. 수업 다음날 새벽에 일어나 두꺼운 파카를 입고 달리러 나갔다. 옷을 갈아입으면서도, 출입구의 찬바람을 느끼면서도 괜한 짓을 하는 것 같아 후회했다. 하지만 달리기를 시작하자마자 달리기 전 가졌던 의구심을 떨쳐 버렸다. 온 몸에 땀이 흐르면서 추위를 잊을 수 있었다. 오히려 겨울바람이 시원하게 느껴질 정도였다. 머리도 맑아졌다. 생각이 조금씩 정리되는 게 느껴졌다. 그것이 나의 휴직 후 첫번째 달리기였다.

재미난 일이 벌어졌다. 신나게 달리기를 하고 왔는데, 〈자기혁명캠프〉 단체 채팅방에 난리가 났다. 달리기 하러 나가면서 나의 결연한 의지를 자랑하기 위해 올린 한 장의 사진 때문이다. 별 생각은 없었다. 그냥 나간다고 자랑하고 싶었다. 나의 새벽 달리기를 인정받고 싶었다. 그래서 머리도 감지 않고 눈꼽도 떼지 않은 채 사진을 찍어 대화방에 올렸다. 그런데 그 사진 속 몰골이 말이 아니었던 것. 사람들은 포복절도했다. 새벽에 너무 웃어서 눈물이 날 지경이라면서. 사실 그렇게 웃긴 줄 몰랐다.

그런데 어느 한 분이 내게 격한 칭찬을 던졌다. 내 우스꽝스러운 사진을 보며 자기 자신을 사랑하는 모습이 너무 아름답다고 칭찬해 주었다. 갑자기 당황스러웠다. 내가 나를 사랑하는 것 같지 않은데 왜 그러지 싶었다. 자꾸 그 분의 칭찬이 내 머릿속을 맴돌았다.

   다음날 새벽 달리기를 하러 다시 나갔다. 나가는 순간은 역시 힘들었지만 뛰다 보니 금세 기분이 좋아졌다. 너무 상쾌했다. 그리고 갑자기 소리를 질러보고 싶었다. 아무도 없는 새벽길에서 시원하게 소리지르면 개운할 것 같았다.

   "나는 할 수 있다."

   크게 외치고 나니 짜릿했다. 휴직을 하고 여러 도전을 하면서도 내가 잘 해낼 수 있을까 항상 의심했는데, 외치고 나니 뭐라도 할 수 있을 것 같은 느낌이 들었다. 그래서 또 힘껏 외쳐봤다.

   "나는 나를 사랑한다. 나는 나를 사랑한다. 나는 미치도록 나를 사랑한다."

   갑자기 목이 메어왔다. 이런 감정은 처음이었다. 나를 사랑한다고 큰 소리로 외쳐보니 알 거 같았다. 내가 나를 얼마나 사랑하는지를 말이다. 너무나 감격스러웠다. 전혀 몰랐던 나의 모습. 갑자기 기록으로 남기고 싶었다. 휴대폰을 꺼내서 동영상을 찍으며 또 외쳤다. 나는 나를 미치도록 사랑한다고.

나는 인정받고 싶은 욕구가 큰 사람이었다. 그러다 보니 남과 나를 비교하는 게 익숙했고 항상 이겨야 된다고 생각했다. 누구보다 먼저 승진해야 했고, 더 크고 좋은 집에 살아야 했다. 남을 꺾어야만 나를 사랑할 수 있었다. 반대로 남과의 싸움에서 질 때는 내가 너무 싫었다. 하지만 이날 나는, 나를 사랑할 때는 남과의 비교가 무의미하다는 것을 알게 됐다. 나의 있는 그대로를 사랑하는 것이 가장 중요하다는 것을 깨달았다.

나를 사랑하는 것이 무슨 의미인지 알게 된 기적적인 아침이었다. 그래서 나는 매일 달리기를 할 수 있었다. 중간에 가끔 쉬는 날도 있었지만 꾸준히 하려고 노력했다. 그날의 감동을 잊지 않고 싶었기 때문이다.

그후로 나는 내 안의 열정을 캠프에 토해냈다. 그 열정은 캠프가 끝나고도 이어졌다. 한동안 후유증에 시달렸을 정도로. 너무나 흥분되고 신나는 여행이 끝난 것에 대한 아쉬움이 한동안 나를 지배했다. 그리고 어느 정도 여행이 주는 감동에서 깰 때쯤 5주 간의 자기혁명캠프를 나 스스로 정리할 수 있었다.

자기혁명캠프의 첫 목표는 완주였다. 힘들었지만 꾸역꾸역 주어진 과제를 하나도 빠지지 않고 수행했다. 덕분에 관심이 가는 분야가 생겼다. 바로 자존감이었다. 내가 찾은 것이 진짜 자존감인지 알고 싶었고, 캠프가 끝날 때쯤 다른 사람들의 자존감을 높이는 일을 해보자는 생각이 들었다. 책을 써야겠다는 막연한 꿈을 꾸게 된 것도 이때부터다.

의외의 선물도 받았다. 바로 캠프 MVP가 된 것이다. MVP가 될 것이라고는 상상도 못했고 욕심도 없었다. 그저 캠프에서 하라는 대로 과제를 하고 미션을 수행했을 뿐인데, 그런 나에게 캠프 MVP가 주어지니 너무 기쁠 따름이었다. 물론 부담스러웠다. 뭔가 MVP로서 책임감 있는 모습을 보여야 하지 않을까 싶었다. 하지만 그 부담이 내게 좋은 영향을 미칠 것이라 생각하고 왕관의 무게를 견뎌보기로 했다.

　MVP 수상이 놀라웠던 이유가 하나 더 있다. 2019년 나의 버킷리스트 중 하나가 자기혁명캠프 MVP였다. 꼭 됐으면 하고 쓴 것이 아니라 실현 가능성은 차치하고 그냥 막연히 되면 좋겠다는 희망사항일 뿐이었는데, 그게 현실로 이뤄진 것이다. 쓰면 이루어진다는 말이 허황되게 들렸는데 내가 그걸 경험하다니 그저 놀라울 따름이었다.

　여러모로 휴직의 시작을 자기혁명캠프와 함께 한 것은 잘 한 결정이었다. 내 안에 있는 열정을 집중해서 쏟을 수 있었고 그 에너지가 한동안 나를 지탱해 주었기 때문이다.

지리산 단식원에서 나를 찾다

3월의 어느 일요일 오후. 버스에서 푹 자다 눈을 떠보니 고속도로였다. 순간 내가 어디로 가고 있는지 화들짝 놀라 잠이 깼다. 단식원으로 향하는 나. 겁이 덜컥 났다. 과연 열흘을 버틸 수 있을까?

구본형 작가의 책을 읽다가 눈물을 쏟고 나서 얼마 후, 아내는 나에게 조용히 쪽지 하나를 건넸다. 쪽지에는 구 작가가 평생 글을 쓰며 살아야겠다고 다짐한 장소인, 지리산 포도단식원의 전화번호가 적혀 있었다. 막연히 그를 보고 싶다고 생각만 했는데 아내는 내게 어떻게 하면 만날 수 있을지 길을 제시해 주었다. 무엇에 홀렸는지 나는 번호를 받자마자 곧장 전화를 걸었다. 그리고 그곳 사모님과 몇 마디 대화를 나눈 후 3월 초에 찾아가겠다고 약속해 버렸다. 그리고 어영부영 하다 지리산행 버스를 타고 단식원에 가게 되었다.

잠에서 깨자마자 두려워지기 시작했다. 언제나 새로운 곳을 향할 때마다 나를 찾아오는 '두려움' 앞에서 나는 이런저런 생각을 하지 않을 수 없었다. 단식원에 잘 도착할 수 있을지, 그곳에서 포도만 먹고 살 수 있을지, 열흘 동안 얼마나 힘들지 등등 온갖 생각이 꼬리에 꼬리를 물었다. 생각하다 보니 두려움의 끝에 다다랐다. 어렵게 찾은 지리산 단식원인데, 열흘 동안 아무것도 얻지 못한 채 그냥 집으로 돌아가면 어떻게 될지가 두려웠던 것. 새로운 도전이었고, 아내와 아이들 그리고 장인, 장모님은 나의 도전 때문에 며칠 동안 희생하셔야 했다. 그런 상황에서 빈손으로 돌아갈 수는 없었다. 그리고 구본형 작가가 그랬던 것처럼 방에 앉아서 따뜻한 햇살을 맞으며 글을 써야 하는 '운명'과 조우하고 싶었다. 꼭 그랬으면 좋겠다고 생각했다.

복잡한 마음으로 포도단식원에 도착했다. 내가 머물게 된 방은 구 작가가 머물던 방으로, 작은 시골 사랑방 느낌이었다. 어렸을 때 자주 갔던 시골 외가가 생각났다. 비까지 맞아서 그랬는지 뜨끈뜨끈하게 데워진 구들장의 온기가 두려운 감정을 조금이나마 녹여주는 듯했다. 나의 단식원 생활은 그렇게 시작됐다.

이곳의 생활은 규칙적이었다. 첫날은 숯가루를 30분마다 먹으며 몸의 독소를 빼냈고, 다음날은 레몬즙을 30분마다 먹으며 몸을 정화했다. 본격적으로 포도만 먹는 단식은 3일째부터 시작됐다. 포도는 하루에 다섯 번 정도 먹을 수 있었는데 포도의 영양소 덕분인지 단식을 하는 내내 배가 고프다는 생각이 들지는 않았다.

나는 매일 지리산을 누비고 다녔다. 구본형 작가의 영향으로 많은 작가 지망생들이 이곳을 찾는다는 이야기를 들었다. 작가 지망생들이 주로 찾는다는 연못가도 알게 되었다. 단식원 사모님께서는 연못 앞 벤치에서 햇살을 내리쬐고 앉아 있으면 글에 대한 영감이 떠오른다고 했다. 왕복 3km가 넘는 산길이었지만 그 말에 혹해서 포도를 싸들고 매일 그곳을 찾아갔다. 아쉽게도 다른 분들처럼 영감을 얻진 못했지만 산길을 걸으며 이런저런 생각을 할 수 있었다. 따뜻한 햇살을 맞으며 책을 읽는 기쁨을 얻기도 했다.

생각보다 단식은 어렵지 않았다. 문제는 내 마음이었다. 갑자기 훅 들어오는 불안함이 나를 괴롭혔다. 조바심이 일어났다. 이렇게 하면 뭐라도 나오는 게 맞는 것인지 내가 지금 잘못하고 있는 것은 아닌지 걱정됐다. 빈손으로 돌아갈 수 없다는 간절한 마음이 나를 옥죄고 있었다. 빨리 뭔가를 얻어내라고 말이다. 그럴수록 더 열심히 책을 읽고 글을 썼다. 하지만 이거다 싶은 것이 나오진 않았고, 그럴수록 마음은 더 다급해져만 갔다. 조바심은 비단 단식원에서만 느낀 것은 아니었다. 휴직을 하고 처음부터 쭉 가졌던 생각이기도 했다. 휴직은 나에게 기회의 시간이라고 생각했고, 이 시간에 아무 것도 만들지 못하면 안 된다는 절박함이 있었다. 시간을 헛되이 보낼 수 없었다. 뭐라도 만들어야 했다. 이런 마음이 단식원에서도 고스란히 드러났다.

단식원에서 절반 정도의 시간을 보냈을 때 인근에서 목사님 지인이 방문했다. 시골에서 한의원을 운영하는 부부였다. 그들은 대학생 때 단식원에 다녀갔고 이곳에서의 시간이 인생의 변곡점이 되었다고 했다. 그 부부의 이야기가 내심 부러웠다. 인생을 바꿔 놓았다는 이야기가 내게는 해당되지 않을 것 같다는 조바심이 들었다.

"단식원에 있으면서 인생의 전환점이라 느끼는 것은 어려워요. 나가서 천천히 그 시간을 곱씹어 볼 때 느낄 수 있을 거예요."

나의 조바심을 눈치챘는지 방문자가 내게 위로의 말을 건넸다. 지금은 단식원에서의 생활을 즐기는 것이 중요하다는 조언이다. 언제나 그렇듯이 나는 눈에 보이는 성과물이 빨리 나와야 한다고 생각했고, 단식원에서도 그러기를 바랐다. 그래서 더 악착같이 하나라도 더 건져보려고 했던 것. 하지만 그렇게 조급해 한다고 해서 뭔가를 얻을 수 있는 것이 아니라는 것을 순간 느낄 수 있었다. 마음의 여유가 필요했다. 막연하게 나를 사로잡았던 두려움이란 감정이 조바심 때문에 더욱 확장된다는 사실을 알게 되었다. 마음먹은 대로 금세 조급함이 사라지진 않았지만, 그래도 여유를 가지려고 노력했다. 그러다 우연히 큰 선물이 찾아왔다.

이곳에서 내가 가장 좋아하는 시간은 새벽 4시. 그때 밖에 나가면 반짝반짝 빛나는 별을 볼 수 있기 때문이다. 어느 정도의 여유를 찾고서는 하루도 빠짐없이 별을 보러 나갔다. 새벽하늘의 별은 밤하늘의 별보다 더 빛나는 것 같았다. 비록 밤하늘의 별을 보고 별자리도 구별 못하는 우주 문외한이지만 별을 본다는 것 자체로 좋았다.

그러던 어느 날 새벽. 일찍 일어나 별을 감상하고 있는데 무언가 뚝 떨어지는 것을 보았다. 순식간이었지만 분명 떨어졌다. 난생 처음 보는 별똥별. 별똥별을 보면서 소원을 빌면 이루어진다고 하던데, 너무 순식간에 떨어져서 그럴 수 없었다. 소원을 빌지 못해 아쉽기도 했지만 별똥별을 보았다는 것 자체로 큰 선물을 받은 느낌이었다. 온 우주가 나를 응원하고 있다는 착각을 하기 딱 좋은 상황이랄까. 우주가 내게 말해 주는 것 같았다. 내가 여기서 아무것도 얻지 못한다 하더라도, 그리고 휴직기간에 아무것도 만들지 못하더라도 지금의 경험이 분명 쓸모가 있을 것이라고 말이다.

'빠르게 헤엄치려고 하지 않을 때, 마침내 빨라진다.' 팀 페리스의 『지금 하지 않으면 언제 하겠는가』를 단식원에서 읽다가 이 말이 눈에 띄었다. 수영을 처음 배울 때가 생각났다. 아무리 발버둥쳐도 몸은 나가지 않고 가라앉을 뿐이었다. 발차기를 익히면서 여유를 가지고 몸에 힘을 뺄 때 물에 뜨고 더 잘 나갈 수 있게 된다는 사실을 수영을 한 달 정도 배우고 나서야 알 수 있었다. 단식원에서 들은 한의사 부부의 조언과 새벽에 받은 우주의 선물 덕분에 나는 깨달았다. 지금 가장 중요한 것은 힘을 빼는 것이라는 사실을 말이다.

나는 단식원에서 구본형 작가가 받았던 '글을 써야겠다'는 영감 같은 것을 얻지는 못했다. 그리고 한참이 지났지만 단식원에서의 생활이 인생의 변곡점이 될 만큼 중요한 시간이었다고 느끼지는 못하고 있다. 하지만 이곳에서 잊지 못할 선물을 받았다는 것만은 분명하다. 그것으로 충분히 감사한 경험이었다.

Tip 둘. 휴직하자마자 첫 한 달, 꼭 해 보면 좋을 세 가지

작년 말 휴직을 막 시작한 몇 분을 만났다. 눈빛이 살아 있었다. 다시 오지 않을 소중한 시간을 후회 없이 살고 싶어 했다. 장고 끝에 결정한 휴직이기에 뭐라도 해보겠다는 의지도 강했다. 휴직 초반의 내 모습이 생각났다. 나도 분명 저랬으니까. 나의 경험을 이야기하며 휴직을 하자마자 첫 한 달, 다음 세 가지를 꼭 해보라고 추천했다.

하나, 버킷리스트 100개 만들기

휴직을 막 시작하시는 분들께 권해드리는 첫 번째는 휴직기간 동안 하고 싶은 일 100가지를 적어보는 일이다. 이는 휴직의 밑그림을 그려준다. 100개까지 써내려가 보면 잠재의식 속 나의 욕망과 마주할 수 있다. 진짜 내가 하고 싶은 것이 무엇인지 알 수 있게 된다. 쓰는 과정에서 하고 싶은 일이 구체적으로 나온다. 100개를 다 쓰고 몇 개의 그룹으로 나누면 나의 주요 관심사도 보인다. 간단한 것들은 곧장 실행에 옮기기도 한다. 이는 성취감과 자신감을 갖게 하고 크고 복잡한 것으로 도전의 영역을 확대하게 만든다.

100개의 하고 싶은 일을 쓸 때는 'SMART'하게 작성하는 것이 중요하다. 이는 경영학자 조지 도란George T. Doran이 합리적인 목표 설정을 위해 제안한 방법론이다. SMART한 목표 설정은 다섯 가지 항목을 충족해야 한다. 목표는 구체적이고Specific, 측정가능하며Measurble, 달성할 수 있는 수준이어야Attainable 하며, 꿈·비전과 관련이 있고Relevant, 시간제한이 있어야Time bound 한다.

예를 들면 단순히 글을 쓰고 싶다는 목표보다는 '매일 한 편씩 총 365개의 블로그 포스팅을 1년 내내 쓴다'는 게 하고 싶은 일을 SMART하게 만드는 방법이다. 영어공부도 마찬가지다. '11월까지 토익 점수 900점 넘기기' 등과 같이 구체적으로 작성하는 게 좋다.

SMART하게 작성하는 것은 휴직기간이 끝날 무렵 나의 휴직을 정리하는 데에도 유용하다. 한 일들을 체크하는 과정을 통해 내가 무엇을 이뤘는지를 눈으로 확인할 수 있다. 다만 이를 작성할 때 달성 가능성에 대해서는 너무 심각하게 고민하지 말라고 당부하고 싶다. 허무맹랑한 것만 아니라면 한계를 규정할 필요는 없다. 그것을 깨기 위해 선택한 것이 휴직일 수도 있으니 내가 정한 선에 갇힐 필요는 없는 것이다.

둘, 열정을 쏟을 수 있는 강의 듣기

두 번째로 권하는 것은 무엇이 됐든 강좌를 신청해서 배우라는 것이다. 휴직한 직후는 넘치는 에너지 덕분에 무엇을 배우든 습자지처럼 강하게 빨아들일 수 있는 시기다. 이 시기의 학습은 스스로의 내면을 깊게 하고 외연을 넓히는 데 도움이 된다.

휴직하자마자 나는 두 개의 수업을 들었다. 하나는 강원국 작가의 글쓰기 수업이었고, 다른 하나는 청울림 작가의 자기계발 강의였다. 글쓰기 수업은 글을 써보고 싶다는 내 생각에 불을 지펴주었다. 왜 글을 써야 하는지, 글 쓰는 사람은 어떤 태도를 가져야 하는지를 알게 되었고, 덕분에 휴직기간 내내 꾸준히 글을 쓸 수 있었다. 자기계발 강의에서는 나의 습관을 돌아보며 비전을 만들 수 있었다. 앞으로 인생을 어떻게 살아가야 할지를 점검했다. 같이 수업을 듣는 사람들과 동기애도 쌓을 수 있었는데, 이는 휴직 초반 다소 외롭다고 느껴지는 상황에서 힘이 되어주었다.

꼭 글쓰기 수업을 듣고 자기계발 프로그램에 참여할 필요는 없다. 본인이 하고 싶은 일과 연관된 수업을 들으면 된다. 영어 공부든 자격증 시험 공부든 열정을 토해낼 수 있는 것이라면 충분하다. 다만 중요한 것은 전력투구해야 한다는 점이다. 휴직을 결정하면서 가졌던 마음가짐을 되새기며 최선을 다해 수업을 들어야 한다. 당연한 말이겠지만 열정을 바쳐야 휴직을 후회하지 않게 된다. 이때는 비장한 마음가짐이 필요하다.

휴직 초반 수업을 들어야 하는 이유가 하나 더 있다. 현실적으로 이때가 가장 경제적 부담이 덜하기 때문이다. 휴직 초반은 경제적으로 여유 있는 상태라 수업료 부담에서 자유로울 수 있다. 휴직 중반 이후부터는 줄어드는 통장 잔고로 인해 새로운 것을 시도하기 부담스럽게 된다. 그렇기에 편하게 선택할 수 있을 때 뭐라도 듣는 것이 좋다.

경제적인 면을 고려해서 다양한 지원 프로그램을 활용하는 것도 방법이다. 아직 재직자 신분이기에 회사의 복지제도를 활용할 수도 있다. 영어학원 지원 프로그램 등을 휴직자에게도 지원하는 회사도 많으니 꼭 회사에 확인하시길. 국가에서 지원하는 '국민내일배움카드'를 활용하는 것도 방법이다.

셋, 혼자만의 여행 떠나기

휴직을 선택하고 나서도 여전히 흔들린다. 과연 잘한 선택일까 스스로 물어보게 된다. 특히 휴직 초반에는 그런 감정이 수시로 밀려온다. 흔들리는 나를 잡는 데 필요한 것이 바로 '여행'이다. 휴직자들에겐 낯선 환경에 스스로를 둠으로써 나를 돌아보고 새로운 것을 발견하는 것이 필요하다. 이때 중요한 것은 '혼자' 떠나야 한다는 점이다. 가족들과 함께 하는 여행에서는 새로운 것을 발견하기 어렵다.

나의 경우 휴직을 하고 두 번의 여행을 떠난 것이 생각 정리에 도움이 되었다. 휴직을 결정하고 며칠 뒤 제주도에 갔다. 난생 처음 한라산 정상에 올랐다. 백록담의 절경을 보고 아내와 아이들을 떠올렸다. 잘 살아야겠다고 마음을 다잡았다. 노력의 소중함도 느꼈다. 왕복 9시간이라는 긴 시간 동안 힘들게 올랐기에 백록담이 더 감동적으로 다가왔다. 'No pain, No gain'이란 말도 되새겼다. 두 번째는 자기혁명캠프가 끝나고 다녀온 지리산 여행. 그곳에서 '두려움'에 대해 고민했다. 두렵다는 감정은 새로운 시도를 할 때마다 언제든 따라오는 것이라고 생각하며 두려워하는 나를 인정했다. 덕분에 두려운 감정을 한결 가볍게 대할 수 있게 되었다. 열심히 책을 읽고 산책을 하며 지냈던 시간은 마음을 진정시키는 데 큰 힘이 되었다.

꼭 멀리 떠날 필요는 없다. 1박 2일의 짧은 여행이어도 괜찮다. 기왕이면 이제까지 가보지 않았던 곳에서 해 보지 않은 것을 경험해 보길 추천한다. 그 속에서 두려운 감정도 만나보고, 불안함도 느껴보기 바란다. 두려움과 불안함을 인정하면서 좀 더 단단해진 나를 만나게 된다. 이것이 휴직기간 '흔들리는 나'를 잡아주는 지지대 역할을 할 것이다.

휴직은 장거리 달리기다. 끝까지 자기만의 페이스를 유지하며 달리는 게 중요하다. 마지막에 웃으며 골인 지점에 도착할 수 있도록 완급 조절을 잘 해야 한다. 이를 위해 초반 페이스를 어떻게 가져가느냐가 중요하다. 오버 페이스도, 방심도 금물이다. 휴직 후 첫 한 달을 어떻게 보낼지 잘 고민하며 세 가지를 꼭 해 보시길 바란다. 이것이 휴직의 첫 단추를 잘 꿰는 데 큰 도움이 될 것이다.

나만의 루틴 찾기

휴직기간을 어떻게 보낼 것인가
아내의 부탁
한 달 습관 만들기
나만의 오피스를 만들다
꾸준한 글쓰기에 공을 들이다
나의 이야기로 강의해 보기
마라톤 풀코스에 도전하다
흔들리며 피는 꽃
실패도 담담하게 받아들이다
[Tip 셋. 휴직기간 중 나의 루틴을 지켜준 책들]

휴직기간을
어떻게 보낼 것인가

휴직하자마자 자기계발 프로그램인 '자기혁명캠프'에 참여한 것은 시간관리 측면에서 나에게 엄청난 행운이었다. 자기계발의 핵심은 자기경영이다. 그리고 자기경영의 중심에는 시간경영이 있다. 덕분에 이 프로그램을 통해 휴직 초기 나만의 시간관리 틀을 만들 수 있었다.

하지만 자기혁명캠프의 여파가 생각만큼 그리 오래가진 못했다. 캠프가 끝난 후 금세 에너지가 사그라 들었다. 분명 나 혼자서도 시간관리를 잘 할 수 있을 거라 생각했는데, 줄줄 새는 시간이 많았다. 글을 쓰다가 휴대전화를 통해 SNS 게시물을 보거나 책을 읽다가 친구들과 문자를 주고받는 경우가 잦았다. 어영부영 하다 보면 오후 시간이 됐다. 하루 중 꽤 많은 시간을 나를 위해 집중할 수 있을 거라 생각했는데 시간이 너무 빨리 지나갔다. 분명 회사에서의 시간은 경운기처럼 느렸는데 휴직기간의 시간은 로켓보다 더 빠른 듯했다. 그동안 남이 시키는 것만 하던 나였기에 나 스스로 시간을 운영하는 것에 익숙하지 않았던 것도 문제였다. 시간관리에 대한 노하우가 없었던 것이다.

　게다가 일상의 일들은 시간표에 맞춰 끊어서 하기 어렵기도 했다. 어떤 날은 글을 쓰는 데 5시간도 넘게 걸리기도 했지만 어떤 날에는 30분 만에 후다닥 쓰기도 했다. 지루한 책을 읽을 때에는 30분 독서가 길게 느껴졌지만 흥미로운 책을 읽을 때에는 몇 시간이고 책만 붙잡고 있는 경우도 많았다. 시간관리를 위한 나만의 방식을 고안할 필요가 있었다. 그리고 지난 경험 등을 통해 나만의 시간관리 틀을 짜 보았다.

　고등학생 시절 나는 'To-do' 리스트를 통해 하루의 스케줄을 관리했다. 다이어리에 매일 공부해야 할 분량을 정해놓고 그것을 했는지 안 했는지 체크하는 것으로 하루 일과를 정리했다. 나에게 맞는 방식이었고, 체크하는 과정에서 스스로 만족할 수 있었다. 그때처럼 매일의 'To-do' 리스트로 하루를 관리했다. 아침마다 일어나 그날 해야 할 일을 추렸다. 그리고 할 때마다 하나씩 지워 나갔고 저녁이면 정리를 하고 잠이 들었다. 시간배분은 고려하지 않고 그날 내가 해야 하는 일을 정리하고 체크하는 것으로 시간관리를 대체했다. 꽉 짜여진 일정에 맞춰 관리한 것은 아니었지만 해야 할 일의 목록을 적고 그것을 수행하는 것을 통해 성취감을 느낄 수 있었다.

　리스트와 함께 매일 해야 하는 것들도 정했다. 무라카미 하루키가 매일 달리기를 했던 것처럼, 김민식 PD가 매일 블로그에 글을 썼던 것처럼 나 또한 매일 꾸준히 무언가를 해야겠다고 생각했다. 꾸준히 하는 무언가가 나를 조금 더 나은 사람으로 만들어줄 것이라는 믿음이 있었다. 다소 무리이긴 했지만 새벽기상, 달리기, 독서, 그리고 글쓰기 이 네 가지를 매일 꾸준히 했다.

물론 쉽지 않았다. 습관 관련 책에서는 21일만 하면, 또는 66일만 하면 매일 하는 것들이 자연스럽게 몸에 스며들어 습관으로 형성된다고 하던데 나는 그렇지 않았다. 매일 힘들게 겨우겨우 수행할 수 있었다. 하루키가 그의 책 『달리기를 말할 때 내가 하고 싶은 이야기』에서 말했듯이 매일 하지 않아야 할 이유가 한 트럭 가까이 있었다. 그럼에도 불구하고 나 자신을 소중하게 단련하고 싶은 마음이 컸다. 내가 정한 규칙을 깨뜨리면 그동안 쌓은 공든 탑이 무너질 것 같았기 때문이다.

꾸준히 하다 보니 매일 해야 하는 것들을 수월하게 실행에 옮기는 방법도 터득할 수 있었다. 무조건 아침을 시작하면서 해 버리는 게 나의 노하우였다. 숙제를 다 하고 노는 것과 같은 이치였다. 얼른 숙제를 끝내고 나면 개운한 마음으로 놀 수 있는 것처럼 나는 매일 해야 하는 일들을 가급적 오전에 다 끝내고 남은 하루를 즐겼다. 편안한 마음으로 진짜 내가 집중해야 할 것들을 찾아 집중할 수 있었다.

매일 해야 하는 것들은 주말이라고 예외는 없었다. 주말에도 아침에 일찍 일어나 달리기를 하고, 글을 쓰는 일은 꾸준히 하려고 했다. 특히 아침에 일찍 일어나는 것을 주말에 더 신경 썼다. 주말이면 으레 늘어져야 한다는 직장인 DNA가 나를 지배했기에 더 의식적으로 노력했던 것.

인간의 뇌는 편안함을 좇는 본성을 갖고 있다고 한다. 한 번 풀어지면 편안한 쪽으로 회귀하려는 경향이 강한 게 사람의 마음이었다. 월요일이 되면 일어나기 더 힘들고 회사에서의 업무 효율성이 떨어지는 것도 주말 내내 편히 보냈기 때문이다. 너무 무리한 것이라고 생각되긴 했지만 우선은 주말에도 최소한으로 해야 할 일을 하려고 노력했다. 그래야 나만의 리듬이 유지될 수 있을 것 같았다.

오랜만에 친구를 만났다. 친구와 대화를 나누다 아침에 일찍 일어나는 나만의 루틴에 대한 이야기가 나왔다. 친구는 주말에도 일찍 일어나는 나를 신기하게 쳐다봤다. 그러면서도 굳이 그렇게까지 하면서 살아야 하냐고 물어보기도 했다. 애면글면하는 나의 모습이 측은해 보였나 보다.

하지만 그럼에도 불구하고 나는 지금의 삶이 좋다. 다소 힘들더라도 지금이 아니면 나를 바꿀 수 있는 기회가 없다고 생각했다. 그게 내가 진짜 지금을 즐길 수 있는 방법이리라.

# 아내의
부탁

휴직을 하고 가장 먼저 만든 루틴은 새벽에 일찍 일어나는 것이었다. 아내의 부탁 때문이었다. 휴직한다고 했을 때 누구보다 크게 지지했던 아내가 유일하게 요청한 것이 '새벽기상'이었다. 늘어진 모습을 보기 싫었던 걸까? 그동안 올빼미형 인간으로 살아왔기에 나 또한 게으른 아침을 맞이할까 두려웠던 것도 사실이라 아내의 요청사항을 실천에 옮기기로 했다.

자기계발서도 영향을 줬다. 많은 작가들이 아침에 일찍 일어나 글을 쓰고 운동을 한다는 사실을 알게 되었다. 고요한 새벽 시간에 집중력을 끌어내는 것이 그들의 성공 노하우라고 했다. 나 또한 새벽 시간을 잘 활용하고 싶었다. 그들이 하던 것을 따라하면 그들을 닮아갈 수 있을 것 같았다.

새벽 5시 이전에 일어나기 시작했다. 첫 몇 주간은 꽤나 고통스러웠다. 아침마다 침대가 보내는 강한 끌어당김을 끊어내기 힘들었다. 새벽

4시 30분마다 울려대는 휴대전화 알람에 '5분만 더'를 외치며 조금이라도 더 자려고 노력했다. 3주 정도 지나니 조금씩 나아지기 시작했다. 몸이 어느 정도 적응한 듯했다. 물론 새벽마다 '5분만 더'를 외치는 것은 여전했지만 말이다.

일어나자마자 물을 마셨다. 할 엘로드의 『미라클 모닝』을 보고 아침에 졸린 이유가 몸에 수분이 부족하기 때문이라는 것을 알게 되었다. 물을 열심히 마시고 몸을 촉촉하게 적시며 정신을 차렸다. 그 다음으로 침대를 정리했다. 잤던 자리의 이불과 베개를 가지런히 놓았다. 우연히 유튜브를 통해 본 해군 장교 맥레이븐의 졸업식 연설문 덕분이다.

"세상을 변화시키고 싶으세요? 침대 정돈부터 똑바로 하세요."

소소한 일이지만 아침에 일어나 침대 정리를 함으로써 작은 성취를 만들어 내는 게 중요하다고 그는 이야기했다. 그리고 이런 성취가 모여 더 큰 도전을 하는 데 거름이 된단다. 그의 이야기를 따라 해 보기로 했다. 자고 일어난 자리를 스스로 정리하는 게 당연하기도 했고.

그래서 나는 아침마다 두 가지를 이겨내며 하루를 시작할 수 있었다. 더 자고 싶은 마음과 싸워서 이겼고, 지저분한 침대를 그대로 두려는 마음과 싸워 이겼다. 일어나자마자 얻어낸 성취는 비록 소소한 것이었지만 하루의 시작을 활기차게 해 주었다.

휴직하고 얼마 후 한 스타트업 대표에게서 연락이 왔다. 알게 된 지는 좀 됐지만 단 둘이 만난 적은 없는데, 만나서 두 시간 넘게 이야기를 나눴다. 그의 비즈니스부터, 힘들고 보람 있었던 일들 그리고 나를 위한 조언들까지 다양한 주제의 대화가 오갔다. 그리고 그로부터 아침을 기적적으로 맞이하는 '미라클 모닝'에 대한 그의 경험도 들을 수 있었다.

 기적적인 아침을 맞이하기 위해 가장 필요한 것은 하루에 대한 기대감이라고 그는 이야기했다. 아침에 눈을 뜰 때 하루가 설레고 그날 해야 할 일이 즐겁게 다가오면 몇 시간을 자든 개운한 마음으로 일어날 수 있다고 했다. 그 속에서 중요한 것이 나답게 주도적으로 살아가는 것이라면서. 나를 위한 하루를 설계할 수 있을 때 하루가 기다려지는 것은 당연한 이치였다.

 시간이 금보다 소중한 스타트업 대표로부터 두 시간 동안 이야기를 들으며 새벽 기상을 하면서 가장 중요한 게 무엇인지 알게 되었다. 알람이 울렸을 때, 하루를 시작할 때 나의 마음가짐이 가장 중요했던 것이다.

 새벽에 일찍 일어나는 것이 습관이라고 하기에는 여전히 힘들긴 하지만 상쾌한 기분으로 하루를 시작할 수 있어서 좋다. 하루하루가 선물 같기에 아침에 일어나는 게 즐거워졌다. 휴직이 나의 새벽을 '미라클 모닝'으로 만들어준 셈이다.

한 달 습관 만들기

팀 페리스의 『지금 하지 않으면 언제 하겠는가』라는 책을 통해 새로운 실험에 대해 알게 됐다. 책에서 라이언 셰어는 현재에 집중하는 삶을 살기 위해 한 달 동안 매일 하기와 매일 하지 않기를 실험한다고 했다. 그렇게 함으로써 자신의 에너지를 집중해서 쏟을 수 있다는 그의 말이 인상적이었다.

실험을 따라 해 보고 싶었다. 그리고 선택한 나만의 한 달 살기는 채식주의자로 살아가는 것이었다. 나는 한 달 동안 고기, 생선, 우유, 계란, 커피, 밀가루 등을 끊었다. 이 채식주의자로 살아가기 실험은 건강상의 이유 때문이었다. 연초에 포도단식원 목사님으로부터 몸에 대한 이야기를 들으며 우리가 육류를 과도하게 섭취하고 있다는 사실을 알게 되었다. 유제품도 마찬가지였다. 중독성이 강한 커피도 문제였고. 그런 것을 끊음으로써 내 몸을 새롭게 만들어 보고 싶었다.

환경을 생각하는 마음도 있었다. 육류를 만들어 내는 과정에서의 동물학대도 문제지만, 그때 나오는 노폐물들이 자연환경에 좋지 않다는 것을 알게 되었다. 육류를 끊음으로써 환경에 조금이나마 보탬이 되고 싶었다. 절제하는 삶을 살아보고 싶은 것도 이유 중 하나였다. 하고 싶은 대로만 살지 않고 먹는 것이라도 끊고 살면서 나를 실험해 보고 싶었다.

효과는 곧장 나타났다. 몸이 가벼워졌고 아침마다 상쾌한 기분으로 화장실에 다녀올 수 있었다. 고기를 안 먹으면 하루도 못 살 것 같았는데, 고기를 먹지 않는 생활에 금세 익숙해졌다. 하지만 이런 삶을 한 달 이상 더 하기는 곤란했다. 도저히 사회생활이 불가능했기 때문이다. 누군가와 점심 약속을 하는 게 꽤나 힘든 일이 되어 버렸다. 음식점에 채식주의자를 위한 메뉴가 따로 없었을 뿐더러 채식식당도 찾기가 어려웠다. 도시락을 싸 갖고 다니지 않는 이상 우리나라에서 채식주의자로 살아간다는 것은 민폐 캐릭터로 전락할 수도 있겠다는 생각이 들었다.

한 달간 경험한 것으로 충분히 배웠고 나의 에너지 또한 집중할 수 있었다. 의미있는 실험이었다. 그 이후로도 나 혼자만의 한 달 실험을 계속 했다. 카카오톡 알람 끄기, 앉아서 소변 보기 등을 일상에서 실험해 보았다. 그동안 당연하게 생각했던 것들을 새롭게 보게 됐고, 사람들의 불편함을 이해하게 됐다. 나에게는 상당히 유익한 경험이었다.

새로운 영감도 얻었다. 다른 사람들과 한 달 살기 실험을 해도 재미있을 것 같았다. 너무 실험적인 것은 어렵겠지만, 일상에서 내가 루틴으로 만들어 가는 것들을 같이 하면 나에게도, 그리고 참여하는 사람들에게도 유익한 프로그램이 될 것 같았다. 나는 이것을 한 달 습관 프로젝트라 명명했다.

처음으로 시작한 것이 달리기 프로젝트였다. 새벽에 달리다 진짜 나를 사랑하는 법을 알게 된 나는 매일 새벽마다 달렸다. 나는 다른 사람들에게도 달리기의 기쁨을 알려주고 싶었다. 블로그에 모집 공지를 띄우고 몇 사람들과 함께 한 달 동안 달리기 프로젝트를 진행했다. 자신의 목표 킬로미터를 정한 후 매일 뛰는 게 기본 룰이었다. 모임은 온라인으로만 진행되었다. 참여한 분들은 자신이 달린 거리를 사진으로 찍거나 달리기 앱에 나오는 기록을 캡처해서 단체 채팅방에 공유했다. 맨 처음엔 1km도 겨우 달리던 분들이 함께하며 조금씩 변해 가는 것을 확인할 수 있었다. 뛰는 거리가 조금씩 늘어났고, 달리면서 흘리는 땀의 가치를 이해하게 됐다.

달리기는 한 달 습관 프로젝트를 다른 영역으로 확장할 수 있는 용기를 주었다. 내가 하고 싶은 것들을 중심으로 사람들을 모아서 한 달 습관 프로젝트를 꾸렸다. 매일 영어 책 읽기, 매일 하정우처럼 1만 보 이상 걷기, 감사일기 쓰기 등의 모임을 만들어서 사람들과 함께 한 달 동안 살아 보았다.

한 달 습관 프로젝트는 새로운 재미를 주었다. 온라인으로 다양한 사람들과 친분을 나눌 수 있게 된 것이 첫 번째 재미였다. 비록 온라인상으로 대화를 나눈 게 고작이지만 서로 같은 미션을 수행하는 데서 오는 동질감 같은 게 있어서 끈끈한 정을 느꼈다. 몇몇 분들과는 직접 만나기도 했다. 달리기 모임을 함께한 분들과는 반포 한강공원에서 만나 같이 뛰기도 했고, 걷기 모임을 함께한 몇 분은 지방에서 서울로 올라와 티타

임을 갖기도 했다.

그것보다 더 큰 기쁨이 있었다. 미미하지만 내가 누군가의 삶에 영향을 줄 수 있다는 것을 한 달 습관 프로젝트를 기획하고 온라인 모임을 운영하면서 알게 되었다. 한 달 습관을 통해서 바뀐 사람들이 여럿 있었다. 원서 읽기를 하다가 영어 공부에 관심을 갖게 되어서 영어 책 한 권을 외우고 영어 필사로까지 그 영역을 확대한 분도 있었다. 매일 1만 보 이상을 걸으며 삶의 활력을 느끼고 난생 처음 글쓰기에 도전한 분도 있었다. 물론 그것이 온전히 나 때문은 아니었지만 내가 만든 모임에서 함께하던 이들의 변화를 내 눈으로 목격하는 것만으로도 나는 충분히 감동했다.

나의 습관을 공고히 하는 데도 도움이 되었다. 한 달 습관 프로젝트에서 나는 리더이자 또 한 명의 프로젝트 참여자였다. 리더로서 다른 사람들의 습관만 채찍질 할 수 없는 노릇. 누구보다 더 열심히 달리고, 영어 책을 읽고, 걷고, 감사일기를 썼다. 덕분에 나 또한 꾸준한 사람이 될 수 있었다.

어느 날, 한 달 습관 프로젝트 참여자로부터 '어떻게 하면 그렇게 에너지 넘치는 삶을 살 수 있냐'는 질문을 받았다. 나도 모르게 웃음이 나왔다. 얼마 전에만 해도 소파와 물아일체를 경험했던 내가, 한없이 게을러 아내에게 구박을 받았던 내가 그런 질문을 받았다는 게 신기했다. 몸 속 막혔던 혈관을 뚫고 활활 타오른 내 에너지의 근원에는 '휴직'이란 최고의 선택이 있었지만, 그 선택을 빛나게 해준 여러 과정들 속에는 한 달 습관 프로젝트가 있었다.

나만의 오피스를
만들다

『트렌드 코리아 2018』에서 처음으로 케렌시아Querencia라는 단어를 접했다. 케렌시아는 마지막 일전을 앞둔 투우장의 소가 잠시 숨을 고르는 자기만의 공간을 의미한다. 회사생활과 육아에 쫓겨 지내던 나 또한 잠시 숨을 고를 나만의 케렌시아가 필요했다.

일요일 저녁 8시면 아내의 허락(?)을 받고 동네 커피숍에서 시간을 보냈다. 내가 찾은 나만의 케렌시아였다. 이곳에서 두 시간을 보내기 위해 주말 내내 아이들과 열심히 놀았다. 주말 저녁의 외출이 떳떳하려면 그래야 했다. 비록 두 시간의 자유시간에 불과했지만, 게다가 동네 사람들의 사랑방이 돼 꽤 시끄러웠지만 동네 커피숍은 어떤 휴식처보다 안락했다. 노트북과 책만 있으면 두 시간이 어떻게 지나갔는지 모를 정도로 후다닥 흘러갔다. 책도 읽고 글도 쓰면서 일주일을 마무리하며, 다음 한 주를 계획하기도 했다. 이는 회사생활에 지친 내게 큰 활력소가 되었다.

휴직하고 나서도 나만의 케렌시아를 찾아야 했다. 아이들이 학교와 유치원에 다녀오는 사이 나만의 작업실이 필요했다. 휴직을 통해 진짜 나를 찾아보고, 내가 하고 싶은 일이 무엇인지 알아보고 싶었던 나였기에 그것을 고민하고 정리하는 장소가 필요했다. 물론 집에서 할 수도 있었지만 그러고 싶지 않았다. 나름 집과 작업 공간은 구분하고 싶었다. 집은 그냥 휴식처로 남는 게 좋을 것 같았기 때문이다.

게다가 외부의 작업 공간에 매일 출근하는 패턴을 만들고 싶기도 했다. 나는 출퇴근하는 일상에 익숙해져 있었다. 오랜 직장생활의 관성으로 자리 잡았는데 그것이 깨지면 조금 힘들 것 같았다. 그리고 출근하지 않는 일상이 처음엔 좋겠지만, 금세 나를 우울하게 만들 수 있을 것 같았다. 불안하게 만들 것 같기도 했고.

수소문 끝에 나만의 케렌시아를 찾을 수 있었다. 차를 마시며 공부도 할 수 있는 집 근처의 스터디 카페였다. 글을 쓰기 위해 노트북을 갖고 다녀야 했는데, 도서관보다 조금 더 자유로우면서도 안전하게 느껴졌다.

스터디 카페를 나만의 작업 공간으로 만든 또 다른 이유도 있었다. 신정철 작가 덕분이었다. 그가 이곳에서 책을 집필했다는 이야기를 들었다. 그의 책 『메모 습관의 힘』, 『메모 독서법』을 재미있게 읽었던 터라, 그와 같은 장소에서 작업을 하면 나 또한 좋은 책을 쓸 수 있을 것이란 막연한 기대감이 있었다. 같은 장소에서 일한다고 동일한 결과물이 나오는 게 아니란 것을 알고 있지만, 그래도 그냥 따라 해 보고 싶었다. 비슷한 결과물이 나올 거란 희망을 갖고 말이다.

스터디 카페에 매일 출근하는 삶은 나의 글쓰기 루틴에도 도움을 주었다. 강원국 작가는 그의 책 『강원국의 글쓰기』에서 글을 쓰는 루틴에 대해서 강조한다. 그는 안경을 닦고 커피를 마시는 그만의 의식을 행하며 글을 쓴다고 이야기한다.

나만의 의식을 거행하며 글쓰기 루틴을 만들었다. 매일 아침 이곳으로 출근(?)한 나는 자리를 정리하고, 차 한 잔을 마시며 나의 글쓰기 의식을 시작했다. 노트북을 켜고 약 10분 정도 뉴스를 읽은 후 본격적으로 글을 썼다. 매일 꾸준히 글을 썼고, 덕분에 나는 글을 쓰는 습관을 만들 수 있었다. 스터디 카페는 그런 나의 글쓰기 습관에 없어서는 안 되는 중요한 장소가 되었다.

하지만 매일매일이 즐거웠던 것은 아니다. 나만의 장소는 있었지만, 혼자였던 일상은 종종 나를 외롭게 만들었다. 회사에 다닐 때 귀찮게 느껴졌던 동료가 그립기도 했다. 좋든 싫든 나는 사람들과 어울려 일하는 것에 너무 익숙해져 있었다. 회의를 마치고 동료들과 함께 커피를 마시던 꿀 같은 휴식을 이제는 나 혼자 즐겨야 했다. 그리고 그 사실이 서글프게 느껴졌다. 휴직을 한 이상 어쩔 수 없는 일이었다. 뭐든 혼자 꾸려 나가야 했다. 마음을 고쳐먹고 감사한 일이라 생각하기로 했다. 외롭다는 생각이 들 때면 동네 산책도 하고 책도 읽으며 휴식을 즐겼다. 그게 나를 위로하는 시간이었다.

휴직을 했지만 나는 매일 출근하듯이 한 곳에 가서 나만의 루틴을 만들었다. 덕분에 나만의 작업을 꾸준히 할 수 있었다. 그곳이 나에게는 케렌시아였다.

꾸준한 글쓰기에
공을 들이다

휴직 이후 가장 즐겁게 한 일은, 달리기와 글쓰기였다. 달린다고, 글을 쓴다고 뭐가 나오는 것은 아니었다. 하지만 재미있었고 그렇게 보내는 시간이 좋았다. 그리고 꾸준히 하면 뭔가 좋은 일이 생길 것 같은 믿음 또한 있었다. 어느 비오는 새벽, 나는 그것을 처음으로 느꼈다.

새벽 네 시 반에 알람이 울렸다. 그리고 한참을 밍기적거리다 다섯 시쯤 일어났다. 꾸준히 하면 습관이 된다는데 여전히 새벽에 일어나는 건 힘들었다. 이부자리를 정리한 후 간단히 일기를 쓰고 운동복으로 갈아입고 나갈 채비를 마쳤다. 정말 나가기 싫었지만 하루라도 빼먹으면 안 될 것 같아 겨우겨우 맘을 추슬렀다. 때마침 '우르르 쾅쾅' 천둥소리가 들려 창문을 열고 비가 오는지 확인해봤다. 안 오는 것 같아 그냥 나갔다가 빗방울이 심상치 않아 다시 집으로 돌아왔다. 신발장에서 우비를 꺼내 입고 다시 나왔다. 비가 꽤 많이 내리고 있었다. 한참동안 비를 바라보며 나가야 되나 말아야 되나 고민했다. 그 순간 드는 생각 하나, '아깝다'. 운동복을 갈아입고, 우비를 꺼내온 시간이 아깝다는 생각이 들어 '에라 모르겠다'는 심정으로 그냥 나갔다. 빗방울이 점점 굵어지는 게 느껴졌지만 아침에 일어나 목표로 세운 7km만 뛰고 오자는 마음뿐이었다.

번개가 번쩍거리고 천둥이 요란스럽다. 뛰다가 벼락 맞는 건 아닌가 싶었다. 비를 맞으며 뛰고 있는 나를 보니 미친 것 같았다. 무슨 부귀영화를 누리겠다고 이 비를 맞고 뛰고 있나 싶었다. 매일 달리기를 한다고 상을 받는 것도 아니고, 하루 거른다고 누가 뭐라고 하는 것도 아닌데 매일매일에 집착하는 내가 미친 것 같았다.

달리고 있는데 나 같은 이들을 몇 명 더 볼 수 있었다. 그들도 나처럼 미친 걸까? 우비를 입은 나는 양반이었다. 그들은 그런 준비조차 없이 나와서 뛰고 있었다. 제정신이 맞나 싶었다. 멀리서 점점 다가오는 그들의 표정을 볼 수 있었다. 비와 상관없다는 듯이 한 발 한 발 내딛는 무심한 표정들. 비는 내리는 거고, 달리는 건 달리는 거라는 듯. 그 순간 '멋지다'라는 감탄사가 나왔다. 묵묵히 제 길을 가는 미친(?) 사람들이 멋져보였던 것. 그리고 나 또한 멋져보였다. 자빽 같아 보이긴 했지만 비가 오는데도 꾸역꾸역 나와서 달리기를 하고 있는 나 스스로가 대단해 보였다. 어쩌면 정말 제대로 미쳐서 그런 생각이 들었을런지도….

솔직히 요 며칠 달리는 게 힘에 부쳤다. 발바닥도 아프고, 몸이 뻐근한 느낌이었다. 그래서 조금 쉬고 싶다는 생각이 들었는데, 달려야 할 이유를 찾은 느낌이었다. 내가 매일 달리는 것은 나 스스로를 멋진 사람이라고 인정하고 싶기 때문이다. 다른 사람들이 어떻게 생각하든 내가 나를 사랑하는 마음을 느끼고 싶었다. 최근 들어 달리기 권태기를 겪었던 내게 세차게 내린 비는 왜 내가 달려야 하는지를 일깨워 주었다.

제현주 작가의 『일하는 마음』이라는 책을 다시 읽었다. 휴직을 하자마자 읽었을 때는 크게 와 닿지 않았다. 이후 작가의 오프라인 강연회를 듣고 다시 읽어보게 되었다. 직장생활에 대해 정리해 보는 데 이 책이 도움이 될 것이라 생각했기 때문이다. 두 번째 읽은 책은 완전히 새로웠다. 연초에 보이지 않았던 숨어 있는 이야기들이 나를 사로잡았다. 일에서 멀어지고 나서야 일에 대한 맥락과 그 속에 있는 나 자신이 보이기 시작했다는 이야기를 들으며 연신 고개를 끄덕이며 공감했다.

『일하는 마음』에서 유독 눈에 띄는 단어가 하나 있었다. '꾸역꾸역'. 단어가 슬프게 다가왔다. '그럼에도 불구하고' 애쓰는 느낌이 들었기 때문이다. 응원해주고 싶은 말이기도 했다. 제 작가는 책을 통해 꾸역꾸역 하는 것이 얼마나 중요한지에 대해서 이야기한다.

> 의심이 들 때면 그냥 머리를 파묻고 꾸역꾸역 하면 된다. 계속하다 보면 그것만으로도 이르게 되는 어떤 경지가 있다. 당신의 '잘함'으로 환산되지 않더라도 꾸역꾸역 들인 시간이 그냥 사라져 버리지 않는다(고 믿고 싶다).
> ㅡ제현주, 『일하는 마음』 중

꼰대식으로 표현하자면, '잔말 말고 그냥 해'라는 이야기였다. 그렇게 꾸역꾸역 하는 시간은 어떤 방식으로든 보상으로 따라온다고 한다. 성공이 보장되지는 않아도, 금전적 보상이 따르진 않아도 분명 공을 들인 시간만큼은 우리를 배신하지 않는다는 이야기, 아니 그것을 믿는 작가의 마음에 충분히 공감이 갔다. 나 또한 휴직 이후 원하는 결과가 보장되지 않는다 해도 충분히 의미 있는 시간으로 만들 수 있을 것이라 생각했다.

달리기 말고 꾸역꾸역 해 나가고 있는 게 하나 더 있다. 바로 글쓰기다. 2018년 9월부터 나는 네이버 블로그에 매일 한 편씩의 글을 올리고 있다. 처음엔 그럭저럭 써 나갔는데, 어느 순간부터 힘에 부쳤다. 몇 개 글을 사람들이 칭찬해 주면서, 더 좋은 글을 쓰고 싶다는 생각에 글을 쓸 때마다 어깨에 힘이 잔뜩 들어간다. 그럼에도 불구하고 매일 하기로 마음먹은 이상 꾸역꾸역 글을 써가고 있는 중이다. 하루는 처음부터 내가 쓴 글을 하나씩 살펴볼 기회가 있었다. 지난 5년의 시간이 헛되어 보이지 않았다. 엄청난 작가가 된 것은 아니지만 그래도 나에게 충분히 의미 있는 시간으로 느껴졌다.

한동안 자기계발서를 읽으며 작가들을 부러워했다. 영어책 한 권 외우기에 대한 이야기를 쓴 김민식 PD도, 메모하는 습관을 만든 신정철 작가도, 달리기를 하며 인생이 바뀐 이영미 작가도 부러움의 대상이었다. 그들이 이뤄낸 성과들이 한 권의 책으로 정리되었다는 사실이 부러웠다. 그러면서 나는 정작 그들이 오랜 기간 노력해 온 사실에 집중하진 못했다. 나무의 뿌리와 줄기는 보지 않고 열매만 보았던 것이다. 그러면서 나 또한 빨리빨리 그들처럼 되었으면 좋겠다고 생각했다. 결과에 집착했던 것이다. 급하게 먹으면 체한다는데, 체하기 딱 좋은 상황이다.

　제현주 작가의 꾸역꾸역은, 기다리는 시간이 필요하다는 사실을 알려주었다. 그리고 그 시간이 절대 나에게 무의미하지 않다는 것도 가르쳐 주었다. 희망고문 같긴 하지만 그렇게 믿으며 꾸역꾸역 하고 싶다. 굳이 대단한 것을 이루는 사람이 되지 않더라도 그렇게 시간을 들인다면 충분히 가치 있는 나만의 무언가가 나올 것이다. 스스로를 인정하는 그 순간 말이다. 비오는 날 달리기가, 그리고 다시 읽은 『일하는 마음』이 꾸역꾸역 하루를 열심히 살아가게 만들어 주고 있었다.

나의 이야기로
강의해 보기

지인의 소개로 명상 전문가를 만나 인생 상담을 받았다. 이런저런 조언을 들었다. 그는 발표를 좋아한다는 나의 이야기를 듣더니 꼭 발표나 강의를 해 보라고 추천했다. 실제로 해 봐야 진짜 좋아하는지 알 수 있게 된다면서.

회사에서 발표를 여러 번 해봤고, 그럴 때마다 나름의 희열을 느꼈는데 좋아하지 않을 수도 있다는 이야기가 신선하게 느껴졌다. 어쩌면 내 이야기로 강의나 발표를 하게 되면 생각이 바뀔 수도 있을 것이란 생각도 들었다. 물론 아쉬운 점도 있었다. 아무도 지금의 내 이야기를 듣고 싶어 하지 않을 것 같았기 때문이다. 발표든, 강의든 들어줄 사람이 있어야 할 텐데…. 그러기엔 내가 너무 작아 보였다.

기회는 우연히 찾아왔다. 내 글을 좋아하는 분들이 있었다. 매일 나의 글을 보면서 나처럼 글을 쓰고 싶다고 하신 분들도 더러 있었다. 그 중 한 분께서 진지하게 글쓰기 강의를 해달라고 요청했다. 글쓰기 강의는 책을 낸 작가들이나 하는 것이라는 생각에 애써 그의 부탁을 외면하려 했다. 그때 얼마 전 만났던 명상 전문가의 '직접 해 봐야 안다'는 이야기가 떠올랐고, 요청을 받아들였다.

하기로 마음먹은 이상 제대로 해보고 싶었다. 홍보를 해서 많은 분들이 오시면 좋을 것 같아 블로그에 글을 써서 사람들에게 나의 강의를 알렸다. 많은 사람들이 신청해서 멋진 강연을 했다고 쓰고 싶지만 실상은 그렇지 못했다. 역시나 나의 글쓰기 강의에 사람들이 큰 관심을 갖진 않았다. 다섯 명이 강의를 신청했는데, 그 중 반 이상은 나의 지인들. 첫 번째 좌절이었다. 근거 없는 자신감 덕에 내 기대치가 높았던 것도 문제였지만, 사람이 잘 모이지 않는 것을 보면서 강의 모객이 꽤나 힘들다는 것을 여실히 느꼈다.

그럼에도 불구하고 신청하신 분들께는 고마운 마음이 컸다. 평범한 블로거의 강의에 시간을 내어 찾아준다는 것은 쉽지 않은 일이었다. 그 마음에 보답하기 위해 최선을 다해 강의를 준비했다. 하지만 준비하는 일은 꽤나 힘들었다. 강의 교안을 한 페이지씩 만들 때마다 어쩌면 나는 강의하는 것을 좋아하지 않을 수도 있겠다는 생각을 했다. 그만큼 고통스러운 작업이었다. 강의 내용을 다 작성하고 아내 앞에서 간단한 리허설을 했다. 아내는 핵심을 관통하는 질문을 나에게 던졌다.

"그래서 오신 분들이 강의를 듣고 무엇을 얻어갈까?"

내가 하고 싶은 이야기가 아니라, 찾아온 사람들이 듣고 싶어 하는 이야기를 하는 게 중요하다는 지적이었다. 찾아온 사람들이 내 이야기 중 어떤 것에 관심을 갖고 있을지 처음부터 다시 고민했다. 나는 강원국 작가처럼 대통령 연설비서관 출신도 아니고 김민식 PD처럼 베스트셀러 작가도 아니다. 그럼에도 불구하고 왜 내 강의를 들으려 할까? 한참을 고민하다 보니 내가 갖고 있는 무기는 평범함이 아닐까 싶었다. 나 또한 강의를 들으러 온 사람과 다를 바 없는 무명의 블로거로, 그들이 원하는 것은 내가 지난 몇 년간 블로그에 글을 쓰면서 얻은 실질적인 팁일 수도 있겠다고 생각했다. 강의가 끝나고 나서 집으로 돌아가서 하나라도 실천에 옮길 수 있는 이야기면 좋겠다는 생각에, 1년 넘게 매일 글을 쓸 수 있었던 나의 글쓰기 노하우에 대해 세세하게 정리해 강의를 구성했다.

강의는 두 시간 동안 진행됐다. 난생 처음 내 이야기로만 꽉 채운 두 시간. 처음 10분은 어버버하게 말도 제대로 못하고 전달도 제대로 안됐다. 하지만 금세 강의에 녹아 들어갔다. 즐거웠다. 회사에서 발표할 때와는 사뭇 다른 느낌이었다. 내가 가진 경험이 콘텐츠가 될 수도 있다는 믿음이 그때 생겼다. 경험해 보니 알 수 있었다. 내가 진짜 강의하는 것을 좋아한다는 사실을 말이다. 사람들을 모으고, 자료를 정리하며 준비할 때 들었던 나에 대한 의심이 눈 녹듯 사라졌다. 천만다행이었다. 행여나 내가 강의를 좋아하지 않는다면 어떻게 해야 하나 고민했는데 그러지 않은 것만으로도 다행이었다.

강의하는 것을 좋아한 것도 긍정적인 상황이었지만 나눔의 기쁨을 만끽할 수 있었던 것도 좋았다. 다른 사람들에게 나의 것을 나눠줄 때 그것을 진심으로 즐기는 사람이라는 것을 알 수 있었다. 그 이후로도 몇 번의 강의와 발표 기회가 있었다. 물론 그때마다 준비하는 과정은 힘이 들었다. 하지만 앞에 나가서 이야기를 시작하는 순간, 그리고 사람들로부터 질문을 받을 때 나는 매번 설레고 행복했다. 누군가와 나의 이야기를 나눌 수 있다는 사실이 좋았음은 물론이다.

마라톤 풀코스에
도전하다

휴직 전 가을 어느 날의 이야기다. 이영미 작가의 『마녀체력』을 읽고 운동을 해 보고 싶다는 욕망이 끓었다. 책은 저자가 쓴 것처럼 해리포터가 받은 호그와트의 편지 같았다. 내 죽어 있는 심장이 살아나는 듯했다. 그녀처럼 달려보고 싶었다. 곧장 아파트 헬스장에 나가서 힘차게 뛰었다. 얼마 후부터는 헬스장 밖으로 나가 달리기 시작했다. 동네 한 바퀴를 돌았고, 한강에 나가 뛰었다. 태어나 처음으로 마라톤 대회도 나갔다. 고작 10km 달리기였지만. 그러나 생애 첫 마라톤은 너무나 힘들었다. 나름대로 훈련도 하고 갔건만, 겨우겨우 달렸다. 다행히 걷지는 않았다. 걸으면 더 힘들다는 것을 알고 있었기 때문이다.

포기하고 싶은 여러 번의 유혹을 물리쳤다. 그리고 신기한 일이 벌어졌다. 도착 지점에 다다른 이후에 오히려 몸이 가벼워졌다. 몇 등을 했느냐, 몇 분 만에 도착했느냐가 전혀 중요하지 않았다. 나 자신과 싸워 완주했다는 것 자체가 좋았고 큰 성취감을 느꼈다. 달리는 것이 주는 기쁨이 무엇인지 처음으로 알았다.

하지만 그 기쁨도 잠시. 마라톤 대회 이후로 날은 급격히 추워졌고, 점점 해가 짧아졌다. 자연스럽게 나는 이불 속에 머무는 시간을 즐겼고 달릴 엄두를 내지 못했다. 조만간 해가 길어지고, 날이 따뜻해지면 달려야겠다는 '바람'만을 가질 뿐이었다.

휴직을 하고 달리기를 하다 운명의 순간과 마주했다. 진짜 나를 사랑하는 법을 느꼈다. 그날의 감동을 잊지 않기 위해 꾸준히 달렸다. 매일 뛰다 보니 마라톤 풀코스를 뛰어 보고 싶었다. 꾸준히 하면 할 수 있을 것 같았다. 그리고 2019년 가을, 마라톤 풀코스에 도전하게 되었다.

첫 풀코스 도전을 앞두고 출발대 앞에 섰다. 사람이 꽤나 많았다. 1만 명도 넘는 듯. 삼삼오오 함께한 사람들 옆에서 나는 혼자 출발을 준비했다. 어차피 레이스는 고독한 것이라고 생각했지만, 누군가 한 명이라도 같이 있었으면 하는 아쉬움도 들었다. 출발을 준비하며 이런저런 걱정이 들었다. 완주를 할 수 있을까? 원하는 목표 시간 안에 들어올 수 있을까? 그렇게 초조한 마음을 갖고 풀코스 마라톤의 첫 발을 내디뎠다.

최대한 에너지를 비축하며 달렸다. 초반에 괜히 무리했다가 나중에 퍼지면 안 된다고 생각했다. 목이 마르기 전에 물을 마셔 둬야 한다는 생각에 급수대가 있는 곳에서는 줄을 서서 기다리는 한이 있어도 물을 마셨다. 10km 도착 전에는 영양젤을 먹으며 영양소를 보충했다. 하프까지도 크게 무리가 없었다. 그렇게 천천히 나의 페이스대로 나아갔다.

문제는 30km 지점이 넘어서면서부터 발생했다. 끝까지 잘 달릴 줄 알았는데, 몸에서 이상 신호가 왔다. 30km 중반으로 넘어가면서부터 페이스가 급격히 떨어지고 말았다. 연습 때 뛴 최대 거리가 33km였던 내 몸은 그 이상 달리는 것을 거부하는 듯했다. 그때부터는 정신력과의 싸움이었다. 걷다 뛰다 하며 겨우겨우 앞으로 나아갔다. 그나마 거리에 나와 응원하는 사람들 덕분에 정신을 차리고 힘을 낼 수 있었지만….

드디어 그토록 바라던 잠실경기장이 보였다. 이제 조금만 가면 끝이었다. 그런데 도저히 뛰기 힘들었다. 잠시 숨을 고르며 걷다가 다시 마음을 가다듬고 사력을 다해 뛰기 시작했다. 그 때 익숙한 목소리가 들렸다.

"아빠다!"

아이들을 보니 거짓말처럼 마지막 힘이 솟아났다. 그토록 바라던 잠실주경기장을 돌아 최종 골인지점에 도착하고 나서 아이들을 만났다. 너무 반가웠지만 힘이 없었다. 결국 얼마 가지 않아 털썩 자리에 주저앉고 말았다. 엄청난 감동을 느낄 새도 없이 그냥 힘들기만 했다. 빨리 집에 돌아가 쉬고 싶은 마음 하나뿐이었다.

집에 돌아와 샤워 후 누워 있으니 그때서야 비로소 하나둘씩 달리면서 했던 생각들이 떠올랐다. 묵은지처럼 천천히 마라톤의 의미가 제 맛을 내기 시작했다. 힘들다는 감정이 사그라지면서 명치 끝에서부터 성취감이 올라왔다. 그 긴 거리를 무사히 달렸다는 게 너무 좋았다. 그리고 4시간 조금 넘게 달렸던 시간들을 하나씩 곱씹었다.

마라톤이 인생과 참 비슷하다고 생각했다. 쭉 펼쳐진 오르막길을 달릴 때 꽤 부담스러웠다. 언제 다 올라가야 하나 끝이 없어 보였다. 순간

김민식 PD의 『내 모든 습관은 여행에서 만들어졌다』 속 이야기가 생각났다. 김 PD는 자전거로 산을 오를 때 시야를 저 멀리 산 정상에 두지 말고 아스팔트에 고정해야 한다고 했다. 그래야 힘이 빠지지 않고 순간에 집중할 수 있단다. 산 정상만 바라보면 진도가 나지 않고 멀게만 느껴지기 때문이다. 그리고 그렇게 아스팔트만 보고 자전거 페달을 밟은 덕분에 그는 한계령도 넘을 수 있었다. 나 또한 오르막에서 끝을 바라보니 너무 힘겨웠다. 그래서 그 순간에는 아스팔트만 바라보았다. 확실히 힘이 덜 들었다. 언제 끝날지 몰라 조금 답답하긴 했지만 달리는 순간에 집중하면서 생각보다 가볍게 오르막을 오를 수 있었다.

인생도 마찬가지였다. 너무 큰 목표 때문에 좌절할 필요가 없을 것 같았다. 그 목표를 좇기보다는 지금 이 순간에 최선을 다하고 집중할 필요가 있겠구나 싶었다. 내 목표가 흔들리지만 않는다면, 그렇게 순간순간 집중하다 보면 어느새 목표에 닿을 수 있을 것이다.

"아빠, 마라톤 잘 하더라. 내가 칭찬 스티커 하나 붙여줄게."

42.195km를 다 뛰고 난 다음날 저녁, 일곱 살 둘째는 뜬금없이 나를 칭찬해 주었다. 아들의 칭찬을 들으니 날아갈 듯 기뻤다. 간만에 아들에게 받은 칭찬이 참 좋았다. 몸은 힘들었지만 많은 것을 준 마라톤이었다. 게다가 아들에게 인정도 받으니 마라톤이 더 사랑스러워졌다. 그 때문이었을까? 힘들었다는 것도 잊은 채 다음 마라톤 대회를 찾아보기 시작했다.

흔들리며 피는 꽃

휴직 후 한동안 나는 미친 듯이 열정을 쏟아냈다. 새벽같이 일어나 달리기를 했고 몇 시간씩 공을 들여 글을 썼다. 하루도 거르지 않았다. 주말도 예외는 아니었다. 매일 할 수 있었던 것은 불안한 마음 때문이다. 하루라도 거르면 계속 거르게 될 것 같았다. 악착같이 버텼다. 하지만 몸은 알고 있었다. 내가 무리하고 있다는 사실을.

지난해 6월, 어느 토요일의 일이다. 금요일부터 몸 컨디션이 좋지 않았다. 조금 뻐근했다. 달리기를 많이 해서 그런가 보다 했는데, 평소와 조금 달랐다. 감기가 온 것 같았다. 그럼에도 불구하고 새벽같이 일어나 달렸다. 매일 해야 한다는 의무감이 컸다. 게다가 러닝메이트도 있었다. 그날은 나를 알게 되면서 휴직을 해야겠다는 결심을 한 분과 함께 뛰기로 한 날이었다. 그와 이야기를 나누며 달리니 몸이 조금 가벼워지는 것 같았다. 나의 휴직 이야기를 하다 보니 생각도 정리할 수 있었다.

문제는 그 다음이었다. 뛰고 나니 몸이 더 안 좋아졌다. 뜨거운 물로 샤워도 하고, 따뜻한 아메리카노를 마시며 몸을 달래 봤다. 하지만 그날 결국 나는 밤새 고열에 시달렸다. 어쩔 수 없이 집에 있는 아이 해열제를 먹어야 했다. 다행히 약을 먹고 열은 내렸고 다음날 아침 일찍 병원에 가서 주사 두 방을 맞고 나서야 컨디션을 회복할 수 있었다. 괜찮아져서 다행이었다. 덕분에 일요일엔 『마녀체력』의 이영미 작가 강연회도 다녀오고, 사람들도 만날 수 있었다.

그런데 화요일 저녁 몸이 다시 이상했다. 두통이 심하게 왔다. 저녁에 수영도 거르고 누워 있었다. 9시에 곧장 잠을 청했지만 아침에 일어나서도 불편함이 가시지 않았다. 결국 또 병원에 갔고 두통약을 처방받고 집으로 돌아왔다. 짜증이 났다. 엊그제 열이 나서 힘들었는데 다시 또 아프니 아무것도 할 수 없었다. 매일 해야 하는 것들을 제대로 못하는 것 같아서 답답했다. 몸이 나의 마음을 따라주지 못하는 게 안타까웠다. 하지만 나는 몸이 주는 신호를 거부할 수 없었다. 열정만 믿고 더 이상 몸을 혹사시키는 것은 바보 같은 짓이었다. 몸이 더 이상 망가지기 전에 나를 조금 내려놓을 필요가 있었다.

비슷한 시기에 회사 선배와 문자 메시지로 대화를 나누게 되었다. 회사에서 퇴직하고 정부에서 일하는 분이었다. 좋아하는 선배였고, 안부를 묻고 싶은 생각에 별다른 목적 없이 연락을 드렸다.

"휴직하고 노니까 좋지?"

"네, 잘 지내시죠?"

"마누라 그만 속 썩이고 얼른 복직해라. 나중에 늙어서 혼난다."

"그럴지도 모르죠. 나중에 돈 많이 벌면 되지 않을까요?"

"페이스북에 쓰여 있는 '너 잘하고 있다'는 말에 혹하지 말고."

"네, 그래야죠. 감사합니다."

나중에 만나서 식사하자는 훈훈한 이야기로 짧은 대화를 마쳤다. 대화가 끝나고 한동안 선배의 이야기가 신경 쓰였다. 처음에는 내 마음도 몰라주는 것 같아 서운했다. 따뜻한 응원 한 마디를 기대했는데 말이다. 하지만 생각하면 할수록 그의 따끔한 충고가 지금 내게 가장 필요한 영양제 같다는 생각이 들었다.

몇 개월간 다양한 사람들을 만났다. 대부분 휴직 이후 알게 된 사람들이었다. 회사에서 만난 사람들과 확실히 뿜어내는 에너지의 결이 달랐다. 새로운 것을 탐구하는 마음도 컸고, 자신의 한계를 깨 보려는 의지도 강했다. 덕분에 나도 큰 자극을 받을 수 있었다. 그들과의 새로운 관계도 좋았다. 적당히 연결되었지만 서로에게 너무 깊게 개입하는 사이는 아니었다. 그래서였는지 대부분의 대화가 서로의 성장을 격려하는 이야기가 주를 이뤘다. 잘 하고 있다며, 조만간 성과가 나올 것이란 이야기를 많이 들었다. 덕분에 떨어진 자신감도 많이 올라갔다. 하다 보면 뭐라도 할 수 있다는 생각도 들었고.

하지만 선배의 말마따나 잘 한다는 사람들의 이야기에 취臭하는 것은 나의 문제였다. 냉정하게 생각해보면 그들이 나를 비판하기란 쉽지 않다. 느슨한 관계의 사람에게 쓴소리를 하기는 여간 어려운 일이 아닐 터. 그렇다고 그들의 응원과 격려가 가식이라는 말은 아니다. 그 말을 잘 받아들이되, 스스로의 단점과 한계에 대해서는 제대로 고민할 필요가 있었다. 내가 취해 있었다는 사실을 인정할 수밖에 없었다. 그동안 사람들이 우쭈쭈 해주는 소리에 나도 모르게 들떠 있었다. 사람들의 이야기를 취取하되, 너무 취臭하지는 말아야겠다고 다짐했다.

몸 컨디션도 좋지 않은데 선배의 뜨끔한 충고도 들으니 불안했다. 내가 잘못하고 있는 건 아닌지, 처음의 마음을 잊어버린 건 아닌지 걱정됐다.

> 흔들리지 않고 피는 꽃이 어디 있으랴.
> 그 어떤 아름다운 꽃들도
> 다 흔들리며 피었나니.

문득 도종환 시인의 『흔들리며 피는 꽃』의 한 구절이 생각났다. 2019년 초 청울림 작가와의 만남 이후 그가 내게 건넨 시구였다. 몸의 신호와 선배와의 대화는 나를 흔들리게 만들었다. 내가 과연 잘 하고 있나 의심도 들었다. 하지만 여기서 멈춰서는 안 된다고 생각했다. 청울림 작가가 이 시를 소개할 때 주저 앉지만 않으면 괜찮다고 했던 말을 되새겼다. 흔들리더라도 포기하지 않는다면 언젠가 꽃이 필 날이 올 거라 생각하며 다시 마음을 다잡았다.

실패도
담담하게 받아들이다

지인을 만나 '운'에 대한 이야기를 나눌 기회가 있었다. 지인은 '운'에 관련한 책을 읽으며 모든 일에는 적당한 때가 있다는 것을 새삼 느꼈다고 했다. 그녀는 사업을 할 때는 하는 일마다 좋은 성과가 나와서 우쭐하곤 했었는데, 지난 5년 동안에는 하는 일마다 안 되는 바람에 마음고생을 했다. 그런 일련의 일을 겪고, 최근 '운'과 관련한 책을 읽으면서 느끼는 바가 많았단다.

모든 일에 적당한 때가 있다는 그녀의 이야기가 맞는 것 같기는 했지만, 선뜻 동의할 수는 없었다. 적당한 때를 기다리는 것에는 인간의 주체적인 노력이 결여되어 보였기 때문이다. 좋은 때를 잘 만나기만 한다면 그다지 노력하지 않아도 많은 것을 이룰 수 있는 것 아닌가라는 생각이 들었다. 그녀는 때를 기다리는 것이 감나무에서 감이 떨어지는 것처럼 마냥 기다리는 것은 아니라고 했다. 때를 기다리는 것, 그 핵심은 지금 이 순간 최선을 다하는 것이다. 준비된 자만이 주어진 밥상도 잘 먹을 수 있다. 따라서 최선을 다해야만 때가 왔을 때 그 기회를 잘 포착

할 수 있으며, 준비되지 않은 자는 그 운을 살릴 수 없다고 했다.

그녀와의 심각한 수다를 끝내고 집으로 돌아와 아내에게 '운'에 대해 물어봤다. 아내 또한 '운'을 믿는다고 했다. 그리고 그런 '운'은 영어로 'Fortune'에 가까운 말이라고 했다. 운명에 가까운 말로 어떤 일이 되려는 '기운' 같은, 그리고 단순한 행운을 의미하는 'Luck'과는 확실히 다른 의미라고 말이다.

아내의 말이 맞는지 모르겠지만 설득력이 있었다. '운'에 대한 부정적인 생각이 조금 걷히는 것 같았다. 문득 '진인사대천명', 자신의 할 일을 다하고 하늘의 명을 기다린다는 말이 적당한 때를 기다리는 것을 의미하며, 그 핵심에는 '자신의 할 일을 다해야 한다'는 것이 있다는 것을 깨달았다.

'운'에 대해 강하게 부정하려 했고, 또 골똘히 생각했던 것은 최근 내가 하는 일들이 적당한 때가 아니라는 생각이 들었기 때문이다. 그리고 적당한 때가 아니라는 사실을 부정하고 싶었기 때문이기도 했다. 휴직을 하면 뭐라도 만들어 낼 수 있을 것이라고 생각했는데, 제대로 된 결과물이 쉽게 나오지 않았다. 조금만 손을 뻗으면 될 것 같은데, 항상 몇 센티미터가 부족했다. 그런 과정을 몇 번 겪으면서 나 스스로 자책도 했다. 좀 더 노력해야 된다고 채찍질도 했다. 적당한 때가 아니라는 사실은 애써 외면했다. 그걸 인정하면 오랜 시간을 기다려야 할 것 같았다. 빨리 뭐라도 만들고 싶었다.

책을 쓰는 일도 마찬가지였다. 휴직을 하고 어느 순간부터 책을 내는 일이 가장 하고 싶은 일이 되었다. 글을 쓰는 일이 좋기도 했지만 책을 쓰고 나면 뭔가 인생이 크게 바뀔 것 같다는 막연한 기대감 같은 게 있었다. 책이 인생의 전환점이 될 수 있을 거라 생각했다.

캐나다에서 아이들과 시간을 보내며 많은 것을 느꼈고 그것을 책으로 내면 좋겠다 싶었다. 재미있을 것 같았다. 하고 싶은 이야기가 많았는지 술술 글이 써졌다. 미친 듯이 초고를 썼다. 하루에 한 꼭지씩 썼으니 50일도 채 안 돼 초고를 완성한 셈. 이를 잘 정리해 출판사에 출간 제안서를 보냈다. 진정성이 생명이라고 들었던 터라, 한 번에 한 출판사씩 정성을 들여 메일을 썼다. 하지만 출판사에서 온 메시지는 대부분 거절이었다.

"소중한 원고, 감사히 잘 받았습니다. 아쉽게도 저희 출판사의 방향과 맞지 않습니다."

거절 메일은 그나마 감사했다. 아예 답이 없는 출판사도 많았다. 아직 검토 중일 것이라는 희망의 끈을 여전히 버리지 않았지만, 시간이 지날수록 답이 오지 않는다는 것의 의미가 무엇인지 확실히 알 수 있었다. 받아들여야 하는 상황이지만 아쉬웠다. 어떻게 해야 하나 막막하기도 했고, 내가 만든 '작품'이 인정받지 못한다는 사실이 슬프기도 했다. 소중한 글이 책으로 빛을 보지 못할까봐 걱정되기도 했다. 그래서 모든 것에는 때가 있다는 이야기를 부정하고 싶었다. 내가 책을 낼 타이밍이 아직 아니라는 것을 받아들이기 어려웠기 때문이다.

하지만 내가 할 일을 다하고 때를 기다린다고 생각하니 마음이 조금 편안해졌다. 아직 때가 아니라고 한다면 내가 진짜 해야 할 것이 무엇인지가 보였다. 감나무의 감이 떨어지기를 그냥 앉아서 기다리는 게 아니라 떨어질 때 나름 잘 먹을 수 있도록 준비를 하는 게 중요하다는 것을 알았다. 진짜 책으로 내고 싶다면 내가 쓴 것을 열심히 고치는 것이 내가 할 수 있는 최선이었다. 그래도 뭔가 결과물이 나오지 않는다면 그것을 겸허히 받아들이는 것도 필요하겠다는 생각이 들었다. 기다리다 보면 좋은 때가 올 것이니까.

비단 책 쓰는 일에만 해당되는 것은 아니었다. 휴직을 하고 여러 가지 도전을 했다. EBS 세계 테마기행 시청자 참여단에 신청했고, 지인과 모여 팟캐스트 방송에도 도전해봤다. 생각보다 쉽지 않았고, 결과도 그리 좋지 않았다. 낙담했지만 그것들도 아직 때가 아니었기 때문에 좋은 결과가 나오지 않았다는 것을 그제서야 느꼈다.

올해 초 『될 일은 된다』라는 책을 읽었다. 책 제목이 별로였다. '운'에 대해 내가 생각했던 것과 비슷한 이유 때문이다. 열심히 노력하지 않아도 될 일은 알아서 된다는 것 같다는 뉘앙스가 풍겼기 때문이다. 하지만 책을 읽고 사람들과 이야기를 나누면서 이 책의 저자가 이야기하고 싶은 것은 정반대라는 사실을 알게 되었다. 책에서 강조한 것은 최선을 다하는 자세였다. 개인의 호불호를 내려놓고, 내가 하고 있는 일에 전력투구를 다하는 것이 중요하다고 작가는 이야기했다. 이런 자세를 가져야 최악의 상황에서도 의연히 대처할 수 있다고도 했다.

내 앞에 놓인 모든 일을 개인적인 결과에 연연하지 말고 가슴과 영혼을 다해 최선을 다한다. ─마이클 A. 싱어, 『될 일은 된다』 중

'지구가 내일 멸망한다고 하더라도 나는 한 그루의 사과나무를 심겠다'고 한 스피노자처럼 어떤 상황에서도 묵묵히 내 갈 길을 가는 게 중요하다. 그것이 좋은 결과물로 나오든 아니든 내 일을 묵묵히 하며 때를 기다리며 날을 벼리는 것이 내가 지금 당장 해야 할 일이다.

Tip 셋. 휴직기간 중 나의 루틴을 지켜준 책들

휴직을 하고 나의 새로운 루틴을 만들었다. 흔들릴 때도 많았고 하루를 거를 때도 있었지만 꾸준히 하려고 노력했다. 그때마다 나를 일깨워준 책들이 있었다. 작가들이 전해준 가르침과 소소한 팁 덕분에 나는 매일 꾸준히 새벽에 일어나 책을 읽고, 글을 쓰고, 달릴 수 있었다. 루틴을 잡는 데 도움이 됐던 책을 소개한다.

🍀 루틴 만들기

- **아주 작은 습관의 힘**　　　　　　　　　　__제임스 클리어, 비즈니스북스

습관을 만들기 위해 가장 중요한 것은 자신의 정체성을 확립하는 일이다. 나는 담배를 끊는다가 아니라 나는 담배를 피우지 않는 사람이라고 정의를 내려야 담배를 끊을 수 있게 된다. 덕분에 나를 매일 글을 쓰고 달리는 사람이라고 정의할 수 있었다. 그리고 그것이 나의 습관을 잡아주었다.

- **1만 시간의 재발견**　　　　　　　__안데르스 에릭슨, 로버트 풀, 비즈니스북스

1만 시간을 쏟는다고 목표를 달성하는 것은 아니다. 올바른 연습을 충분한 시간에 걸쳐 수행해야 실력이 향상되고 목표에 도달할 수 있다. 목표를 갖고 그것을 이루기 위해 꾸준히 노력하는 것이 중요하다.

- **그릿**　　　　　　　　　　　　　　　　　　__안젤라 더크워스, 비즈니스북스

그릿은 성장Growth, 회복력Resilience, 내재적 동기Intrinsic Motivation, 끈기 Tenacity의 줄임말로 성공에 결정적인 영향을 미치는 투지를 나타낸다. 재능보다 포기하지 않고 노력하는 자세가 중요하다.

 새벽기상

● 미라클 모닝 　　　　　　　　　　　　　　　　_할 엘로드, 한빛비즈

하루의 첫 한 시간을 어떻게 보내느냐가 중요하다. 일어나야 해서 잠에서 깨어나는 것이 아닌 목표를 갖고 침대를 박차고 나와야 한다. 아침에 일어나는 방식을 바꾸면 삶 전체가 바뀐다.

● 나는 오늘도 경제적 자유를 꿈꾼다 　　　　　　_청울림, 알에이치코리아

한결같이 부지런하면 천하에 어려운 일은 없다는 말을 새기며 그는 하루를 꽉 채워 보냈다. 부지런하게 살다 보면 불안함도 사라지고 긍정적인 생각으로 무장할 수 있다. 그는 새벽 2시에 잠이 들어도 5시엔 어김없이 일어났다.

● 그대 스스로를 고용하라 　　　　　　　　　　　　　　_구본형, 김영사

그는 하루를 22시간으로 생각하고 지냈다. 글을 써야 할 두 시간을 따로 떼어두고, 나머지 시간을 하루라 생각하며 보냈다. 주로 새벽 시간을 활용했다. 새벽에는 다른 일의 유혹이 없어 집중할 수 있었다. 게다가 하루를 좋아하는 일로 시작할 수 있다는 것도 가뿐하게 아침을 맞이하게 만들었다.

🍀 달리기

● 달리기를 말할 때 내가 하고 싶은 이야기 　　_무라카미 하루키, 문학사상

그는 매일 10km씩 달린다. 달릴 때 목표를 세우고 그것을 달성하기 위해 매일매일 노력한다. 달리기는 유익한 운동인 동시에 그에게 유효한 메타포이기도 하다. 달리면서 자신의 향상을 도모해 간다. 그의 책을 읽고 어제보다 나은 오늘의 내가 되기 위해 꾸준히 달리는 일을 포기하지 않게 되었다.

- **마녀체력**　　　　　　　　　　　　　　　　　　　　　　＿이영미, 남해의 봄날

그녀의 키는 153cm에 불과하지만 철인 3종 대회를 수차례 완주한 강인한 여성이다. 그녀는 운동을 하면서 몸 근육만이 아니라 자부심과 자신감도 키웠다. '나도 한 번 해보고 싶다'는 마음이 더 간절해졌다. 책을 읽자마자 마라톤 대회 출전 신청을 했다.

- **달리기, 몰입의 즐거움**　　　　　　　　　　　　＿미하이 칙센트미하이, 샘터

몰입을 하면 지금 이 순간에 집중하게 된다. 부차적인 생각과 걱정이 사라진다. 몰입은 그저 기분 좋은 경험으로 끝나지 않고, 자신의 한계를 계속 시험해 목표를 달성하도록 한다. 수시로 경험하면 삶이 행복해질 가능성이 크다. 달리기는 특히 몰입하기 좋은 운동이다.

🍀 독서 및 글쓰기

- **매일 아침 써봤니**　　　　　　　　　　　　　　　　＿김민식, 위즈덤하우스

김민식 PD는 7년간 블로그에 매일 글을 쓰고 이 책을 썼다. 그리고 그는 여전히 매일 블로그에 글을 쓰고 있다. 그의 끈기는 약점을 극복하고 창의력을 키우는 바탕이 되었다. 나의 목표도 7년이다. 매일 블로그에 글을 써볼 생각이다.

- **강원국의 글쓰기**　　　　　　　　　　　　　　　　　＿강원국, 메디치미디어

글 잘 쓰는 비결에는 학습, 연습, 습관 이렇게 '3습'이 있다. 그 중 하나를 꼽으라면 단연코 습관이다. 단순 무식하게 반복하고 지속하는 것이다. 지속해서 켜켜이 쌓은 글이 성취감을 만들고 자존감을 높여준다. 글이 쓰기 힘들 때마다 이 책을 읽고 나의 글쓰기 자세를 바로잡는다.

● **메모습관의 힘**　　　　　　　　　　　　　　　　　　　_신정철, 토네이도

메모에는 일상에 의미를 부여하고 삶에 변화를 일으키는 경이로운 힘이 숨겨져 있다. 메모는 그를 관찰자로 만들었고, 그의 삶을 바라보고 방향을 수정할 수 있도록 도와주었다. 이 책 덕분에 내 삶에 메모가 다가왔다. 일상을 메모로 채우고 메모 독서로 책을 정리한다.

 기타

● **걷는 사람, 하정우**　　　　　　　　　　　　　　　　　_하정우, 문학사상

그는 기분이 나쁠 때 나가서 걷는다. 집안에 처박혀 고민의 무게를 늘리고 나쁜 기분의 밀도를 높이는 대신 나가서 삼십 분이라도 걷고 들어온다. 그러면 거짓말처럼 기분 모드가 바뀐다고 한다. 문제는 바뀌지 않았지만 그것을 바라보는 그의 태도가 느슨해지기 때문이다. 덕분에 나도 달리기 힘들 때, 머리가 복잡할 때 걷게 된다.

● **감사하면 달라지는 것들**　　　　　　　　　　　　_제니스 캐플런, 위너스북

그녀는 한 해 동안 감사일기를 쓰며 자신의 변화를 마주할 수 있었다. 일상의 감사와 마주하면서 즐거움을 누리는 능력을 갖게 되었다. 쓰다 말았던 감사일기를 책을 읽고 다시 쓰게 됐다. 덕분에 소소한 매일의 일상이 새롭게 다가왔다.

퇴사 말고 휴직
남자의 휴직, 그 두려움을 말하다

제2장

무모한 도전
엄마 없이 아이 둘과 70일간 캐나다 여행

1. 떨고 있는 나 - 용기를 내다
2. 위니펙 캠프는 뭐지
3. 어쩌다 우리는 병원에 왔을까
4. 자연 속에서 마음 부자가 되다
5. 우리는 더 단단해졌다

떨고 있는 나 - 용기를 내다

⋮

나 떨고 있니
어른인 나도 두려운데 아이야 오죽하랴
아내에게 70일의 자유를 선물하다
독점 육아 여행의 베이스 캠프
[Tip 하나. 엄마 없이도 아이들과 즐겁게 여행하는 요령]

나
떨고 있니

　　　　　　　　　캐나다로 가는 비행기 안에서 초등학생 때 엄청난 인기를 끌었던 드라마 〈모래시계〉의 대사가 갑자기 생각났다. '나 떨고 있니?' 비행기를 타고 나니 아이들과 떠난다는 게 실감 났다. 70일간의 여행이 시작되었다. 나와 11살 큰 아들, 7살 작은 아들 이렇게 셋이서 두 달 넘게 캐나다에 머무는 일정이었다. 아이들과 즐거운 추억을 만들 수 있을 것이라 준비한 여행이었지만, 여행이 시작되자마자 두려움이 온 몸을 휘감았다.

　연초 캐나다행 비행기 티켓을 끊을 때만 해도 별 생각이 없었다. 아이들이 다닐 캠프에 등록하고 이런저런 준비를 할 때도 우리의 여행이 먼 미래처럼 느껴졌다. 짐을 싸면서부터 진짜 여행이 시작된다는 생각에 겁이 나기 시작했다. 아이들과 여행을 떠난다는 게 그제서야 실감났다.

　나의 두려운 감각에 불을 지핀 것은 아내였다. 공항에서 아이들과 작별인사를 하면서 아내는 눈물을 흘리고 말았다. 아내의 눈물을 보자 내 마음도 심란해졌다.

"내가 지금 잘 하고 있는 걸까?"

구본형 작가는 그의 저서 『나는 이렇게 될 것이다』에서 "두려움은 두려움에 대한 두려움으로만 증폭된다"고 했는데, 내가 딱 그런 꼴이었다. 아내의 눈물을 본 후 혼자 이런저런 생각을 하다 보니 두려운 감정이 커졌다. 꼬리에 꼬리를 무는 두려움은 자가증식을 하는 것인지 눈덩이처럼 크게 불어났다.

다행히 아이들은 나의 두려운 감정을 눈치 채지 못했다. 작별 인사를 하다 눈물을 보인 엄마의 모습에 잠깐 놀라긴 했지만 그것도 잠시. 새로운 여행을 시작부터 즐기고 있었다. 장거리 비행에 대한 걱정도 없는 듯했다. 비행기에 타자마자 모니터에서 나오는 애니메이션을 보고 게임도 하면서 자기들끼리 신나게 놀았다. 아비의 두려운 마음에 아랑곳 하지 않고 새로운 여행에 잘 적응하는 아이들이 야속하기도 했고, 고맙기도 했다.

두려운 마음을 가라앉히고자 비행기 안에서 나는 두려움에 대해서 하나씩 정리해 보기로 했다. 도대체 나는 아이들과 떠나면서 무엇 때문에 떨고 있는 것일까?

우선, 우리의 목적지인 캐나다 위니펙까지의 긴 여정이 걱정이다. 아이들은 이미 장거리 비행에 익숙하기는 하다. 여행을 자주 다녔기 때문에 비행 자체가 걱정되진 않았다. 문제는 환승이다. 우리의 목적지는 위니펙이라는 캐나다 중부에 있는 도시다. 직항은 없고, 밴쿠버에서 환승해야 하는데 다소 복잡하다. 밴쿠버에서 내려 입국심사를 거쳐 짐을 다 찾은 후에 다시 부쳐야 한다. 게다가 밴쿠버에는 한국 시간으로 새벽에 도착한다. 아이들이 한참 졸릴 때다. 아이 둘을 데리고서, 게다가 많은 짐을 끌고 캐나다 환승 구간을 통과할 수 있을지, 그리고 위니펙까지 안전하게 도착할 수 있을지, 그 걱정이 가장 먼저 떠올랐다.

70일 동안 아이들과 이곳에서 잘 머물 수 있을지도 걱정이다. 가장 큰 문제는 먹는 문제. 요리에 대한 두려움이 있는 내가 과연 아이들의 식사를 잘 책임질 수 있을까? 의사소통도 문제다. 아이들은 영어를 거의 못한다. 아이들이 영어 때문에 오히려 스트레스를 받지 않을까 걱정이다. 즐겨보자고 한 여행에서 아이들이 괜히 자신감만 잃어버리고 영어에 대한 거부감이 생기는 것은 아닐지 두렵다.

마지막으로 이번 여행이 나에게 별다른 의미를 남기지 못할까 두렵다. 이번 여행은 아이들과 좋은 경험을 쌓아보겠다는 취지도 있지만 새로운 도전을 통해 나도 아이들도 한 뼘 성장했으면 하는 바람도 있다. 아이들도 그렇지만 나에게도 좋은 기회가 될 것이라 기대한다. 하지만 한편으로는 이런 좋은 기회가, 혹시나 힘들었던 기억으로만 남는 것은 아닐지 걱정된다. 아이들을 보살피는 것에만 몰입하지 않고 나를 돌이켜볼 수 있는 시간이 되었으면 하는데, 잘 될 수 있을지….

마음 속 다양한 두려움을 정리하다 보니 내가 두려워하는 것들이 무엇인지 하나 둘씩 보였다. 두려움에 떨고 있던 마음이 조금 진정됐다. 내가 어떤 마음인지 아는 것만으로도 두려운 감정이 사그라진다는 사실을 알게 되었다. 그리고 우선 첫 번째 두려움에 집중하기로 했다. 다른 걱정은 잠시 묻어두고 목적지까지 잘 도착하는 것만 생각하기로.

어른인 나도 두려운데
아이야 오죽하랴

"엄마, 나 캐나다 가지 않으면 안 될까?"
"왜? 무슨 일 있어? 너도 가고 싶어 했잖아?"
"가고 싶기는 한데 영어를 못해서 걱정이야. 조금 무서워."

캐나다로 출발하기 며칠 전 일이었다. 자기 전, 일곱 살 둘째가 엄마에게 솔직한 마음을 고백했다. 형과 함께 캐나다에 간다고 처음 말했을 때 마냥 좋아하던 아이였는데, 막상 떠나는 날이 가까워오니 걱정이 되었나 보다. 아내는 그 이야기를 전하며 아이를 더 많이 칭찬해달라고 신신당부했다. 아내도 걱정되긴 매한가지였던 것. 아이들에 대한 믿음이 있었기에 아내의 당부를 들을 때 대수롭지 않게 여겼다. 하지만 여행을 시작하면서 아이가 엄마에게 했던 이야기가 자꾸 신경 쓰였다. 아이에게 즐거운 시간을 만들어 주고 싶었는데, 괜히 상처만 주는 건 아닌지 걱정됐다.

둘째가 두려워하는 마음은 당연했다. 영어를 조금 할 줄 아는 큰 아이와 달리 작은 아이는 영어를 전혀 못했다. 한 달 전쯤 부랴부랴 ABC 책을 사서 알파벳을 익힌 게 고작이었다. 영어로는 자기 이름도 제대로 못 쓰는 아이였다. 그간 해외여행을 할 때도 엄마, 아빠, 형이 항상 함께 있어 주었기에 문제 될 게 없었다. 하지만 캠프에서는 엄마는 물론이거니와 아빠와 형의 도움을 받을 수 없다. 유치부 수업은 따로 진행되기에 아이는 혼자서 대처해야 했다. 영어를 몰라도 즐겁게 지낼 수 있다는 캠프 담당자의 메일을 받았던 터라 괜찮을 줄 알았는데 아이는 막상 가려고 보니, 낯선 환경에 대한 설렘보다 두려움이 크게 다가온 듯싶었다. 하긴, 어른인 나도 무섭고 두려운데 아이는 오죽하랴.

아이에게 괜한 부담을 준 것 같아 미안했다. 이제 와서 둘째만 두고 갈 수도 없는 노릇이었다. 어떻게든 아이를 안심시켜야 했다. 그래야 내 마음도 편안해질 것 같았다. 영어를 못해도 괜찮다고 토닥여주며 아이를 꼭 안아 주었다. 그리고 단어 하나를 가르쳐 주었다. 그것은 바로 'Bathroom(화장실)'이었다. 아무리 영어를 못해도, 이 단어만 알면 문제가 없을 거라며 아이를 안심시켰다. 실제로도 그렇게 생각했다. 화장실 가고 싶다는 말을 못해서 실수만 하지 않는다면 큰 문제가 생기지는 않을 것 같았다.

캐나다에서는 화장실을 'Washroom'으로 쓴다는 것을 나중에 알긴 했지만, 아이들은 아빠가 알려준 'Bathroom'을 자기들끼리 말하며 긴장을 푸는 것 같았다. 나 또한 걱정이 태산 같았지만, 아이가 형 앞에서 조잘대는 모습을 보니 마음이 조금 놓였다. 우리 아이들, 괜찮겠지?

아내에게
70일의 자유를 선물하다

캐나다에 오기 전 김민식 PD의 책 『내 모든 습관은 여행에서 만들어졌다』를 읽었다. 그가 겪은 여행에 대한 다양한 이야기는, 여행에 임하는 나의 자세를 되돌아보게 했다. 그 중 아이들과 함께 했던 이야기에 유독 관심이 갔다. 김 PD는 아이들과의 여행을 통해 아이들의 성장을 마주할 수 있다고 했다.

아이들과의 캐나다 여행을 앞두고 있는 나에게는 여행에 대한 기대감을 끌어올리기 충분한 이야기였다. 아이들이 내게 어떤 모습을 보여줄지 기대됐다. 책을 통해 아내에 대한 그의 애틋한 마음도 읽을 수 있었다.

> 출산도, 생리도 대신할 수 없는 남편들에게 '전담 육아 휴가'를 권합니다. 여름휴가 동안 아내는 친구들과 놀러가라고 등 떠밀고 혼자 아이를 데리고 놀아주세요. 가족 나들이는 엄마에게 육아의 연장, 살림의 연장이에요. 온전히 혼자만의 휴가를 보내게 해주세요. 아내

와 아이들에게 동시에 점수를 따는 가장 좋은 방법입니다.

―김민식, 『내 모든 습관은 여행에서 만들어졌다』 중

전담 육아 휴가를 통해 아내에게 휴가를 보내주라는 그의 이야기를 읽으면서 아이들과 함께 떠나는 나의 여행이 아내에게는 선물이 될 수 있겠다고 생각했다. 비록 아내가 여행을 떠나는 것은 아니지만 나와 아이들이 없는 70일이 아내에게는 자유의 시간이 될 수도 있겠다는 생각이 들었다.

휴직을 하면서 아내에게 고맙기도 했고 미안하기도 했다. 나를 믿어주고 휴직을 허락해준 것은 고마운 일이었지만, 경제적으로 긴축재정을 감수해야 했기에 미안하기도 했다. 그런 아내가 이번 기회에 푹 쉬면서 충전할 수 있으면 좋겠다고 생각했다. 나와 아이들 없는 동안 아무 걱정 없이 평안하게 보내기를….

독점 육아 여행의
베이스 캠프

　　　　　　　　　　캐나다 매니토바의 주도 위니펙. 캐나다 중부에 위치한 이곳은 직항이 없어 서부의 밴쿠버, 동부의 토론토에서 비행기를 갈아타고 와야 하는 곳이다. 우리나라 사람들에게는 익숙하지 않은 동네로, 나 또한 이 도시에 대해 크게 아는 게 없었다.

　위니펙이라는 생소한 도시를 여행의 목적지로 삼은 것은 누나 때문이었다. 누나네 가족은 6년 전 이곳으로 이민 왔다. 누나 가족에게 이민은 맨땅에서 헤딩하기였다. 새로운 직업을 구하기 위해 학교를 다녔던 동안에는 돈을 많이 까먹었다. 겨울마다 찾아오는 한파는 무시무시해서 이민 온 첫해에는 영하 40도까지 기온이 떨어지는 바람에 눈썹이 얼어붙는 등 고생을 했다고 한다.

　매형과 누나는 지금은 직장을 구해서 삶이 많이 안정되었다. 겨울 추위에도 어느 정도 적응한 듯 했다. 덕분에 나와 아이들이 위니펙에 올 수 있었다. 누나네 집에 남는 공간이 있어 그곳에서 아이들과 머물 수 있게 된 것이다. 누나네 집 공간을 이용할 수 있었던 것이 여행을 준비하는 데 큰 도움이 되었다. 금전적으로도 심리적으로도 그랬다.

하지만 이곳에 오면서 내가 세운 원칙이 있었다. 공간은 빌리지만, 원칙은 위니펙에 머무는 동안 가급적 누나네 도움을 받지 않는다는 거였다. 바쁘게 살고 있는 누나의 도움을 받는 게 미안하기도 했지만, 그보다 더 큰 이유는 따로 있었다. 아이들 육아를 제대로 해보고 싶기 때문이었다. 그동안 나는 이런저런 핑계로 돌봄을 소홀히 했고, 아내에게 미뤘던 적도 많았다. 휴직을 기회로 70일 동안 아내 없이 이곳에서 지내면서 아이들을 '오롯이' 보살피고 그것을 통해 기쁨을 누리고 싶은 욕심이 있었다. 그렇기에 누군가의 도움을 받지 않고, 나 혼자서 아이들을 돌보고 싶었던 것이다. 아이들에게는 가혹한 일이 될지 모르겠지만···.

엄마 없이 아이들과의 70일 간 여행을 계획하게 된 데에는 〈아빠 어디가〉라는 TV 프로그램의 역할이 컸다. 아빠와 아이들이 엄마 없이 여행하는 모습이 인상적이었다. 육아에서 한 발짝 물러서 있던 연예인 아빠들이 짧은 시간 동안 아이를 책임지면서 아이들의 새로운 모습을 발견하는 프로그램을 보며 나 또한 그런 여행을 하고 싶다는 충동을 느꼈다.

2015년, 큰 아들이 일곱 살이던 해, 나는 처음으로 〈아빠 어디가〉를 따라 해 봤다. 일본 오사카로 단 둘이 여행을 떠났던 것. 겁도 났지만 기대도 컸다. 짧다면 짧고 길다면 긴 4박 5일, 큰 아들과 함께 한 여행은 의외로 순탄했고, 예상했던 것보다 훨씬 더 재밌었다. 아들과 단 둘이 여행하면서 7살 아들이 그동안 많이 컸다는 사실을 알 수 있었다. 마냥 아이로만 봐 왔는데, 아이는 내가 생각했던 것보다 훨씬 강했다. 아내와 함께할 때 찾을 수 없는 발견이었다. 이런 발견 덕분에 아빠라는 이름이 주는 기쁨과 책임감을 동시에 느꼈다.

그동안 아이의 육아에 있어 나는 언제나 '2인자'였다. 아이의 엄마라는 큰 산 뒤에 기대어 육아를 '도와주는' 것쯤으로 생각했다(아니라고 주장하고 싶지만 냉정하게 보면 나는 그랬다). 아이를 오롯이 책임졌던 며칠간의 여행을 통해, 아이를 제대로 보려면 1인자의 품에서 벗어나야 한다고 생각했다. 오사카 여행 이후 아내 없이 아이들만 데리고 다니는 여행을 종종 하게 되었다. 어느새 둘째도 많이 커서 엄마 없이 남자 셋이서 다니는 여행이 전혀 불편하지 않게 되었다. 그때마다 아이들은 새로운 모습을 보여줬고, 지속적으로 나를 놀래켰다. 덕분에 아이들도 나도 조금씩 성장할 수 있었다.

휴직을 하고 욕심이 생겼다. 긴 시간 동안 아내라는 1인자의 품에서 벗어나 아이들을 '독점'하고 싶었다. 그렇게 함으로써 아이들의 모습을 제대로 관찰하고 싶었다. 아이들과 평생 잊지 못할 추억이 될 것 같았다. 그것이 희극이든, 비극이든 말이다. 아이들과 떠나는 여행이 내 인생에 새로운 계기가 될지도 모른다는 막연한 기대도 있었다. 4년 전 오사카 여행이 내게 블로그에 글을 쓰는 계기를 준 것처럼 이번 여행에서도 내 인생의 새로운 무언가가 튀어나올지도 모른다는 기대를 하게 됐다.

교육학자 최재정 교수의 『엄마도 학부모는 처음이야』라는 책을 우연히 읽게 되었다. 책 제목이 불만이긴 했지만 학부모가 처음인 아빠에게도 이 책의 가치는 유효했다. 작가는 아이들을 키우는 데 중요한 것 중 하나로 아이의 내재적 가치를 발견하는 일을 꼽는다.

> 교육, Education이라는 단어 안에는 라틴어 Ducare(이끈다)라는 동사가 숨어 있다. 앞에 붙은 e는 '~로부터 밖으로'의 의미다. 즉, 교육이란 아이의 밖에서 무엇인가를 집어넣는 일이 아니라 안에 있는 것을 밖으로 끌어내는 행위다.
> ㅡ최재정, 『엄마도 학부모는 처음이야』 중

아이들의 내재적 가치를 밖으로 끌어내는 데 가장 좋은 교육의 장이 여행이라고 생각한다. 그동안 아이들은 여행을 하면서 나에게 자신들만의 고유한 색깔을 잘 보여줬다. 특히 엄마가 없는 여행에서 더욱 그랬다. 엄마의 부재가 아이들을 더 강하게 만들었다. 더 독립적으로 일을 헤쳐 나갔다. 아이들을 독점하면서 집중하다 보니 아빠로서 발견하기 쉬운 것도 있었던 듯하다.

이번 여행이 아이들에게 새로운 성장의 기회가 되었으면 좋겠다. 스스로 자신들만의 가치를 잘 발현해내고 그것을 아빠인 내가 하나씩 발견했으면 좋겠다. 그리고 그런 아이들의 성장에 자극받고 아빠인 나도 조금 더 성장할 수 있는 기회가 되었으면 좋겠다. 이래저래 아이들과 나에게 이번 여행이 도약을 위한 발판이 되었으면 한다.

미리 알아두면 좋을 아이들과의 여행 팁!

엄마 없이도 아이들과 즐겁게 여행하는 요령

아이들과 엄마 없이 70일 간의 여행을 다녀왔다고 하면 대부분의 아빠들은 고개를 절레절레 젓는다. 자기는 그렇게 못하겠다고 말이다. 나도 처음에는 그랬다. 혼자서 아이들을 데리고 간다는 게 엄두가 나지 않던 시절이 있었다. 하지만 몇 번 하다 보니 아이들과 다니는 여행의 '맛'을 알게 되었다. 아빠 혼자서 아이들과 함께 하는 여행이 어떻게 가능했을까?

팁① 작게 시작하라

천리 길도 한 걸음부터라는 말처럼, 아이들과의 여행도 처음부터 작게 시작해보는 게 중요하다. 처음부터 거하게 도전하면 탈이 나기 십상이다. 아이들과의 여행은 가까운 근교부터 천천히 나가보는 게 중요하다.

나 또한 그랬다. 첫째가 다섯 살일 때 둘째가 태어났다. 큰 애 입장에서 동생의 탄생은 나름의 스트레스였다. 우리 부부는 둘을 떼어 놓는 게 서로에게 필요하다고 생각했다. 그때부터 나는 주말마다 큰 아들을 데리고 여기저기 다니기 시작했다. 처음에는 가볍게 동네 뒷산부터 갔다. 그리고 점점 먼 곳으로 나갔다. 서울 시내에서 갈 만한 곳을 다니기 시작했는데, 아이를 데리고 63빌딩, 경복궁 등을 다녀왔다.

아이와 단 둘이 다니는 것에 자신감을 갖게 되면서 단 둘이 제주도 여행도 다녀왔다. 2박 3일의 짧은 여행이었지만 크게 힘들지 않았다. 혼자서 아이를 데리고 다니는 여행의 묘미도 느낄 수 있었던 것. 그때 쌓은 자신감 덕분에 아이와 해외여행도 함께

하게 되었다. 큰 아이와의 경험 덕분에 작은 아이를 데리고 다니는 것은 크게 어렵지 않았다. 큰 아이가 도와주기도 했고, 이미 나만의 작은 노하우가 쌓인 덕분이었다.

팁② 다른 아빠와 연대하라

〈아빠 어디가〉라는 프로그램을 보고 아이와 함께 하는 여행을 꿈꾸었다. 이 프로그램에 나오는 연예인 아빠들을 보면서 아빠 한 명 한 명의 부족한 부분들이 보였다. 하지만 함께하는 과정에서 서로의 단점을 보완하며 난관을 헤쳐 나가는 게 좋아보였다. 그때 깨달았다. 나 혼자만 아이와 다니는 것은 힘들지만 다른 아빠랑 같이 가면 생각보다 쉽겠다고 말이다.

회사의 친한 형과 아이들만 데리고 여행을 갔다. 1박 2일의 짧은 일정이었지만 캠핑장에서 고기도 구워먹고 캠프파이어도 하며 즐거운 시간을 보냈다. 둘 다 엄마 없이 아이들을 데리고 다니는 게 익숙하지 않은 아빠들이었지만 함께하니 생각보다 수월했다. 아이들끼리도 잘 논 덕분에 아빠들도 편안히 여행할 수 있었다. 다른 아빠와 우정도 쌓고, 아이들과의 추억도 만들고 1석 2조였다.

팁③ 여행을 좋아하게 만들어라

아이들이 여행을 좋아하게 만드는 것도 필요하다. 아이들이 여행 자체를 즐기게 되면 엄마가 없어도 먼저 따라나서게 된다.

우리 부부가 아이들 교육에 가장 많이 투자하는 것이 여행이다. 아이들의 사교육비를 최대한 줄이고 학교도 결석해가며 이곳저곳 여행을 다닌다. 가족이 함께 하는 여행의 추억만큼 남는 게 없다고 생각하기 때문이다. 여행을 하면 할수록 아이들은 여행의 매력에 빠지게 되었다. 국내든 해외든 어딘가로 떠난다는 것을 좋아했다. 여행 가자고 말만 하면 아이들은 새벽에도 벌떡 일어나 따라나섰다.

　이번 캐나다 여행 때도 마찬가지였다. 여행을 간다는 것 자체에 아이들은 열광했다. 엄마가 함께하지 못한다는 사실에 아쉬워하긴 했지만 크게 개의치 않았다. 새로운 곳에 가서 새로운 경험을 한다는 것 자체를 좋아했다.

　아이들과 함께하는 여행은 신경써야 할 게 많다. 특히 육아에 소홀했던 아빠일수록 어려움이 더 크다. 하지만 엄마 없이 아빠가 혼자서 아이들을 데리고 다니는 것은 아빠로서 좋은 기회다. 아이들과 끈끈한 정을 만들 수 있고, 아빠로서 아이들을 챙기면서 배우는 것도 많다.

　물론 아빠 혼자 아이들을 데리고 여행하는 것은 쉽지 않은 도전이다. 그렇기에 차근차근 해 보는 게 중요하다. 처음부터 대단한 곳에 가려 하지 말고, 가까운 곳부터 시작해 보자. 친구들과 함께 도전도 해 보고, 가족끼리 여기저기 다녀도 보자. 그러면 아이는 자연스레 아빠와의 여행을 즐길 것이다. 그러다 보면 70일 간의 여행도 무리가 되지 않는 수준으로, 아이들도 아빠도 '여행자 레벨'이 한 단계 올라가 있을 것이다.

위니펙 캠프는 뭐지

:
..

밴쿠버를 거쳐 위니펙으로
캠프의 첫 날이 밝았다
요리 – 못 하는 게 아니었구나
나만의 시간을 갖다
6주 간의 캠프를 마치며
[Tip 둘. 아이들과 놀아 주지 마세요, 그냥 노세요]

밴쿠버를 거쳐
위니펙으로

드디어 위니펙으로 가는 첫번째 관문인 밴쿠버 공항에 도착했다. 아이들은 내가 걱정했던 것이 무색하리만큼 잘 움직여 줬다. 입국심사도 쉽게 통과했다. 짐을 찾고 다시 부칠 때에는 아이들이 카트를 끌면서 나를 도와주기도 했다. 한국 시각으로 새벽이라 걱정이 많았지만 아이들은 씩씩했다. 환승도 문제없이 잘 할 수 있었고, 안전하게 목적지까지 도착할 수 있었다.

다양한 현인賢人들을 만난 작가의 경험을 정리한, 팀 페리스의 『타이탄의 도구들』에는 두려움을 극복하는 이야기가 자주 나온다. 그 중에 캐롤라인이라는 여성 소방관의 두려움 극복기가 인상적이었다. 그녀는 두려움을 극복하기 위해 230m의 금문교에 올라간다. 그리고 그곳에서 둥근 가로 바Bar 위를 한 걸음 한 걸음 걸어가면서 두려운 감정을 이겨냈던 것. 그녀의 이야기가 밴쿠버 공항에서 갑자기 생각났다.

> 첫 발자국을 떼는 것은 기적 같은 용기가 필요했다. 하지만 두 걸음, 세 걸음쯤 걷고 나자 문득 그냥 보통 평지를 걷는 것과 똑같다는 느낌이 들었다. 그러니까 두려움에서 용기까지는 두 세 걸음이면 충분했던 것이다.
> ㅡ팀 페리스, 『타이탄의 도구들』 중

여성 소방관 캐롤라인처럼 높은 금문교 위는 아니었지만, 그래도 한 발짝 내딛는 순간 그래도 괜찮다는 안도감을 느낄 수 있었다. 밴쿠버에서 환승을 기다리면서 나는 생각보다 내가 두려워했던 것들이 별 거 아닐 수도 있겠다는 기분이 들었다. 시작이 두렵기는 하지만, 일단 하다 보면 어려운 일들도 잘 극복할 수 있을 것 같았다.

"그래, 캐나다도 사람 사는 곳이야. 못할 게 뭐가 있겠어?"

밴쿠버를 거쳐 캐나다 위니펙에 도착했다. 짐을 풀고, 저녁을 먹고 씻고 나니 어느새 밤 10시가 되었다. 7월의 위니펙은 해가 길었다. 10시가 넘었는데도 밖이 환했다. 시계를 보고 나서야 밤 10시가 되었다는 사실을 알 수 있었다. 부랴부랴 잠을 청했고, 아이들과 나는 쉬이 잠이 들었다. 긴 여정으로 피곤했나 보다. 하지만 우리는 새벽에 깨야 했다. 아이들은 새벽 2시에 일어나 잠이 오지 않는다며 나를 귀찮게 했다. 바뀐 시차 때문에 첫날밤 고생할 수밖에 없었다. 70일간의 캐나다 일정, 첫 날이 그렇게 마무리되었다.

캠프의
첫 날이 밝았다

                  드디어 캠프의 첫 날이 밝았다. 긴장이 됐는지 새벽에 절로 눈이 떠졌다. 며칠 동안 일찍 일어나려고 애를 써도 잘 안됐는데, 이 날은 알람 없이도 벌떡 일어날 수 있었다. 일어나자마자 아이들 도시락을 준비했다. 전날 예행연습까지 했던 삼각주먹밥이 첫 번째 메뉴. 한국에 있을 때도 몇 번 만들었던 주먹밥이었는데 아내의 훈수가 없으니 잘 되지 않았다. 겨우 모양을 갖춘 주먹밥이 나왔다. 중간에 먹을 간식과 과일까지 챙겨 아이들을 위한 도시락을 완성했다.

  아이들을 깨우고 아침밥을 먹인 후 캠프에 바래다주었다. 강당에서 아이들의 이름을 확인하고 아이들 클래스가 있는 곳으로 데리고 갔다. 큰 아들은 Active Gamers를, 작은 아들은 Soccer Class를 한 주 동안 듣는다. 큰 아들 수업은 컴퓨터 게임을 포함해 다양한 게임을 즐기는 클래스였고, 작은 아들 것은 축구를 함께하는 클래스였다. 중간중간 수영도 하고 다른 놀이도 할 예정이란다. 리더라 불리는 선생님께 아이들을 인계하면서 아이들이 영어를 잘 못해 걱정이라고, 잘 부탁드린다며 인사를 하고 돌아섰다. 활짝 웃으며 걱정 말라고 이야기해 주는 리더 선생님들 덕분에 마음이 조금 놓였다.

우려와 달리 둘째는 씩씩했다. 엄마에게 영어 때문에 걱정이라며 응석부리던 아이의 모습이 아니었다. 씩씩한 모습이 대견하기도 했지만 여전히 나는 불안했다. 둘째와 헤어지기 전, 아이들과 인사를 나누고 나서도 한동안 강당에서 나오질 못했다. 멀리서 계속 지켜보다 아이들이 움직일 때가 되어서야 나도 강당을 벗어났다. '우리 아이들, 잘 할 수 있겠지?'

오후 4시, 드디어 아이들과 만날 시간이 됐다. 학교 강당 앞에서 대기하면서 아이들이 어떤 표정을 짓고 있을지 너무 궁금했다. 울먹거리고 있지는 않을까 걱정됐다. 그리고 드디어 시간이 되어 아이들을 만날 수 있었다.

우선, 둘째부터 찾았다. 둘째는 밝게 웃으며 친구와 놀고 있었다. 그 순간 마음이 놓였다. 멀리서만 봐도 아이의 하루가 어땠는지 알 수 있었던 것. 나를 발견한 둘째는 너무 재미있었다고 말하며 와락 내게 안겼다. 큰 아이의 표정도 밝았다. 하루종일 신나게 놀았단다. 영어를 잘 못해서 답답하긴 했지만 그렇다고 노는 데 크게 문제는 없었다고 한다.

둘째는 집에 오는 길에 친구를 사귀었다며 자랑했다. 영어를 못하는 아이가 어떻게 친구를 사귀었는지 의아했다. 친구의 이름을 물어봤더니 이름은 잘 모른다고 했다. 이름도 모른 채 친구와 놀았던 걸까? 그래서 한 가지 더 물어봤다.

"지원이는 영어를 못하는데 어떻게 친구와 놀았어?"

"우리는 놀 때 이야기하지 않고 놀아. 그냥 놀아."

나의 바보 같은 질문에 둘째는 현명하게 답했다. 그 이야기를 듣자마자 아이들의 강인한 적응력을 확인할 수 있었다. 아이들은 내 걱정과 달리 씩씩했고, 캠프에 잘 적응했다. 아이들이 고마웠고, 새삼 크게 보였다. 이날 나는 아이들의 적응력이 내가 생각했던 것보다 훨씬 강하다는 사실을 처음으로 깨달았다.

아이의 발달은 회복력이 있습니다. 아이는 성장과 성숙을 추구하는 타고난 성향이 있으며, 특정 자극이나 어려움을 이겨낼 수 있는 내적인 힘, 즉 회복력을 함께 갖고 있습니다. 아이는 자신의 삶에 방해가 되는 일이나 환경을 극복할 수 있는 엄청난 힘을 가지고 있습니다.

―도현심, 『첫 부모 역할』 중

요리
- 못 하는 게 아니었구나

"설거지는 여자가 하는 일이지?"

큰 아이가 다섯 살 때 하필이면 처가 식구들과 다 같이 식사하는 자리에서 이런 말을 했다. 물론 다들 웃어넘겼지만 나는 좌불안석. 쥐구멍이라도 있으면 숨고 싶은 심정이었다. 도대체 아빠가 어떻게 했기에 어린 아이 입에서 저런 말이 나오냐고 농담으로 던진 처제의 한 마디가 뼈를 때렸다. 장인, 장모님께도 면목이 없었지만, 가장 미안한 사람은 바로 아내였다. 아이의 잘못된 선입견이 나 때문이었으니까.

그때부터였다. 다시는 피곤하다는 이유로, 귀찮다는 이유로 집안일을 미루지 않았다. '도와준다'라는 생각부터 버렸다. 당연히 함께해야 할 일이었지, 주 담당자와 부 담당자가 따로 있는 '업무'는 아니었다.

하지만 집안일을 하면서도 넘지 못할 산이 하나 있었다. 그것은 바로 '요리'였다. 여러 번 시도했지만 생각보다 쉽지 않았다. 라면 끓이는 것 외에는 제대로 된 요리를 하기 어려웠다. 요리를 못하는 건 순전히 내

둔한 혀 때문이었다. 짜고 싱겁고를 잘 구분하지 못했다. 요리의 생명은 간을 맞추는 일인데, 혀가 이를 잘 느끼지 못하니 요리가 잘 될 리 없었다.

캐나다로 아이들과 70일 동안 여행을 떠나면서 느꼈던 두려움 중 하나가 바로 '요리'였다. 아이들에게 제대로 된 요리를 해 줄 수 있을까? 닥치면 어떻게 되겠지 싶었지만, 막상 출발하려고 보니 요리에 대한 부담감이 물밀듯이 밀려왔다.

> "김치찌개 끓일 때는 삼겹살을 먼저 볶고, 나중에 김치를 넣고 볶은 다음에 물을 붓고 끓이면 돼."
>
> "된장찌개 끓일 때는 처음부터 된장을 풀어서 멸치와 같이 끓여도 괜찮아. 아이들은 차돌박이 된장찌개를 좋아하는데, 차돌박이는 된장찌개를 다 끓이고 먹기 전에 살짝 데치듯이 넣으면 돼."

나를 걱정한 아내와 장모님께서 찬찬히 아이들이 좋아하는 음식의 레시피를 알려 주었다. 나 또한 마음이 급했던 터라, 받아 적기까지 하며 글로 요리를 익혔다. 캐나다에 도착하자마자 시작될 실전에 대비했다. 혀가 둔감한 나에게 요리는 대단한 도전이었기에 비장한 마음이었다. 요리도 요리지만 큰 산이 하나 더 있었다. 매일 아이들 도시락을 싸야 했던 것. 캠프를 다녔던 아이들은 도시락을 싸가야 했다. 물론 돈을 더 주면 캠프에서 도시락을 주기도 했지만, 캐나다식 점심 식사가 아이들 입맛에 맞을 리 없었기에 돈도 아낄 겸 직접 도시락을 싸기로 했다.

별 거 아니겠거니 싶었지만, 캐나다에 도착해서 막상 요리를 하려니 모든 게 낯설었다. 처음부터 허둥댔다. 누구나 하는 김치찌개, 된장찌개를 끓인 게 고작이었지만 한참 애를 먹었다. 아내와 장모님께 받은 레시피를 참조해 심혈을 기울여 음식을 만들었다. 다행히도 둔감하다고 여겼던 나의 혀도 그럭저럭 간을 맞추는 데 요긴하게 쓰였다. 아이들도 배가 고파서였는지 잘 먹어 주었다.

시작은 어려웠지만, 점점 요리가 재밌어졌다. 하다 보니 자신감도 붙었다. 시간이 지나면서 아이들에게 해 줄 수 있는 요리가 하나 둘씩 늘었다. 감자, 양파, 호박, 당근 등의 재료로 다양한 요리가 가능하다는 사실도 알게 되었다. 된장을 풀어 물과 함께 끓이면 된장찌개가 되었고, 카레가루를 넣고 끓이면 맛있는 카레가 완성되었다. 잘게 썰어 밥과 볶으면 볶음밥이 되었고, 계란과 함께 말면 계란말이가 되었다. 새로운 시도도 해 보았다. 인터넷에서 레시피를 찾아보며 닭볶음탕도 하고, 텃밭의 상추를 따다 겉절이도 해 먹었다.

도시락을 싸는 일도 점점 익숙해졌다. 서울에서 사 온 삼각주먹밥 틀을 이용해 주먹밥을 만들기도 하고 유부초밥, 볶음밥 등도 만들었다. 샌드위치, 핫도그와 같은 '서양식' 메뉴도 준비했다. 도시락을 싸면서 어머니 생각이 많이 났다. 지금이야 급식이 잘 되어 있어서 도시락을 쌀 일이 없지만, 나 초등학생 때만 해도 어머니는 우리 5남매(나는 1남 4녀 중 막내)의 도시락을 매일같이 싸야 했다. 큰 누나가 고등학생일 때에는 하루에 총 9개의 도시락을 준비할 정도였으니, 새삼스레 어머니의 도시락이 위대해 보였다.

하루는 김치찌개를 끓이고 있는데 나도 모르게 헛웃음이 나왔다. 그동안 나는 무엇이 어렵다고 요리를 안 했었나 싶다. 순간 나는 요리를 '못'한 게 아니라 '안'한 것, 내 혀가 둔감했던 게 아니라 내 마음이 문제였다는 사실을 깨달았다. 이제서야 그 사실을 알았다는 게 창피하지만 어찌됐든 큰 수확이라면 수확. 대단한 숙제를 마친 기분이었다. 앞으로 요리를 못한다고 절대 생각지 말고 열심히 요리하는 아빠가 되어야겠다고 다짐했다. 다시는 아이들 입에서 주방 일은 여자가 하는 일이라는 말이 나오지 않게 살리라. 맛은 보장하지 못 하겠지만.

나만의 시간을 갖다

캐나다 여행은 아이들을 위한 것만은 아니었다. '나를 위한' 계획도 있었다. 휴직 후 보낸 지난 6개월을 하나씩 정리해 보고 싶었다. 휴직을 하고 내 인생에는 큰 변화가 있었다. 새로운 사람들을 만나서 배우고 얻은 것들도 많았다. 하지만 뭔가 아쉬웠다. 매일 블로그에 글로 남기기는 했지만 뭔가 제대로 정리되지 못한 기분이랄까? 하루하루 쫓기는 느낌도 들었다. 캐나다에서의 두 달이 나를 다시 돌아볼 수 있는 좋은 시간이 될 거라 생각했다. 아이들이 캠프에 간 사이 조용히 휴직을 정리하는 글을 쓰고 싶었다. 이를 통해 휴직의 의미를 되새기고, 남은 휴직기간을 계획할 수 있을 것 같았다.

하지만 상황은 내 맘과 같지 않았다. 시간은 계획한 대로 흘러가지 않았다. 아이들이 캠프에 있는 아침 9시부터 오후 4시까지 내 시간을 온전히 쓸 수 있을 것이라 생각했지만, 현실은 그렇지 않았다. 아침 7시에 일어나 아침 준비를 하고, 도시락을 싸서 캠프에 데려다주고 집에 와서 정리, 점심을 먹은 후 한숨을 돌리면 금세 아이들을 데리러 갈 시간. 시간이 많을 줄 알았는데, 그건 오산이었다. 전업주부의 마음이 이해가 갔다.

이래서는 안 되겠다는 생각에 짧은 시간만이라도 나에게 집중하는 시간을 만들어 보기로 했다. 가장 먼저 한 것은 새로운 루틴을 만드는 일이었다. 우선, 아이들을 캠프에 데려다주고 집으로 오지 않고 스타벅스로 갔다. 두세 시간 정도 이곳에 앉아서 글을 썼다. 물론 그렇다고 엄청난 집중력을 발휘해 글을 쓴 건 아니다. 인터넷 서핑을 하며 시간을 보낼 때도 많았다. 하지만 그 시간은 내게 꽤 소중했다. 아이들을 돌봐야 하는 의무감에서 벗어난 나 혼자만의 자유 시간이었기 때문이다.

이를 위해서 몇 가지 감내해야 할 것들이 있었다. 우선, 아침의 정신 없음을 감내해야 했다. 두세 시간의 자유를 얻기 위해서 아침을 더 분주하게 보냈다. 아이들 밥 차려주고 후다닥 집안정리, 설거지를 한 후 아이들과 함께 옷을 갈아입고 집을 나섰다. 누나네 집에 있었지만 나 편하자고 집을 난장판으로 만들고 나갈 수는 없었기에 조금 더 서두르더라도 깔끔하게 집을 정리하고 나왔다. 당연히 분주한 아침을 보낼 수밖에 없었다. 덕분에 아이들을 더 재촉하긴 했지만 말이다.

두 번째로 감내한 것은 부끄러움이었다. 누나네 욕조는 (아마도 캐나다 대부분의 집이 마찬가지일 테지만) 머리만 감을 수 없는 구조였다. 머리를 감기 위해서는 샤워까지 해야 했다. 아침에 아이들과 준비를 하면서 샤워를 하고 머리를 감기에는 시간이 빠듯했다. 아침에 머리를 감는 것을 포기하고 조금은 떡진 머리로 전날 밤에 감은 머리 그대로인 채 나갔다. 머리가 커서 모자를 쓰지 않는 내가 성인이 되고 나서 머리를 감지 않고 외출했던 것은 캐나다에서 처음이었다. 나만의 시간을 위해서 남들이 나를 어떻게 보든 신경쓰지 않기로 했다. 처음엔 불편했지만, 금세 저녁에 머리를 감는 게 편안해졌다.

마지막으로 감내한 것은 배고픔이었다. 스타벅스에 앉아서 이것저것 하다 보면 금세 점심시간이 되곤 했다. 초반에는 배가 고파 힘들었다. 하지만 흐름을 끊는 게 많이 아쉬웠다. 배고픈 것을 참고 하던 일을 쭉 하며 점심을 미뤘다. 그것도 몇 번 하니 자연스러워졌다. 간식거리를 싸들고 나가는 잔꾀가 생기기도 했다. 조금 배고프더라도 그렇게 시간을 보내는 게 좋았다.

앞에서 이야기한 것처럼 두세 시간의 자유 시간 동안 뭔가 대단한 일을 한 것은 아니었다. 처음 목표로 세웠던 글쓰기의 성과물이 나온 것도 아니었다. 하지만 그 시간은 내게 꽤나 소중했다. 그마저 없었다면 캐나다에서의 두 달은 어쩌면 아이들만을 위한 시간으로 끝났을지도 모르겠다. 일부러 만든 몇 시간 동안 돌봄의 의무에서 벗어나 나에게 집중할 수 있었던 것으로 충분히 만족스러웠다.

6주 간의
캠프를 마치며

"아들, 캠프가 왜 그렇게 좋아?"

"한국에서는 이렇게 노는 프로그램이 없잖아. 여기서는 하루종일 제대로 놀 수 있어 좋아."

"말도 통하지 않고 불편하지 않았어?"

"괜찮았어. 하다 보니까 다 통하더라고."

6주 간의 캠프가 끝날 무렵, 큰 아들과 캠프에서 돌아오는 길에 차 안에서 간단하게 이야기를 나눴다. 아이는 캠프가 끝나가는 것을 정말 아쉬워했다. 아이가 캐나다에서의 시간을 즐긴 것 같아 아빠로서 뿌듯했다. 작은 아들도 캠프를 즐긴 건 마찬가지였다. 형처럼 '소감'을 따로 이야기한 것은 아니었지만 내년에도 또 오고 싶다며 캠프에 대한 만족감을 표시했다.

아이들은 이곳에서 총 6주간 캠프에 다녔다. 캠프는 영어를 배우는 곳은 아니었다. 아이의 표현대로 노는 캠프였다. 아침 9시부터 시작해서 끝나는 오후 4시까지, 물론 매 시간마다 구체적으로 무엇을 했는지까지는 나도 잘 모르지만, 아이들은 매주 캠프 주제에 맞는 다양한 액티비티에 참여하며 놀았다. 리더라 불리는 대학생들과 함께 아이들은 축구, 피구 게임, 전자오락, 수영 등을 했다.

아이들이 얼마나 신나게 놀았는지는 오후에 아이들을 데리러 갈 때마다 알 수 있었다. 아이들 표정이 모든 것을 말해주고 있었던 것. 아빠를 향해 신나게 뛰어오는 아이들의 얼굴은 항상 밝았다. 집으로 돌아오는 차안에서 재잘재잘 캠프에서 있었던 이야기를 꺼내 놓으면서 매일매일 하루를 복기하기도 했다.

"오늘은 룩이 혼자만 공을 넣으려고 해서 기분이 나빴어. '잇츠 마이 턴' 해도 못 들은 척 하더라고."

"오늘 달리기 했는데, 내가 1등 했다. 애들이 못 달리더라고."

"새로운 친구가 생겼는데, 이름이 도미닉이야. 나보다 두 살 많은데, 나처럼 종이접기를 좋아해."

"오늘 다이빙하다가 죽을 뻔 했어. 좀만 더 내려가면 바닥에 발이 닿겠거니 싶었는데 가도가도 끝이 없는 거야. 물 좀 먹고 겨우 빠져나올 수 있었어."

서로 이야기하겠다고 다투는 바람에 집으로 돌아오는 내내 정신이 없었지만, 아이들의 이야기를 들으며 흐뭇했다. 캠프에 아이들을 보낸 것은 좋은 선택, 아니 '신의 한 수'라고 느꼈다.

캐나다에서의 두 달을 계획할 때, 처음부터 캠프를 염두에 둔 것은 아니었다. 아이들이 캐나다에서 영어를 배웠으면 하는 생각에 단기 어학연수 프로그램을 우선 알아봤다. 애석하게도 우리가 간 위니펙에는 그런 프로그램은 따로 없었다. 토론토나 밴쿠버 같은 대도시에나 있는 듯했다. 어찌 보면 캠프는 울며 겨자먹기 식으로 선택한 차선책이었다. 하지만 이는 여행을 준비하면서 좋은 선택이란 생각으로 바뀌었다. 생각해보니 아이들이 영어를 '공부하기'에는 두 달이라는 시간이 너무 짧았다. 두 달 학원을 다닌다고 크게 달라질 것 같지도 않았다. 차라리 공부가 아닌 영어를 체험하고 느끼는 시간으로 두 달을 보냈으면 하고 생각하니 캐나다에서의 캠프는 딱 맞는 선택이었다. 현지 아이들이 주로 참여하는 캠프였던 터라 아이들이 영어에 자연스럽게 노출되는 것만으로도 좋을 것 같았다.

물론 걱정이 많이 된 것도 사실. 아이들이 영어를 잘 못해서(앞에서도 이야기했지만 둘째는 알파벳만 겨우 뗀 수준) 캠프 활동을 잘 따라갈 수 있을지 걱정이었다. 영어를 잘 못하면 친구들이 별로 좋아하지 않는다던데, 낯선 곳에서 어울리지 못하는 것은 아닌가 싶기도 했다. 다행히 이런 걱정은 기우였다. 이곳 리더들이 영어가 서툰 우리 아이들을 세심하게 배려해 줬다. 덕분에 신체활동 및 놀이 위주의 프로그램을 따라가는 데 큰 무리가 없었다. 또한 캠프에 참여한 현지 친구들도 우리 아이들이 영어를 못한다고 해서 크게 문제 삼지 않는 분위기였다. 아직 어려서 유치부 캠프에 참여했던 둘째는 물론, 만 8세에서 11세 어린이가 대상인 초등부에 참여했던 첫째도 아이들과 노는 데 큰 문제가 없었다. 큰 아이는 오히려 아이들 사이에서 종이접기로 인기를 얻기도 했다. 매번 캠프에 갈 때마다 아이들에게 색종이를 나눠주며 종이접기를 가르쳐 주었다.

하루는 아이들과 집 근처 레스토랑에 갔다. 그곳은 성인들이 맥주를 마실 수 있는 PUB 공간과 가족들이 식사를 할 수 있는 레스토랑 공간으로 구분되어 있었다. 직원의 안내에 따라 우리는 식사 공간에 앉았다. 그런데 갑자기 큰 아이가 손을 들어 직원에게 말을 걸었다.

"Can we go that?"

PUB을 가리키며 아이는 물었다. 직원은 안타깝지만 PUB은 술을 파는 공간이라 어린이는 갈 수 없다고 했다. 아이의 돌발행동(?)에 당황한 나는 직원을 보내고 아이에게 왜 그런 질문을 했는지 물었다. 아이는 들어오는 길에 PUB의 TV에 나오는 야구중계를 보게 되었고, 자기도 밥을 먹으면서 그것을 보고 싶어서 그렇게 물어봤다고 대답했다. 조금 틀린 표현이긴 했지만 큰 아이의 용기가 참 예뻐 보였다.

작은 아이도 못지 않았다. 둘째는 특유의 친화력으로 사람들에게 다가가 말을 걸곤 했다. 동네 아저씨, 아주머니들에게 "Where are you from?"이라고 자주 물어봤다. 어떤 분은 아이의 질문이 귀여웠는지, "I am from my home"이라고 농담을 하며 아이를 쓰다듬어 주기도 했다. 물론 그들의 대답을 못 알아듣는다는 게 함정이긴 했지만 일곱 살 아들의 용기가 기특했다.

큰 아들도, 작은 아들도 유창한 영어를 하는 것은 아니다. 레스토랑에서 물었던 것처럼 띄엄띄엄 자기들이 아는 단어를 문법에도 맞지 않게 이야기하는 게 고작이었다. 하지만 누군가에게 다가가 먼저 이야기할 수 있다는 것만으로도 캐나다에서 큰 소득을 얻은 것이라 생각했다. 영어 실력이 월등히 늘지는 않았지만 이 정도면 충분하다 싶었다.

귀국 이후 아내와 여행에 대한 이야기를 나눌 기회가 있었다. 아내는 여행을 할 때 영어로 말하는 게 참 두렵다고 했다. 영어를 못하는 것도 아니었지만 외국인 앞에서 입이 잘 떨어지지 않는다고 했다. 그러면서 내가 캐나다에서 했던 행동들이 참 대단해 보였단다. 자기는 못했을 거라면서 칭찬해 주었다.

아내와 이야기를 나누다 보니, 다른 사람들이 갖고 있는 영어에 대한 두려움이 나에게는 없다는 사실을 알게 되었다. 새로운 시도를 할 때마다 두려움에 휩싸이곤 하던 나였는데, 의외의 발견이었다. 그렇다고 유창한 영어를 구사한 것도 외국에 오래 산 것도 아니었다. 하지만 나는 영어를 좋아했고, 영어로 말하는 것을 즐겼기에 영어가 무섭지는 않았다.

아이들에게도 영어에 있어서는 나의 이런 모습을 닮게 해 주고 싶었다. 그런 점에서 이번 캠프가 아이들에게 두려움 없이 영어를 자연스럽게 접할 수 있게 만든 계기였던 것 같아 좋았다. 돌이켜보면 이만큼 아이들에게 좋은 경험도 없었던 것 같다. 가기 싫단 투정 한 번 안 부리고 씩씩하게 캠프에 다닌, 그리고 그 속에서 새로운 경험을 제대로 즐긴 아이들이 멋졌다. 과연 또 다시 이곳 캠프에 올 수 있을까 싶지만 기회가 된다면 아이들과 한 번 더 와 보고 싶다.

미리 알아두면 좋을 아이들과의 여행 팁!

 아이들과 놀아 주지 마세요, 그냥 노세요

나는 '아이들과 놀아 준다'라는 말을 좋아하지 않는다. 아이들과 놀아 준다고 할 때 부모는 즐기는 사람이 되지 못한다. 아이들을 위해 어쩔 수 없이 자기를 희생하는 셈이 되는 거다. 말장난같이 들리긴 하지만 그래서 나는 아이와, '놀아 준다'고 하지 않고 '논다'고 이야기한다. 아이와 놀 때 부모도 비로소 즐기게 된다. 놀아 줄 때와 달리 좀 더 능동적인 자세가 된다.

집 근처에서 아이와 시간을 보낼 때도 그렇다. 축구를 하거나 숨바꼭질을 할 때 나 또한 어린 아이처럼 신나게 뛰어다닌다. 그렇게 놀다 보면 쌓인 스트레스도 풀리고, 한편으론 동심으로 돌아간 것 같아 좋기도 하다. 아이들과 놀아 줄 때는 피곤하지만 놀 때는 힘들지도 않다.

여행을 할 때도 마찬가지. 아이들과 함께하지만 나는 나대로 여행을 즐기기 위해 노력한다. 아이들 캠프에 갔을 때 몇 시간의 자유 시간을 누렸던 것도 나의 여행을 즐겨야 했기에 만들었던 루틴이었다. 일정을 짤 때도 이는 똑같이 적용된다. 아이들이 좋아할 만한 것에 더해서 부모도 함께 즐길 수 있는 것을 찾기 위해 노력한다.

부모도 즐기는 여행을 위해서 일정을 짤 때 가장 먼저 고려해야 할 것은 부모의 취향이다. 아이들이 좋아할 만한 것만 찾는 여행은 부모에게는 육아의 연장일 수밖에 없다. 아빠도 즐기는 여행이 되기 위해서 내가 계획을 세우는 요령은 이렇다. 내가 좋아하는 곳을 우선 가야 할 곳으로 정리한다. 이때는 아이들 기호를 크게 신경 쓰지 않는다. 우선 내가 하고 싶은 것을 중심으로 정리한다. 그리고 그 속에서 아이들이 좋아할 만한 것을 추려낸다. 그렇게 선별해야 나도 아이도 동시에 즐기는 여행을 할 수 있게 된다.

뉴욕에서 뮤지컬을 볼 때도 그랬다. 뉴욕에 가면 당연히 뮤지컬 한 편을 봐야 한다고 생각했다. 그리고 아이들도 좋아할 거라고 생각했는데, 문제는 무엇을 보느냐였다. 볼 만한 뮤지컬이 참 많았다. 우선, 내가 먼저 보고 싶은 뮤지컬을 정리하고, 그 중에서 아이들이 좋아할 만한 것을 찾아냈다. 그렇게 해서 나온 게 〈라이온킹〉과 〈알라딘〉. 아빠가 추려낸 선택지 중 아이들은 〈라이온킹〉을 선택했고, 결과는 대만족이었다. 우리는 함께 두 시간 여 동안 신나게 뮤지컬을 감상할 수 있었다.

하지만 아이들과 부모의 취향이 딱 들어맞지 않는 경우도 있다. 이럴 때에는 서로 양보하는 자세가 필요하다. 우선, 아이들 취향과 관계없이 부모가 하고 싶은 경우가 있을 수 있다. 이때는 부모가 좋아하는 것을 하되 아이들을 최대한 배려해야 한다. 아이들에게도 솔직하게 말할 필요도 있다.

뉴욕에 갔을 때 브루클린에 있는 덤보에 꼭 가 보고 싶었다. 뉴욕에 다녀온 분들이 다들 이곳에서 사진을 찍어 오던데, 아이들은 크게 관심이 없을 만한 곳이었다. 아이들에게 아빠가 여기에 꼭 가고 싶다고 이유를 설명해 주면서 데리고 갔다. 대신 우버를 타고 갔다. 뉴욕에서는 대부분 지하철을 이용했는데 여기는 특별히 돈을 더 썼다. 이유는 하나. 내가 가고 싶어 나선 길에 아이들이 힘들면 안 되기 때문이다. 그렇게 편안하게 간 덕분에 아이들과 신나게 사진도 찍으며 놀 수 있었다.

반대의 경우도 있다. 내가 별로 하고 싶지 않은 활동인데 아이들이 간절히 바라는 경우가 있을 수 있다. 그럴 때는 아이들의 요구사항을 들어준다. 그리고 그때 나는 스스로를 내려놓고, 그저 즐기기 위해 노력한다. 이때는 어쩔 수 없는 부모의 노력이 필요하다.

위니펙에서 어린이 박물관에 간 적이 있다. 이곳은 어린이들이 즐길 만한 게 참 많았다. 아이들도 정말 좋아했다. 사실 내 취향은 아니었지만 어쩌겠는가. 아이들이 좋아하니 어쩔 수 없이 같이 놀았지만 솔직히 그때는 조금 피곤했다. 놀기 위해 노력했지만 내가 좋아하는 게 아니라 그런지 '놀아 주는' 사람이 되어 있었던 것이다. 자주 하면 에너지를 너무 많이 쏟게 되지만 가끔씩은 내가 별로 관심이 없어도 아이들이 좋아하는 것을 해야 한다. 그게 아빠의 '의무'이기도 하므로.

아빠가 아이와 놀아 주면 그것은 의무가 되고, 놀면 비로소 놀이가 된다. 아이와 함께 즐기는 아빠가 되자. 아이와 함께 할 때 자기의 욕망을 내려놓기보다는 더욱 드러내 보면 어떨까? 내가 하고 싶은 것과 아이가 하고 싶은 것의 교집합을 찾아내 그것부터 먼저 하라. 아이에게도 아빠에게도 즐거운 시간이 될 것이다.

어쩌다 우리는 병원에 왔을까

...

하늘이 노랗게 보이다
모든 게 내 탓이다
수술은 잘 되었으나…
병원비 좀 깎아 주세요
더 좋은 일이 생길 거야
[Tip 셋. 아빠의 여행 필수품 세 가지]

하늘이
노랗게 보이다

캐나다에 와서 가장 좋아하는 일이 생겼다. 아무 생각 없이 하늘을 바라보는 일이다. 이곳의 하늘은 유독 파랬다. 파란 하늘을 보고 있으면 마음이 편안해지는 기분이었다. 아이들과 함께 있으면 여기가 한국인지, 캐나다인지 헷갈릴 때가 많았다. 그때마다 하늘을 봤다. 파란 하늘을 보고 나면 이곳이 캐나다라는 사실을 실감할 수 있었다. 막연히 두려웠던 것들이 생각보다 별거 아닌 것 같게 느껴졌다. 과학적 근거는 없지만 그냥 내 마음이 그랬다.

그러던 어느 날. 파란 하늘이 갑자기 노랗게 변했다. 한동안 어찌할 바를 몰라 하늘만 바라봤는데, 두려움이 온몸을 덮치는 기분이었다. 지금도 그날을 생각하면 손이 바르르 떨리고 심장이 쿵쾅쿵쾅 뛴다. 그때 나는 정말 무서웠다.

캐나다에 도착한 지 열흘 정도 지난 어느 토요일. 아이들은 1주일 동안의 캠프 활동을 순조롭게 마쳤다. 마음에 여유가 생긴 나는 아침 일찍 일어났다. 아이들이 자고 있는 사이 동네 한 바퀴를 돌 생각이었다. 그간 제대로 뛰지 못한 터라 몸이 근질거렸다. 뛰러 나가려는데 첫째가 자다 깨서는 배가 아프다고 했다. 웬만해서 아프다는 이야기를 잘 하지 않는 녀석인데 의아했다.

아이는 캠프에 다니는 며칠 동안 약간 흥분상태였다. 캠프가 너무 재미있다며 새로운 생활을 즐겼다. 노는 게 좋아서 도시락으로 싸준 점심도 후다닥 먹었다고 했다. 그래서 탈이 났다고, 그렇기에 별거 아닐 거라 생각했다. 화장실에 가면 나을 거라고 쿨하게 이야기하고 몇 번 배를 문질러 준 후 달리기를 하러 밖으로 나갔다. 간만에 길게 달렸다. 10km를 한 시간 정도 달리면서 동네도 둘러보며 주말 아침의 상쾌함을 온몸으로 느꼈다.

집으로 돌아오자마자 아이에게 갔다. 괜찮을 줄 알았는데, 아이는 나를 보자마자 왜 이렇게 오래 뛰고 왔냐며 타박한다. 한 시간 동안 나를 애타게 기다린 것 같았다. 하지만 별거 아닐 거라고 여겼다. 아니 정확히 말하자면 별거 아닌 일이어야 한다고 생각했다.

배를 만져 보니 부풀어 오른 게 배에 가스가 차서 그런 것 같았다. 아이가 다섯 살 때 배에 가스가 차서 응급실에 갔던 게 생각났다. 화장실에 앉아서 가스를 빼면 되지 않을까 싶었다. 하지만 생각보다 아이의 상태가 쉽게 나아지지 않았고, 일요일까지도 아이의 복통은 계속 됐다. 한국이었으면 병원에 갔을 테지만, 캐나다였기에 병원에 갈 엄두를 내지 못했다. 병원비도 문제지만 이곳 병원에서 별다른 처방을 안 해 줄 거라고 생각했다. 대신 약국에 가서 배에 가스 빼는 약을 사 먹였다. 가스가 나오는 약을 먹고 얼마 후, 아이는 배가 부글부글 끓는다며 고통을 호소했다. 나는 그것을 가스가 빠져나오는 소식이라 생각하고 열심히 화장실에서 방귀를 뀌라고 했다. 나오라는 방귀는 나오지 않고 아이는 더 아파하는 것 같았다. 괜히 가스 빼는 약을 먹였나 싶어 걱정도 됐다. 어린이용이 따로 없어서 어른용으로 양을 조절해 먹였는데 그것 때문에 아픈 건 아닌가 싶어 미안했다.

온갖 근거 없는 민간요법을 다 썼다. 매실액도 먹이고, 보리차도 먹였다. 내 생각에 몸에 괜찮을 것 같은 것들을 아이에게 해 주었다. 뜨거운 물에 샤워하고 몸도 좀 담그면 어떨까 싶어 목욕도 시켜봤다. 다행히 아이는 목욕하고 나서 몸이 한결 괜찮다고 했다. 여전히 아이가 크게 아프진 않을 거라 생각했다. 자고 일어나면 괜찮아지겠지? 아니 제발 괜찮아졌으면 좋겠다.

월요일 아침 도시락을 준비하며 아이의 상태를 살폈다. 아이는 캠프에 갈 수 있는 상황이 아니었다. 여전히 배가 아프다고 했다. 결국 작은아이만 캠프에 바래다주고, 큰 아이와 동네 병원에 갔다. 의사의 처방을 받아 약을 먹으면 괜찮을 거라 생각한 나는 아이 캠프 짐도 챙겨갔다.

클리닉은 우리나라로 치면 가정의학과 같은 곳이었다. 그곳에서 캐나다 의사와 처음으로 만났다. 가운도 걸치지 않고 청바지에 운동화를 신은 믿음직해 보이지 않는 의사는 아이의 배를 톡톡 두드리다가 오른쪽 아랫배를 꾹 눌렀다. 그리고 손을 뗐다. 그 순간 아이는 소리를 지르며 아프다고 했다. 의사는 아무 표정 없이 나에게 '어펜딕스'일 수 있으니 큰 병원에 가 보라고 알려줬다.

어펜딕스가 뭔지 몰라 당황한 나는 의사에게 스펠링을 물어봤다. 'A.P.P.E.N.D.I.C.I.T.I.S.' 의사의 이야기를 듣자마자 부랴부랴 휴대전화로 단어를 찾아봤다. 충수염이라고 나왔다. 흔히 말하는 맹장염. 한 번도 생각해보지 않았던 진단이었다. 말도 안 된다고 생각했다. 맹장염에 걸리면 엄청 아프다고 하던데, 아이가 극심한 고통을 호소했던 것도 아니었다. 뒹굴뒹굴 구르지도 않았다. 그래서 나는 의사의 오진일 것이라 생각했다. 의사의 추천서를 들고 병원에서 나왔다. 병원비 60달러를 내고 병원을 터벅터벅 나오는데 어떻게 해야 할지 막막했다. 맹장이 아니라고 동네 돌팔이 의사의 오진이라 믿었지만 이런저런 생각들로 머리가 복잡했다.

'오진이 아니라 맹장이 맞으면 어떻게 하지? 아이들을 데리고 한국으로 돌아가야 하나? 여기서 맹장 수술을 잘 할 수 있을까? 돈은 얼마나 드는 거지? 1억 넘게 들면 어떻게 하지? 입원하게 되면 그동안 둘째는 어떻게 해야 하지?'

병원에서 나와 아픈 아들을 옆에 두고 주차장에서 멍하니 하늘을 바라봤다. 하늘이 노랬다. 어떻게 해야 할지 막막했다. 아이가 너무 불쌍했고, 아이에게 정말 미안했다. 정신을 차리고 아이를 안심시켰다.

"오진일 거야, 의사도 이상하게 생겼잖아. 그리고 맹장이면 엄청

아파서 떼굴떼굴 구른다던데 그러지도 않았잖아. 괜찮을 거야. 얼른 큰 병원 가서 약 처방 받고 쉬자."

아이를 안심시키고 차에 들어가 시동을 켰다. 무섭고 외로웠다. 울고 싶었지만 울 수 있는 상황도 아니었다. 아픈 아들 앞에서 약한 모습을 보일 순 없었다. 순간 아내가 너무 보고 싶었다. 아내가 옆에 있었다면 함께 문제를 해결할 수 있었을 텐데, 혼자라는 사실이 괴로웠다. 아내에게 전화라도 하고 싶었지만 새벽 시간이어서 할 수도 없었다. 괜한 걱정을 안겨주고 싶지도 않았다. 힘들었지만 아들 앞에서 애써 태연한 척 하며 종합병원으로 갔다.

모든 게 내 탓이다

종합병원 응급실. 아이는 옷을 갈아입고 응급실 병상에 누웠다. 한참을 기다려야 했다. 누군가가 와서 아들 체온과 심장박동수, 혈압을 체크했다. 그리고 또 누군가 와서 똑같은 일을 했다. 왜 그런지 알 수 없었지만, 여러 사람이 드나들며 아이의 상태를 체크했다. 그 와중에 아들의 체온을 보고 놀라지 않을 수 없었다. 38도가 넘은 것. 배가 아프다는 아이에게 주말 내내 괜찮다고 이야기하면서도 열이 나는지 챙기지 못했다. 열까지 나니 진짜 맹장염이면 어떻게 하나 걱정됐다.

얼마 후 초음파 검사를 했다. 초음파 검사만 하면 아이가 어떤 상태인지 확실히 알 수 있을 것 같았다. 제발 아이가 맹장염이 아니기를 바랐다. 머나먼 타지에서 아이를 수술시키고 싶진 않았다. 초음파 검사까지 다 하고, 또 얼마를 기다린 후 오후 3시가 다 되어서야 의사를 만났다. 그리고 의사는 아이의 상태에 대해 나에게 안내해 주었다.

"초음파상으로는 맹장염으로 나오진 않았어요. 하지만 아이의 아픈 상태나 백혈구 수치 등을 종합해서 봤을 때 맹장염이 맞아요. 그런데, 아이가 어려서 이 병원에서는 수술하기 어려울 것 같아요. 어린이 전문병원으로 옮겨서 정확히 진단하고 수술을 받는 게 좋을 것 같습니다."

사람들은 자기가 원하는 것만 들으려고 한다던데, 의사가 초음파상으로 맹장염이 아니라고 하는 말이 우선 내 귀에 들렸다. 동네 병원의 진단이 오진이었다는 나의 생각이 맞을 수도 있겠다 싶어 좋았다. 하지만 그 다음 이야기에 맥이 빠졌다. 자기네 병원에서 치료할 수 없으니 어린이 전문병원으로 가야 한다니 당황스러웠다. 정확히 말하자면 기분이 나빴다. 처음부터 어린이 전문병원으로 가라고 이야기해 줬으면 얼마나 좋았을까? 욕이 나왔다. 하지만 아무 말도 할 수 없었다. 안 되는 영어로 화를 내 봤자 나만 손해였다. 병원에서 환자는 약자일 수밖에 없으니.

그런데, 더 당황스러운 일이 일어났다. 어린이 전문병원으로 가기 위해 앰뷸런스를 타야 하는데, 한 시간 이상 기다려야 한다고 했다. 아이는 이미 수액에 진통제 주사까지 맞고 있었기 때문에 내가 데리고 갈 수 없다고 했다. 빨리 어린이 병원에 가서 정확한 진단을 받고 조치를 취하고 싶었지만 어쩔 수 없었다. 결국 5시가 넘어서야 아들은 앰뷸런스를 타고 어린이 병원으로 이동할 수 있었다.

어린이 병원에서도 한참을 기다린 후 의사로부터 아이의 상태에 대한 이야기를 들을 수 있었다. 아이는 맹장염이 맞았다. 초음파상으로 맹장염이 나오지 않았던 것은 이미 곪은 맹장이 터져 버렸기 때문이다. 일요일에 아이의 배가 부글부글 끓었을 때가 생각났다. 그때 아이의 맹장이 터져버린 것 같았다. 그것도 모르고 가스가 나오는 신호라고 좋아라 하며 방귀나 열심히 뀌라고 했으니. 무식한 아빠 때문에 아이가 고생한 걸 생각하니 아이 얼굴을 제대로 볼 수 없었다.

맹장염이 아닐 것이란 내 일말의 기대는 산산이 무너졌다. 그런데 신기하게도 담담했다. 하루종일 기다려 지쳐서 그랬을까? 자포자기의 심정이었을까? 차라리 잘 됐다는 생각이 들었다. 수술이 끝나면 아이가 괜찮아질 것이라고 생각하니 빨리 수술을 받는 게 낫겠다 싶었지만 수술을 바로 할 수 없었다. 맹장이 터져버려 뱃속에 균이 너무 많이 퍼져 있어 당장 수술하기 곤란하다고 의사는 말했다. 우선, 항생제로 균을 가라앉히는 게 중요하단다. 결국 다음날로 수술이 미뤄졌다. 빨리 끝냈으면 좋겠다 싶었는데 내 맘대로 할 수 있는 게 아무것도 없었다.

항생제만 투약한 채 아들은 응급실에서 일반 병실로 올라갔다. 밤 11시가 다 되어서야 말이다. 아침 9시에 동네 클리닉에 간 것부터 시작해서 장장 14시간 동안 진통제와 항생제 그리고 수액을 맞고 수술도 못한 채 병실로 아들과 함께 올라가야 했다. 아이는 진통제와 항생제를 맞으며 거의 기절하다시피 잠이 들었다. 병실로 올라와 아이가 자는 모습을 보니 마음이 조금 가라앉았다. 갑자기 배가 고파왔다. 생각해보니 나도 아이를 따라다니며 하루종일 물 한 모금 못 마시고 있었던 것이다. 보호자 휴게실로 가서 배고픔을 달랬다. 그런데 갑자기 뜨거운 무언가가 가슴 깊은 데서부터 올라왔다. 눈물이 났다. 한참동안 아무것도 할 수 없이 멍하니 앉아 있었다.

아이가 어쩌다 맹장염에 걸렸을까? 혹시 내가 한 음식에 문제가 있었나? 생각은 이상한 곳으로 흘러갔다. 내가 큰 잘못을 저질러서, 그것 때문에 아이가 아픈 건가? 누군가가 나를 벌하는 건 아닐까? 휴직한 게 문제였다고 하늘에서 내게 경종을 울리나? 온갖 부정적인 생각이 나를 덮쳤다. 그리고 한 가지 결론을 내렸다. '모든 게 다 내 탓'이라는 거. 괴로웠다. 아이가 아픈 이유가 다 나 때문이라고 생각하니 눈물이 계속 나왔다. 병실에 누워 있는 큰 아이에게도, 고모네서 혼자 있는 작은 아이에게도, 멀리서 혼자 애태우고 있을 아내에게도 다 미안했다. 나 때문에 다들 고생하는 것 같았다.

윤우상 작가의 『엄마심리수업』에서는 엄마가 죄책감을 갖는 이유에 대해서 설명한다. 역설적이게도 엄마가 죄책감을 느끼면서 스스로 위로를 받을 수 있기 때문, 그러니까 자기 위안이라고 저자는 이야기한다. 서울로 돌아와 이 책을 읽다가 문득 아이가 입원한 날 밤이 생각났다. 그때 내가 자책했던 것은 어쩌면 나를 위한 것일 수도 있겠다고 생각했다. 그렇게라도 위로받고 편안해지고 싶었던 것 같았다. 그만큼 힘든 시간이었고 무서웠다. 모든 걸 내 탓이라고 돌리니 가족들에게 미안하기도 했지만 나도 모르게 마음이 편안해지는 것 같았다. 머나먼 캐나다에서 하루종일 세 군데 병원을 돌고 입원한 아이를 보며 그날밤 나는 그랬다.

수술은
잘 되었으나…

아이가 아파서 병원에 오니 내가 이방인이라는 사실이 온몸으로 느껴졌다. 그럭저럭 자신 있었던 영어가 내 발목을 잡았다. 병원에서 쓰는 용어가 낯설었고, 아이가 아픈 상황을 제대로 설명하는 게 힘들었다. 아이 배가 어떻게 아프냐는 질문에 나는 어떻게 대답해야 할지 몰라 의사 얼굴을 멀뚱히 쳐다볼 수밖에 없었다.

"오른쪽 배가 콕콕 찌르듯이 아프다가 가끔씩 뒤틀리기도 해요."

영어로 표현하고 싶었지만, 나의 영어 실력은 그렇게 대단하지 않았다. 바디 랭귀지로도 한계가 있었고.

말이 잘 통하지 않다 보니 병원에서 벌어지는 다양한 상황도 쉽게 이해되지 않았다. 응급환자를 오랫동안 기다리게 하는 것도, 실컷 검사하고 자기네들은 수술을 못한다며 어린이 병원으로 가야 한다는 것도 이상했다. 맹장이면 당장 수술해야 할 것 같은데, 다음날 수술할 것이라는 말도 받아들이기는 어려웠다. 한국이었다면 죽자고 따졌을 텐데, 여기서는 그렇게 하기 어려웠다.

납득이 되지 않는 상황은 입원하고 다음날에도 발생했다. 응급실에서 병실로 옮길 때, 의사는 다음날 아침 일찍 수술할 예정이라고 우리에게 이야기했다. 우리는 의사의 말을 철석같이 믿었다. 이미 수술을 받아들이기로 한 나로서는 한시라도 빨리 수술했으면 좋겠다고 생각했다. 수술을 해야 아이가 더 이상 아프지 않을 것 같았기 때문이다. 하지만 아침 7시 의사들의 회진 때 나의 기대는 와르르 무너지고 말았다.

우리나라 병원과 마찬가지로 아침 7시면 여기서도 의사들이 다 같이 병실을 돌며 회진을 했다. 그리고 여러 명의 의사들이 아이의 배를 만져보며 상태를 살펴봤다. 대표로 보이는 의사가 아이 상태에 대해 설명해 주었다. 맹장이 터져버렸기 때문에 조금 심각한 수준이라면서 수술과 5일 이상의 치료가 필요하단다. 그리고 수술은 곧 할 예정이지만 언제 할 수 있을지는 수술실 상황 등을 고려해야 한다고 했다.

"아니, 어제 분명히 아침에 수술할 거라고 했는데요?"

안 되는 영어로 더듬더듬 이야기했다. 하지만 의사는 단호했다. 수술실은 여러 변수가 있기 때문에 언제 수술할 수 있다는 확답을 줄 수 없다고 했다. 어제 우리에게 아침 일찍 수술할 것이라고 이야기했던 그 의사도 뒤에 서 있었지만, 우리의 눈을 회피할 뿐이었다. 부아가 치밀어 올랐지만 참는 것 말고 할 수 있는 게 없었다. 빨리 수술하게 도와달라고 부탁할 수밖에 없었다. 괜히 화를 냈다가 미운털이 박혀 수술시간이 더 늦춰질까봐 무서웠다.

실망스러운 아침이었다. 불안한 마음에 오전 내내 병동을 돌아다녔다. 의사와 간호사를 만날 때마다 그들을 붙잡고 수술을 빨리 할 수 있게 도와달라고 부탁했다. 그렇게 물어보고 또 물어봤다. 그렇게라도 이야기해야 수술을 빨리 받을 수 있을 것 같았다.

"I beg you."

구걸하는 심정으로 그렇게 외치며 다녔다. 하지만 그리 큰 효과는 없었다. 오후 늦게까지 기다려야 했다. 결국 저녁 5시가 다 되어서야 수술 시간이 잡혔다는 연락을 받았다. 5시라도 수술할 수 있었던 게 구걸의 효과라고 생각하는 게 나으려나? 어찌됐든 그래도 다행이었다. 수술을 할 수 있었으니 말이다.

"아프지 않아? 마취는 어떻게 해? 수술이 잘못되면 어떻게 하지?"

막상 수술을 받는다고 생각하니 아이는 무서웠나 보다. 침대에 누워서 수술실로 가는 내내 아이는 나에게 이런저런 걱정을 늘어놓았다. 걱정하는 아이를 보며 마음이 아팠다. 나로서는 아이 수술이 잘 되기를 바라는 것 말고는 할 수 있는 게 없었다. 잠깐 자고 나면 괜찮아질 거라며 아이를 위로했다. 그렇게 아이는 수술실로 들어갔다. 다행히 아이는 울지 않고 씩씩하게 수술실로 들어갔다. 오히려 내가 눈물이 났다. 혼자 수술실에 들어가는 아이를 보니 가슴이 아팠다. '울지 말자, 분명 잘 될 거니까. 나약해지지 말자.'

마음을 다독이며 수술이 끝나기를 기다렸다. 열다섯 시간처럼 느껴진, 한 시간 반 정도의 시간이 지나고 드디어 수술이 끝났다. 의사는 수술 경과부터 우선 설명했다. 아이가 맹장이 터져서 장기를 다 헤집고 균들을 제거하고 소독하느라 힘들었지만 수술은 잘 되었다고 말했다. 그러면서 의사는 보험이 안 되는 우리 사정을 들었다며 최대한 빨리 퇴원할 수 있도록 노력하겠으니 앞으로도 최선을 다해 보자고 위로했다. 갑자기 훅 들어온 위로의 한 마디가 나를 감동시켰다. 내가 병원에서 바랐던 건 수술을 빨리 해 주는 것도, 퇴원을 빨리 시켜주는 것도 아니었다는 생각이 들었다. 나는 누군가로부터 따뜻한 위로 한 마디를 듣고 싶었던 것이다.

몇 분 후 회복실에서 드디어 아이를 만났다.

"이제 안 아플 거야. 수술도 잘 되었다고 하니 얼른 회복하고 집에 가자."

그날 저녁 마취가 덜 깬 탓인지 아이는 푹 잤다. 나도 간만에 다리를 뻗고 잘 수 있었다. 그런데 아침에 일어난 아이는 예상과 달리 여전히 복통을 호소했다. 수술을 하면서 건드린 장기들이 기존의 자리가 아닌

다른 곳에 위치하게 되었고 자리를 다시 찾아가는 과정에서 배가 아플 수밖에 없는 상황이었다. 수술만 하면 괜찮을 줄 알았는데 계속 아프니 아이는 속상해했다. 결국 얌전한 아이는 짜증을 내기 시작했다.

배가 아프니, 걸을 때에도 힘들어 했다. 한번은 화장실에서 돌아오는 길에, 아이가 침대 옆 테이블에 머리를 찧고 말았다. 그렇게 세게 부딪힌 것도 아니었는데 아들은 짜증을 내며 울어버렸다. 그동안 참았던 설움이 폭발한 것 같았다. 맹장이 터졌을 때도, 수술실에 혼자 들어갈 때도 눈물을 보이지 않던 아이였는데, 수술이 끝나고 나서 오히려 아들은 더 힘들어 했다. 여전히 아프다는 사실이 아이를 힘들게 했다. 우는 아들을 보고 있으니 나도 울고 싶었다.

의사도 그렇고 간호사도 그렇고 지금 상황은 어쩔 수 없는 것이라며 잘 걷는 게 최선이라고 우리에게 말했다. 잘 걸어야 장기들이 제자리를 찾아갈 것이라고 했다. 나는 다시 독한 마음을 품었다. 힘든 아들을 일으켜 세우고, 걷게 했다. 빨리 퇴원하려면 걷는 수밖에 없다며 그렇게 병동을 몇 바퀴 돌렸다. 아들이 힘들어 할수록 더 채찍질을 하며 빨리 집에 가자고 종용했다. '빨리 나아서 퇴원하려면 어쩔 수 없었다. 아들아!'

병원비 좀
깎아 주세요

　　　　　　　　　수술이 끝나고 아들의 몸은 빠르게 회복됐다. 배가 아파 불편해 하던 아이는 꾸준히 병동 주변을 걸으며 몸을 추스렸다. 음식을 먹으며 기력도 회복했다. 캐나다 병원이라 빵과 수프만 나왔지만 아이는 잘 먹어 주었다. 아이가 얼른 퇴원해서 예전처럼 신나게 뛰어 놀았으면 했다. 병원 입원실은 아이에게도 아빠에게도 너무 답답했다. 열심히 먹고, 열심히 걸어서 꼭 '목요일'에 퇴원하자고 아이와 약속했다. 목요일이면 수술한 지 이틀 후였지만 무리를 해서라도 빨리 퇴원하고 싶었다.

　아이가 빨리 퇴원했으면 하는 나의 마음은 아이의 건강만을 생각하는 '순수한' 마음만은 아니었다. 빨리 퇴원해서 병원비를 한 푼이라도 아끼고 싶은 마음도 있었다. 아픈 아이를 앞에 두고, 속물 같은 생각이 들어 아이에게 미안했지만 어쩔 수 없었다. 하루에 500만 원 가까이 하는 입원비가 부담스럽게 다가왔으니까.

　수술 직후 혼자서 대충의 금액을 셈해 보았다. 응급실에 막 도착했을 때 안내받았던 병원비 내역을 떠올렸다. 응급실 비용은 대충 1,000달러 정도였고, 입원비는 하루에 5,000달러 정도 했다. 수술비도 4,000달러가 넘었다. 5일 입원한다고 생각하고 계산을 해보니 병원비는 3만 달러 가까이 나왔다. 원화로 2,500만 원 정도의 금액이었다. 아이가 수술을 잘 받아서 회복하고 있는 것만으로도 감사해야 하는 게 마땅하지만, 돈 생각을 하지 않을 수 없었다.

수술 후 다음날 오전, 아이와 병동을 걷고 있는데 한 통의 전화가 왔다. 병원 원무과에서 걸려온 전화였다. 담당자는 전화를 해서 이틀치 병원비를 정산해야 한다고 했다. 퇴원도 안했는데 병원비를 이야기한다는 게 뭔가 이상했다. 반갑기도 하고 두렵기도 했다. 아이 병원비가 얼마나 되는지 정확히 알 수 있어 좋을 것 같았지만, 생각보다 많은 금액을 청구할까봐 무서웠다. 말이 잘 안 통했기에 전화로 이야기하는 데 한계가 있을 것 같았다. 직접 찾아가서 이야기를 나누기로 하고 전화를 끊었다.

오후에 원무과를 찾아가 담당자를 만났다. 담당자는 병원비에 대한 상세한 내용을 나에게 알려줬다. 이틀 동안 나온 병원비는 총 1만 1,373달러였다. 생각보다 금액이 적었다. 응급실 비용이 1,077달러였고, 이틀 동안의 입원비가 1만 296달러였다. 수술비는 별도로 계산되지 않았다. 이래저래 병원비와 관련해 궁금한 것들이 있었다. 마음을 가다듬고 하나씩 물어봤다. 영어로 말하는 게 자연스럽지 않았기 때문에 최대한 겸손하게 물어볼 수밖에 없었다. 병원비를 깎고 싶어 물어본 것이었지만 최대한 본심을 숨겼다. 괜히 처음부터 깎아 달라고 하면 반감을 살까 걱정되었기 때문이다.

　우선, 수술비가 빠진 부분에 대해서 물었다. 담당자에게 물어보니 수술비는 입원비에 포함되어 별도로 내지 않아도 된다고 했다. 맨 처음 응급실에 왔을 때 차트에서 봤던 수술비는 입원하지 않고 수술만 하고 가는 경우에 내는 비용이란다. 계산한 것보다 400만 원 정도 금액이 적어졌다.

　두 번째로 궁금한 것은 응급실 비용이었다. 우리 아들은 두 군데 병원의 응급실을 이용했다. 첫 번째 병원 응급실에서 검사를 받았지만 그곳에서는 어린이 수술을 할 수 없다고 해서 어린이 전문병원으로 옮겨야 했다. 응급실 비용을 두 군데 다 낸다는 게 조금 억울했다. 우리가 옮기고 싶어서 옮겼던 것도 아닌데 말이다. 담당자에게 그 내용을 이야기하고, 응급실 비용을 한 곳에서만 낼 수 있는 방법이 없냐고 물었다. 담당자는 여기저기 전화를 하더니 관련사항을 확인했다. 한참 동안 통화를 한 담당자는 한 군데 병원에서만 응급실 비용을 청구하는 게 맞단다. 그리고 우리가 있었던 첫 번째 병원 담당자에게 확인 전화를 걸었고, 그곳에서 별도로 청구할 예정이기 때문에 아이가 입원한 병원에서는 별도로 응급실 비용을 청구하지 않겠다고 했다.

　마지막으로 입원비에 대해 궁금한 점을 물었다. 아이는 응급실에서 밤 11시가 다 되어서야 입원실로 올라갔다. 하루치 입원비를 다 내야 한다는 사실이 안타까웠다. 한두 푼도 아니고 5,000달러가 넘었으니 속이 쓰릴 수밖에. 담당자에게 혹시나 저녁 늦게 입원한 것에 대한 예외

사항이 없는지 물어봤다. 담당자는 기록지를 찾아보더니 우리가 입원한 시각이 저녁 6시라고 했다. 뭔가 기록이 잘못되었다는 사실을 직감한 나는 6시는 응급실에 온 시간이며 11시에 병실에 갔다고 이야기했다. 담당자는 다시 전화를 하더니 정확한 기록을 확인했다. 그리고 자신들의 실수를 인정하고 야간 입원에 대한 별도의 요금을 적용해 주었다. 5,148달러의 하루치 입원비를 1,077달러로 낮춰준 것이다.

이로써 원래 나왔던 1만 1,373달러의 입원비가 6,255달러로 줄었다. 입원비 산정방식에 대한 이야기까지 들으니 마음이 한결 가벼워졌다. 이후 추가될 금액까지 감안해도 한국에서 가입한 여행자 보험으로 충분히 처리할 수 있는 금액이었다. 일부라도 결제해야 한다는 담당자의 이야기에 2,000달러를 우선 신용카드로 결제하고 다시 아이가 있는 병실로 걸어갔다. 뭔가 큰 짐을 던 기분. 정말 다행이었다. 나도 모르게 콧노래도 나왔다. 이젠 정말 아이 건강만 생각할 수 있을 것 같아 감사했다.

질문은 궁금한 것을 묻는 목적뿐 아니라 때론 관계(직원과 손님 간의 관계)를 개선하고, 원하는 기회(좀 더 물건을 싸게 사거나 위약금을 줄이는 것)를 얻도록 도와주기도 합니다. 질문이 우리에게 가져다주는 여러 가지 혜택을 생각해보면, 질문을 어떻게 하는가에 따라 우리는 목적을 달성할 수도 있고, 그러지 못할 수도 있습니다. 무작정 '값 좀 깎아 주시면 안 돼요'라거나 '위약금을 면제해 주시면 안 돼요'라고 묻지 마시길. 그렇게 물어보면 원하는 답을 들을 수 없기 때문입니다.

___김 호, 『그렇게 물어보면 원하는 답을 들을 수 없습니다』 중

『그렇게 물어보면 원하는 답을 들을 수 없습니다』를 읽다 보니 캐나다에서 병원비를 깎은 게 생각났다. 책에서 저자가 언급한 대로 나는 아이의 병원비를 깎아달라고 병원 측에 부탁하지 않았다. 다만 우리가 적용받는 금액이 정확한 기준인지 확인했고, 예외조항이 없는지 물었을 뿐이다. 어눌한 영어 덕분에 최대한 겸손하게 물어볼 수 있었고, 그런 질문 덕분에 상당부분의 병원비를 아낄 수 있었다. 그때 생각이 나서 나도 모르게 웃음이 나왔다. 캐나다에서 병원비를 깎았던 내가 멋져 보였다.

아이는 우리의 바람대로 빨리 회복했고, 목요일에 퇴원할 수 있었다. 이런저런 비용까지 합쳐서 총 1만 3,000달러 정도의 비용이 들었다. 아이가 무사히 퇴원할 수 있어서, 병원비도 여행자 보험으로 보상받을 수 있어서 정말 다행이었다. 그리고 좋은 질문이 일상에서 얼마나 중요한지 알 수 있어서 감사했다.

더 좋은 일이
생길 거야

아이가 병원에 입원해 있는 동안 맹장염에 대해 알아봤다. 꼬리처럼 달려 있는 충수에 염증이 생기는 것이 충수염인데 우리나라에서는 보통 이것을 맹장염이라고 불렀다. 충수의 영어 단어가 Appendix라는 것도 알 수 있었다. 고등학생 때 '부록'이라는 단어로 외웠던 기억이 났다. 부록이라는 말이 충수라는 단어로 쓰인다는 사실이 새삼스러웠다. 곰곰이 따져보니 참 적절한 단어였다. 충수 또한 우리 몸의 부록 같은 존재였기 때문이다. 별다른 기능을 하고 있지 않기 때문에 있어도 그만, 없어도 그만이었다. 책이나 상품을 구매할 때 부록이 없다고 그 본래의 기능에 문제가 되지 않는 것처럼 말이다.

궁금해 하는 아들에게 맹장염(정확히 말하면 충수염)에 대해 설명해 주었다. 아들은 설명을 다 듣고 상당히 불쾌해 했다. 아무런 기능도 하지 않는 맹장이(정확히 말하면 충수가), 왜 몸에 붙어 있어서 자기를 괴롭히는지 모르겠다며 볼멘 소리를 늘어놓았다. 그럴 만도 했다. 한참 캠프에서 친구들과 놀고 있을 시간에 혼자서 병원에 누워 있어야 했으니 얼마나 억울했겠는가? 그것도 캐나다에서 엄마도 없이 말이다. 그런 아이를 보며 충분히 공감해 주고 진심을 다해 위로해 주는 것, 그것이 내가 할 수 있는 전부였다.

몸 컨디션이 점점 올라오면서 아이의 억울함과 짜증도 많이 사그라지는 듯했다. 다행이었다. 아이의 억울함과 짜증을 들어주다 내가 폭발하면 큰 일이었을 텐데 그런 일은 일어나지 않았으니. 그 상황에 폭발하는 게 이상한 아빠인가? 어찌됐든 그렇게 우리는 신체적으로나 정신적으로나 큰 고비를 넘기고 있었다.

그러던 어느 날, 아이와 병동 주변을 걸으며 잠깐의 대화를 나누게 되었다.

"아들, 맹장이 터져서 많이 속상하지?"
"응 아빠. 왜 이렇게 난 운이 없는지 모르겠어. 여기까지 와서 맹장이 터질 게 뭐야?"
"그래도 이만한 게 어디야. 곧 있으면 다 낫고, 즐겁게 놀 수 있을 거야."
"맞아. 나쁜 일이 있으면 좋은 일이 생기겠지? 좋은 일이 꼭 생길 거야."

아들의 이야기를 듣다 깜짝 놀랐다. 열한 살 아이가 다 큰 어른처럼 느껴졌다. 큰 일을 겪으면서 아이가 어느새 크게 자란 느낌이다. 어려운 상황을 잘 이겨낸 아이가 고맙고, 또 고마웠다. 아빠로서 부끄럽기도 했다. 아이의 이야기를 듣기 전까지도 마음 속 여러 감정을 정리하지 못했다. 아이가 아픈 게 내 탓 같아 죄책감도 들었고, 병원에 있어야 하는 사실이 나 또한 억울했다. 앞으로 남은 일정 동안 다른 문제가 발생하면 어떻게 하나 생각하니 불안했다. 일정이고 뭐고 모든 것을 다 접고 서울로 다시 돌아가야 하는 것은 아닌지 심각하게 고민하기도 했다.

정신을 차려야겠다. 아이의 말처럼 좋은 일이 '꼭' 생길 거라고 믿기로 했다. 그 순간, 마음이 평온해졌다. 병원에서 느낀 복잡한 감정은 물론이거니와 캐나다에 오면서 느꼈던 두려움과 책임감에서도 어느 정도 해방되는 듯했다. 캐나다에서 아이들과 의미있는 시간을 보내야 한다는 부담도 내려놓을 수 있었다. 좋은 일이 생길 거라고 믿으니, 모든 게 다 잘 될 것 같다는 기대가 들었다. 지금 보내는 시간이 소중하게 느껴졌다.

> 회복탄력성을 높이려면 어떤 중요한 일이 발생했을 때 스스로 긍정적 정서를 불러 일으키는 것을 습관화해야 한다. 중요한 시험이 다가왔을 때, 많은 사람 앞에서 프레젠테이션을 해야 할 때, 업무상 중요한 프로젝트를 맡게 되었을 때 스스로 신바람이 나고, 말할 수 없이 짜릿한 쾌감을 느끼는 사람, 이런 사람이 뛰어난 업무 성취능력을 발휘하기 마련이다.   ㅡ김주환, 『회복탄력성』 중

아이와 병원에서 대화를 나누다 문득 '회복탄력성'이란 말이 생각났다. 앞으로 어떤 어른으로 클지 예단하기 어렵지만 성장하는 과정에서 캐나다에서의 맹장염이 아이에게 좋은 영향을 줄 것 같다는 믿음이 들었다. 아이가 아프면서도 가졌던 긍정적인 생각을 사춘기를 겪고 어른

이 되어서도 오래도록 기억했으면 좋겠다는 바람도 있었다. 그런 긍정적인 마음으로 강한 회복탄력성을 갖고, 일상에서 더 자주 행복한 감정을 느꼈으면 했다. 아빠로서 그 마음을 지켜주고 싶기도 했고.

아이가 병원에서 수술하고 퇴원해서 예전처럼 잘 먹고 잘 노는 아이로 돌아오는 과정을 옆에서 지켜보는 일은 꽤나 힘든 일이었다. 하지만 그 속에서 아이가 보여준 모습은 나에게 그 어떤 것보다 소중한 가르침을 주었다. 그런 가르침을 아픈 큰 아들만 준 것은 아니었다. 아빠도 형도 없는 상황에서도 꿋꿋하게 고모네서 잘 버텨준 일곱 살 둘째 아들도 대견하고 고마웠다. 구김살 없이 고모네 가족들과 며칠 동안 잘 지낸 아이도 많이 자란 느낌이었다. 비 온 뒤에 땅이 더 굳어진다더니 아이들도, 나도 큰 일을 겪고 나서 더 단단해졌다. 잘 버텨준 아이들과 많은 도움을 준 모두에게 감사했다. 나 스스로에게도 수고했다고 말해주고 싶고.

"생일 축하해, 아들! 고맙고 사랑한다."

퇴원하고 이틀 뒤 아들의 생일이었다. 몸이 완벽하게 회복된 것은 아니었지만 아들은 생일 축하를 받으며 환하게 웃음을 보였다. 아이와 함께 집에서 미역국을 끓여 먹고, 케이크에 불을 붙여 생일 축하를 할 수 있어 다행이었다. 앞으로 '진짜로' 좋은 일만 생기길 기도하는 마음으로 두 아들과 나는 촛불을 껐다.

미리 알아두면 좋을 아이들과의 여행 팁!

아빠의 여행 필수품 세 가지

아이가 아프면 부모는 당황스러울 수밖에 없다. 그런데 그게 여행지라면 그 당황은 두 배, 세 배 이상이 된다. 병원을 가자니 말도 잘 통하지 않고 돈도 많이 들 것 같아 꺼려지게 된다. 그래서 나는 아이가 아픈 상황에 대비하기 위해 이런저런 것들을 챙겨간다. 아이와 여행을 갈 때 챙기는 필수품 세 가지에 대해서 소개한다.

필수품① 체온계

아이와의 여행에서 가장 먼저 챙기는 것은 바로 체온계. 아이가 컨디션이 안 좋은 것 같다 싶으면 체온계를 통해 열이 나는지 꼭 확인하라. 아이 몸에서 열이 난다는 것은 어디가 안 좋다는 신호다. 해열제를 먹이고 열이 떨어졌는지 확인할 때도 꼭 체온계로 체크해 봐야 한다. 아이가 맹장이 터졌을 때, 별일 아니라 생각하고 체온을 체크하지 않았었다. 그때 열이 나는지만 체크했더라면 아이의 증상을 파악하는 게 수월했을 텐데 자꾸 그게 걸렸다.

손으로 만져봐도 대충 알 수는 있지만 정확히 해 두는 게 필요하다. 특히나 낯선 여행지에서 병원 가기도 애매한 상황에서는 시간대별로 체온을 측정해 기록해 두면 좋다.

필수품② 상비약

아이들 약을 챙기는 것도 필수다. 우리는 5일 이상의 여행을 떠날 때에는 출발하기 전 병원에 가서 약을 받아온다. 간단한 감기약을 사전에 조제해서 간다. 콧물, 기침약을 꼭 챙기고, 해열제와 설사약도 같이 가져간다. 우리 둘째는 알레르기성 각막염도 있어서 수시로 안약을 넣어줘야 하는데, 안과에 가서 진료를 받고 안약을 받아오는 것도 잊지 않았다.

물론 해외에 가도 간단한 약은 약국이나 편의점에서 팔기 때문에 현지에서 구하는 것도 방법이지만 한국의 병원에서 의사의 처방전을 받은 약이 훨씬 효과가 좋았다. 여행 전 병원에 들러야 하는 게 귀찮긴 하지만 꼭 챙기는 편이다. 그래야 마음도 편안하다.

필수품③ 여행자 보험

마지막으로 챙기는 게 여행자 보험이다. 아이가 아픈 상황에서 약에만 의지할 수 없을 때가 있다. 결국 병원에 가야 할 때가 생길 수도 있다. 우리 아이가 맹장염에 걸려 병원에 간 것처럼 말이다. 하지만 해외에서 의료보험 미가입자인 외국인에게 병원비는 정말 부담스럽다. 응급실 한 번에 100만 원 가량의 돈을 내기도 한다.

그래서 필요한 게 여행자 보험. 아이들과의 캐나다 여행에서 여행자 보험이 없었다면 우리는 엄청난 부담을 떠안았을 거다. 병원비가 1,000만 원도 넘게 나왔다. 평소 여행자 보험을 들 때마다 굳이 이런 걸 왜 들어야 하나 생각했다. 단 한 번도 청구해 본 일이 없었기에 단돈 만 원이라도 아까웠다. 하지만 이번 여행을 통해 여행자 보험이 왜 필요한지 절실히 느낄 수 있었다.

나의 경우 인터넷으로 여행자 보험을 가입하는데, 보험 가입 시에는 보장내역을 잘 살펴봐야 한다. 질병에 의한 보상과 상해에 대한 보상이 되는지, 그리고 보상금액이 얼마나 되는지 꼼꼼히 확인한다. 아파서 병원에 가는 경우와 다쳐서 병원에 가는 것, 둘 다 가능한 보험을 가입하도록 하자. 대부분의 여행자 보험은 보장내역이 간략하게 설명되어 있으니 그 두 가지 보장내역을 확인해 보고 가입하면 좋을 것 같다.

항공권을 살 때나 환전을 할 때 무료로 여행자 보험을 들어주는 경우도 있다. 우리의 경우 잘 활용하지 않는 편인데, 비용을 아낄수 있다는 점에서는 이렇게 보험에 가입하는 것도 차선책이라 생각한다. 하지만 공짜라도 어떤 경우에 보장이 되는지 꼭 살펴봐야 한다. 무료 여행자 보험은 상해에 대한 보장만 있는 경우가 대부분이다. 아파서 병원에 가는 경우도, 다쳐서 병원에 가는 경우도 다 보장이 되는지 꼭 확인할 것을 권한다.

아이들과 여행을 가면 챙겨야 할 것들이 의외로 많다. 어차피 사람 사는 곳이니 챙기지 못한 것은 현지에서 구해도 된다. 하지만 아이가 아플 경우에 대비해서 준비하는 것들은 이야기가 다르다. 타지에서 아프기 시작하면 누구나 당황하기 마련이므로, 사전에 꼼꼼히 체크해서 준비해 가도록 하자. 안 아프면 좋은 거고, 아파도 빨리 대비할 수 있어 다행이니까 말이다.

자연 속에서 마음 부자가 되다

자동차 여행을 꿈꾸다
아름다운 대자연에 빠지다
운명처럼 마주했던 아주 특별한 밴프 캠핑
감동은 예상치 못한 곳에서 왔다
괜찮아, 지금도 잘하고 있어
[Tip 넷. 여행 기억을 오래 남기기 위한 방법]

자동차 여행을
꿈꾸다

2018년 겨울 어느 휴일 오후. 추위 때문에 밖으로 나가기도 귀찮은 날이었다. 나와 아내 그리고 아이들까지 모두 집안에서 뒹굴거리고 있었다. 게으르게 휴일을 보내는 게 나쁘지 않았지만, 조금 지루했다. 유튜브를 열고 음악을 듣기 시작했다. 이때 아내가 선곡한 곡은 유키 구라모토의 '레이크 루이스'. 그의 피아노곡을 여러 곡 들었지만 이 곡은 처음이었다. 아름다운 선율이 인상적이었다. 죽어 있던 감성이 새순 올라오듯 깨어나는 것 같아 여러 번 반복해서 듣지 않을 수 없었다.

한참을 음악에 빠져 있다가 정신을 차렸다. 그리고 나는 아이들과 이 곡에 대한 자료를 찾아봤다. 만들어진 지 30년도 더 된 그의 대표작이었다. 어쩌다 이제서야 나에게 왔는지 알 수는 없지만 꽤나 유명한 곡이었다. 작곡가인 유키 구라모토는 레이크 루이스에 세 번이나 방문해서 아름다운 풍경을 만끽한 후 이 곡을 만들었다고 한다. 덕분에 우리는 레이크 루이스라는 곳도 찾아볼 수 있었다. 사진 속 풍경은 피아노

선율만큼이나 서정적이었다. 동화 속에서나 나올 법한 경치. 비현실적으로 아름다운 이곳에 꼭 가보고 싶었다.

아이들과 캐나다 일정을 짤 때 가장 먼저 떠오른 곳이 레이크 루이스였다. 어떻게 해서든 이곳을 가봐야겠다고 마음먹었다. 캐나다로 가기 전부터 미리 계획을 세웠다. 3주 간의 아이들 캠프 일정을 마치고, 4주차에 아이들과 함께 레이크 루이스가 있는 밴프에 가는 것으로 스케줄을 짠 것. 숙박도 알아보고 여행 준비물도 챙겼다.

하지만 여행을 떠나기 전, 가야 하나 말아야 하나 고민하지 않을 수 없었다. 큰 아들의 맹장수술 때문이었다. 밴프 여행 출발일은 아들이 맹장수술을 받은 지 일주일 남짓 지난 시점이었다. 괜히 여행을 갔다가 탈이라도 나면 '정말' 큰 일이었기에 여행을 가는 게 내키지 않았다. 그렇다고 일정을 바꾸는 것도 쉽지 않았다. 초성수기였던 터라 방이 거의 없었다.

다행히 아이는 퇴원하고 하루가 다르게 '정상'의 몸으로 돌아왔고, 밴프에 가서 레이크 루이스를 보고 싶어 했다. 출발 전날 좋은 소식도 들을 수 있었다. 아이의 몸 상태를 체크하기 위해 병원에 갔는데, 아이를 살펴본 의사는 아이가 거의 회복했다며 밴프 여행에 걸릴 게 없다고 했다. 의사는 여행 잘 다녀오라고 환하게 인사를 건넸다. 100% 안심할 수 있는 것은 아니었지만, 그래도 여행을 가도 된다는 허락을 받은 것 같아 좋았다.

여행은 총 7박 8일 일정이었다. 나는 밴프까지 자동차로 직접 운전해서 다녀올 생각이었다. 주변에서는 나의 여행계획을 극구 만류했다. 아이들도, 나도 고생할 게 뻔하단다. 이미 자동차로 밴프를 다녀온 조카는 다시는 그런 여행을 하지 않겠다며 혀를 내두르기도 했다.

아무리 뻥 뚫린 캐나다 도로라 해도 장거리 운전은 쉽지 않다. 가는 데만 해도 열네 시간 넘게 걸리는 거리. 그 먼 곳까지 혼자서 운전해 가는 건 무리였다. 아이들도 버틸 수 있을지 알 수 없었다. 그런데 나는 '자동차'로 밴프에 가고 싶었다. 돈을 아끼고 싶어서만은 아니었다. 자동차로 여행하면서 아이들과 추억을 만들어보고 싶었다. 몸이 조금 고생스럽겠지만 그렇게 여행을 다녀오면 평생 잊지 못할 경험을 만들 수 있을 것 같았다. 예상치 못한 곳에서 의외의 발견을 할 수 있을 것 같은 기대도 있었다. 캐나다에 오는 비행기 안에서 두려움에 떨던 나였는데, 갑자기 용기 있는 사람이 되어 있던 걸까? 무모했지만 그래도 자동차로 여행하고 싶었다.

아이들이 편안한 여행을 할 수 있도록 이것 저것 준비를 했다. 혹여나 자동차로 가는 길에 문제가 생길까봐 최대한 여유 있게 일정을 짜고 쉬엄쉬엄 밴프까지 가기로 했다. 중간에 몇 군데 도시에 들르며 천천히 가면 아이들도 나도 덜 힘들 것 같았다. 준비물도 챙겼다. 아이들이 차에서 지루해 하지 않도록 게임기, 책 등을 챙기고 간식거리도 잔뜩 넣었다. 배고픈 아이들은 성난 야수와도 같으니 충분한 대비가 필요했다. 머릿속으로 계획을 세우는 동안에는 잘 할 수 있을 것이라고 생각했다. 하지만 그런 자신감은 여행을 떠나기 며칠 전 무너지고 말았다. 여행일이 가까워지니 불안해졌다. 용기 가득한 사람이 된 줄 알았는데 여전히 나는 두려움이 많은 아이 같은 존재였다.

'자동차가 도로 한복판에서 퍼지면 어떻게 하지?'
'아들이 갑자기 다시 아프다고 하면 어디에 연락해야 하나?'
'내가 아프면 아이들은 어떻게 해야 하지?'

새로운 도전을 할 때마다 찾아오는 '막연한', '실체 없는' 두려움이었다. 휴직을 시작할 때도, 캐나다로 떠나는 비행기 안에서도 나는 두려움에 떨었다. 아이가 맹장염 진단을 받았을 때도 두려운 나머지 하늘이 노랗게 보였다. 두려운 일을 잘 극복하고 나면 이런 감정이 무뎌질 줄 알았건만 여전히 새로운 도전은 나를 두렵게 만들었다. 후회도 들었다. 왜 이런 무모한 도전을 하겠다고 했을까?

아내에게서 온 응원의 문자 메시지를 보며 힘을 냈다. 비행기에서도, 병원에서도 두려웠지만 잘 견뎌낸 우리였기에, 힘을 내서 한 발 내딛기로 했다. 별 문제 없기만을 바라며 아이들과 셋이서 자동차로 여행을 시작했다. '잘 다녀오자!'

아름다운 대자연에
빠지다

걱정을 한가득 안고 위니펙을 출발한 우리는, 역시나 별 탈 없이 2박 3일 만에 밴프에 다다랐다. 차도 아이들도 다행히 밴프까지의 긴 여정을 잘 버텨줬다. 항상 느끼는 거지만 나의 두려움은 반 이상이 쓸 데 없는 것인데 새로운 도전 앞에 설 때마다 왜 나는 두려워하는지 알 수 없었다.

밴프에서 우리의 첫번째 목적지는 '당연히' 레이크 루이스였다. 레이크 루이스에 도착한 우리는 환호성을 지르지 않을 수 없었다. 지난 겨울 태블릿을 통해 사진으로 봤던 그것보다 훨씬 더 아름다웠다. 동화 속 마을이 눈앞에 놓여 있는 착각이 들 정도였다. 말 그대로 한 폭의 그림이었다. 에메랄드빛 호수와 파란 하늘 그리고 눈 덮인 산까지, 모든 게 완벽했다. 한동안 눈을 떼지 못하고 호수만 바라봤다. 2박 3일 동안 운전하느라 힘들었지만, 관광객이 많아 주차장에서 차를 대느라 고생은 했지만 그런 것이 전혀 문제되지 않았다. 눈앞에 펼쳐진 아름다운 풍경 하나만으로 모든 것을 용서할 수 있었다.

한참동안 멍하니 풍경을 바라본 우리는 조금 더 가까이에서 호수를 느끼고 싶었다. 관광객을 위한 카누를 아이들과 함께 타보기로 했다. 기다리는 줄도 길었고 값도 꽤 비쌌다. 셋이 한 시간 동안 타는 데 캐나다 달러로 125달러. 10만 원도 넘는 금액을 지불하는 게 맞나 잠깐 망설이기도 했지만 눈앞에 펼쳐진 호수를 그냥 지나쳐 갈 수 없었다. 이런 경험을 언제 하냐 싶어 기꺼이 큰 돈을 지불하고 레이크 루이스 한가운데로 빠져 들었다. 카누를 타니 우리가 그림 속에 들어온 느낌이 들었다. 마치 동화 속 요정으로 변신한 기분이랄까. 꿈을 꾸고 있는 듯했다.

밴프에는 레이크 루이스만 있는 것은 아니었다. 볼 것도 즐길 것도 많았다. 우리는 곤돌라를 타고 설퍼산 정상에 올라 밴프의 전체 모습을 조망하고, 곤돌라 탑승장 바로 옆에 있는 온천에서 장거리 이동의 여독도 풀었다. 밴프의 역사를 알 수 있는 동굴에 가서 공부도 했고, 미네완카 호수에서 유람선을 타며 시원한 바람도 쐬었다. 아침에는 조용한 바우강변을 산책하며 맑은 공기도 마셨다. 밴프의 아름다운 자연을 즐기느라 정신이 없었다. 밴프를 너무 만만하게 본 것은 아닐까 싶을 정도였다. 3박 4일의 일정이 너무 순식간에 지나간 느낌이었다.

밴프에서의 모든 순간이 다 좋았지만 특히 인상적인 곳이 있었다. 아이들도 그곳을 특별히 좋아했다. 아이스필즈 파크웨이라는 곳. 정확히 말하면 아이스필즈 파크웨이는 도로 이름이었고, 도로를 따라 쭉 가다 보면 설상차 체험장이 있는데, 아이들은 그곳에서 설상차를 타고 가서 빙하를 체험한 것을 좋아했다. 아이들은 이곳에 가기 전부터 한 여름에 눈을 만질 수 있다는 아빠의 말을 믿고 한껏 기대를 했다. 그러나 안타깝게도 아이들은 이곳에서 눈을 만지지도 보지도 못했다. 알고 보니 우리가 마주한 것은 빙하였지 눈은 아니었던 것. 하지만, 그것만으로도 아이들을 흥분시키기에 충분했다.

빙하 체험장에서 아이들은 신나게 놀았다. 얼음을 만지며 소리를 지르기도 하고, 눈처럼 뭉쳐서 눈싸움도 했다. 자기들끼리 장난을 치는 바람에 신발이 흠뻑 젖기도 했다. 한 여름에 만난 겨울을 아이들은 특히 좋아했다. 아이들이 혹여나 다칠까봐 쫓아다니며 주의를 주고 잔소리를 퍼부었지만 사실 나도 신기하고 좋았다. 숙소에서 이곳까지 오는데 두 시간 넘게 운전을 해야 했고, 시간 예약을 하지 않아 몇 시간을 기다려야 했지만 그렇게 기다려서 그런지 더 특별하게 느껴졌다.

신나는 빙하체험을 마치고 돌아오는 길이었다. 덜컹거리는 설상차 안에서 빙하의 면적이 점점 줄어들어 걱정이라는 가이드의 이야기를 들었다. 처음 듣는 이야기도 아니었다. 누구나 다 아는 그런 이야기였다. 하지만 그동안 빙하에 대한 이야기를 들었을 때와 사뭇 느낌이 달랐다. 더 아쉬웠다고 해야 할까? 내가 즐기는 지금의 자연이 얼마 후에 없어질지도 모른다는 생각이 드니 안타까웠다.

서울로 돌아오고 나서도 이날의 가이드 이야기가 자꾸 생각났다. 그리고 뉴스를 보다 스웨덴의 16살 소녀인 그레타 툰베리를 알게 되었다. 그녀는 매주 금요일마다 기후변화 대책을 촉구하며 스웨덴 국회의사

당 앞에서 1인 시위를 하고 있다. 뉴욕에서 진행된 UN 기후정상회의에서 그녀는 기후변화에 대한 소신을 펼치기도 했다. 어린 소녀였지만 대단하다는 생각이 들었다. 그녀가 2018년 12월, UN 기후변화협약 당사국총회에서 한 말은 특히 인상적이었다.

"당신들은 자녀를 가장 사랑한다고 말하지만, 기후변화에 적극적으로 대처하지 않는 모습으로 아이들의 미래를 훔치고 있습니다."

이 말을 듣고 나서 뜨끔하지 않을 수 없었다. 나에게도 유효한 말이었다. 내가 무심하게 했던 행동 하나하나가 아이들의 미래를 갉아먹는 것이라는 생각이 들어 마음이 무거웠다.

언제가 될지 모르겠지만 다시 올 때에도 밴프가 지금의 상태를 유지했으면 좋겠다. 빙하도 덜 녹았으면 좋겠다. 우리 아이들이, 아이들의 아이들이, 그리고 그 아이들의 아이들까지 오래도록 밴프의 아름다운 자연을 즐길 수 있었으면 좋겠다. 그때까지 밴프를 위해서 뭐라도 하고 싶다. 내가 하는 행동이 그렇게 큰 도움이 되지 못하겠지만, 그래도 말이다.

운명처럼 마주했던
아주 특별한 밴프 캠핑

밴프 여행을 가겠다고 숙소를 알아보던 중 누나로부터 oTENTiks라는 특별한 캠핑장에 대한 이야기를 들었다. 텐트와 오두막이 합쳐진 형태의 이곳은 침대도 있고, 별도의 난방시설도 갖춰져 있었다. 나같이 캠핑 경험은 없지만 밴프에서 특별한 하룻밤을 보내고 싶은 사람에게 딱이었다. 게다가 가격도 저렴했다. 국립공원마다 조금씩 다르긴 했지만 밴프의 oTENTiks는 1박에 120달러 정도였다.

oTENTiks의 존재를 알게 된 나는 곧장 캐나다 국립공원 사이트에 들어가 캠핑장 검색에 들어갔다. 하지만 이미 너무 늦어 버렸다. 우리 3부자를 위한 공간은 하나도 남아 있지 않았다. 때를 놓친 것을 후회할 뿐이었다.

아쉬웠지만 어쩔 수 없었다. 대안을 모색하다 텐트만 빌려주는 곳도 있다는 것을 알아냈다. Equipped Campsite라 불리는 곳이었는데, 텐트뿐만 아니라 가스 시설도 빌려주기 때문에 요리도 가능한 구조였다. 텐트냐 오두막이냐의 차이지 oTENTiks와 크게 달라 보이지 않았다. 여름이라 이곳에 머무는 것도 나쁘지 않겠다 싶어 냉큼 예약을 했다.

블로그를 통해 라이언이란 친구를 알게 되었다. 라이언은 한국에 호감을 갖고 독학으로 우리 말을 익힌 캐나다인이었다. 밴프로 출발하기 직전, 위니펙에서 차를 마시며 함께 이야기를 나누던 중, 그는 나의 여행계획을 보고 밴프에서의 일정이 너무 짧다고 했다. 그의 말이 맞았다. 밴프에서 우리는 겨우 이틀 밤만 자고 오는 일정이었다. 어리석은 계획이었다. 그렇게 먼 거리를 자동차로 가서 이틀만 자고 온다고 생각했으니…. 라이언의 충고를 받아 부랴부랴 숙소를 알아봤다. 어떻게 해서든 밴프에서 하루라도 더 머물고 싶었다.

'혹시나'하는 마음에 캐나다 국립공원 사이트에 접속했다. 별 기대 없이 들어갔는데 그렇게 가고 싶던 oTENTiks에, 그것도 우리가 예약하려는 날에 자리 하나가 남아 있는 게 보였다. 아마도 누군가가 예약을 취소한 듯싶었다. 흥분한 나는 마음을 가다듬고 고도의 집중력을 발휘해 빠르게 손을 움직였다. 다른 누군가가 그 사이 예약을 하면 안되었기에. 운명처럼 하늘에서 oTENTiks 선물이 뚝 떨어진 느낌이었다.

그렇게 우리는 이틀 밤을 밴프의 캠핑장에서 보내기로 했다. 그러다 보니 짐도 많아졌다. 출발할 때쯤 밴프의 아침 기온이 영하로도 떨어진다는 사실을 알고(왜 텐트를 예약했을까 후회도 잠깐 했지만) 부랴부랴 두꺼운 침낭을 준비했고, 냄비 등의 조리도구와 각종 음식들(주로 라면)을 챙겼다. 밴프에서의 캠핑은 너무 기대됐다. 게으른데다 텐트에서 자는 게 불편해 한국에서는 죽어도 가기 싫다던 캠핑이었지만 이곳에서의 캠핑은 뭔가 특별할 것만 같았다.

밴프 시내의 호텔에서 하룻밤을 보내고 그 다음날 오후 우리는 밴프에서의 첫 번째 캠핑장으로 향했다. 우리가 예약한 곳은 Two Jack Main 캠핑장. 캠핑장에 도착한 우리는 주변을 둘러본 후 곧장 저녁 준비에 들어갔다. 이날 메뉴는 짜파게티와 밥. 처음 캠핑장에서 해보는 밥이라 초반에 삐걱거리긴 했지만 옆 텐트 분들의 도움을 받아 '맛있는' 저녁을 먹을 수 있었다. 밤에는 텐트 옆 공간에 조그맣게 모닥불을 피워놓고 우리 셋만의 캠프파이어도 진행했다. 도란도란 앉아 마시멜로우도 구워 먹으며 밴프 캠핑장의 추억을 만들었다.

밴프의 새벽은 역시나 추웠다. 밤중에 몇 번이나 깼다. '아이들이 한데서 자다가 입이 돌아가지는 않을까'라는 그야말로 '쓸 데 없는' 걱정을 하며 말이다. 다행히 아이들은 잘 잤고 입이 돌아가는 사고는 일어나지 않았다. 한 여름에 내복도 입고, 겨울 파카도 입어서였는지 그리 추워하지 않았다. 게다가 겨울용 침낭을 말고 잤으니…. 몸은 찌뿌둥했지만 잊지 못할 하룻밤이었다. 그리고 하룻밤이라 다행이었다. 하루만 더 텐트에서 잤더라면 아름다운 추억에 스크래치가 났을지도….

다음날 oTENTiks에서의 하룻밤도 기대 이상으로 감동적이었다. 이곳은 꽤나 안정적이었다. 침대도 있었고 히터도 나왔다. 전날 텐트에 비하면 5성급 호텔 수준의 방이었다. 자다가 입 돌아갈 걱정하느라 깰 것 같지는 않았다. 아이들도 좋아했다. 물론 일정이 꼬이는 바람에 밤 10시가 다 되어서야 저녁을 먹어야 했고, 샤워장이 따로 없어 아이들과 화장실 세면대에서 양치하고 고양이 세수한 게 다였지만, 발이 너무 심각해서 물티슈로 쓱쓱 닦은 게 전부였지만 아이들과 소중한 추억을 만들 수 있었다. '언제 우리가 캐나다 캠핑장에서 현지 캐나다 사람들도 예약하기 어려운 이곳에서 잘 수 있겠나'라는 생각을 하니 대단한 경험을 한 것 같아 뿌듯했다.

캠핑장에서 아이들은 기대 이상의 활약을 보여줬다. 캠핑 첫 날, 나는 모닥불을 피우는 일에 애를 먹었다. 아무리 부채질을 해도 불이 살아나지 않았다. 설거지도 해야 하고 이것저것 짐도 챙겨야 하는데 마음만 급할 뿐이었다. 그때 큰 아이가 나섰다. 자기가 해보겠다고 했다. 차 안에 있는 종이를 끌어 모아 불을 붙이고 아들에게 불을 살려보라고 시켰다.

그리고 나는 저녁에 먹었던 것을 정리해서 설거지를 하러 갔다. 작은 애도 팔을 걷어붙이고 나섰다. 일곱살 둘째는 야무지게 설거지를 했고 텐트로 왔다 갔다 하며 식기를 옮겼다. 덕분에 빨리 설거지를 마칠 수 있었다.

설거지를 끝내고 텐트에 도착했다. 활활 타오르고 있는 모닥불 옆에서 새까맣게 그을린 얼굴로 씨익 웃고 있는 첫째의 모습이 보였다. 내가 만들어준 불씨에 열심히 부채질을 하면서 종이와 나뭇가지를 넣으며 나무에 불을 붙이는 데 성공한 것이다. 모닥불을 보며 뿌듯해 하던 아이가 내게 말을 건넸다.

"포기하지 않고 불을 피울 수 있어서 좋아."

캠핑장에서 아이들이 달리 보였다. 아무것도 제대로 못하는 아빠여서 미안했는데 아이들이 척척 도와주니 고마울 따름이었다. 불을 붙이고, 설거지를 돕는 두 아들이 든든하게 느껴졌다. '아내가 있었더라면 어땠을까'라는 생각도 잠시 했다. 분명 나는 수월하게 밥도 하고, 모닥불에 불도 붙였을 것이다. 아내가 옆에서 도와주었을 테니 말이다. 하지만 아이들의 이런 모습을 보지 못했을 것 같았다. 아내가 없는 여행이라 조금은 힘들긴 하지만 그 속에서 아이들의 새로운 모습을 마주할 수 있다는 것만으로도 감사했다. 그리고 욕심쟁이 아빠는 혼자 그런 것을 볼 수 있다는 것이 더욱 좋았다. 이게 독점 여행의 맛이지!

감동은
예상치 못한 곳에서 왔다

oTENTiks에서의 하룻밤을 보내고, 우리는 국립공원에서 주관하는 무료 가이드 투어에도 참여했다. 이 프로그램은 석탄산업의 중심지였던 뱅크헤드라는 도시의 역사와 자취를 따라가 보는 투어였다. 광부로 분장한 사람이 그 당시의 상황을 재연하는 등 재미난 장면들이 있어 나름 많은 것을 이해할 수 있어 좋았다. 하지만 그것도 잠시. 영어로 진행된 투어여서인지 10분 정도 지나니 듣고 있기 너무 힘들었다. 결국 우린 빠른 '손절매'를 택했다. 가이드 투어에서 이탈해 우리끼리 돌아다녔다. 힘들게 찾아온 투어였는데 아쉬웠다. 차라리 그 시간에 여유있게 oTENTiks에서 놀 걸 하는 후회마저 들었다.

그렇게 근처를 한 바퀴 돌고 주차장에 도착한 우리는 다음 행선지로 향했다. 아이들도 나도 약간 지쳐 있었다. 여행의 피로 때문이기도 했지만 이날 투어에 대한 실망감도 한 몫 했다. 얼마 가지 않아 앞 차가 멈춰 있는 바람에 우리도 어쩔 수 없이 차를 세워야 했다. 오늘 일진이 참 좋지 않다고 탄식하면서. 그런데 앞차 조수석의 창문이 열리면서 어떤

이가 열심히 사진을 찍는 게 보였다. 순간 도로 옆에 무언가 볼거리가 생겼다는 것을 직감할 수 있었다. 도대체 뭐기에 열심히 사진을 찍는지 궁금했고, 나도 모르게 기대감이 들었다. 그리고 얼마 후 사진 촬영이 다 끝났는지 앞차가 떠났고, 우리는 천천히 차를 몰아 앞으로 나갔다. 그리고 도로 옆 산비탈에서 동물 한 마리를 볼 수 있었다.

"설마 곰 아니야?"

동물의 실체를 파악하기도 전에 둘째가 한 마디 툭 던졌다. 말도 안 된다면서도 우리는 동물을 자세히 살펴봤다. 그런데 이게 웬일인가, 그 말이 맞았다. 정말 곰이었다. 곰이 확실했다. 열심히 나무 열매를 먹고 있었다. 어찌나 열심히 먹던지 차들이 멈춰서 사진을 찍는 것을 전혀 신경 쓰지 않는 듯했다. 운전대를 잡고 있던 나는 사진을 찍을 수 없었기에 아들에게 휴대전화를 던져 사진을 찍으라고 했고 우리는 열심히 촬영을 하며 자연 속의 곰을 만날 수 있었다.

    우연히 마주친 곰 구경을 뒤로 하고 다시 차를 움직였다. 차 안에서 흥분을 가라앉히지 못했다. 동물원의 곰이 아닌 자연에서의 그것을 보고 싶다고 생각했는데, 그게 선물처럼 우리 눈앞에 나타난 것이 신기했고 또 감사했다. 밴프 여행 중 그 어떤 장면보다 감동적인 순간이었다. 곰이 얼마나 무서운 존재인지, 어쩌면 그렇게 촬영하다가 큰 일을 당했을 수도 있었다는 사실은 나중에야 알았지만 말이다.

여행에서의 감동적인 순간은 위니펙으로 돌아오는 길에도 마주할 수 있었다. 돌아오는 길에, 우리는 하룻밤을 더 캠핑장에서 보냈으면 좋겠다고 생각했다. 아이들도 좋아했을 뿐더러, 밴프에서의 밤이 너무 아쉬웠기 때문이다. 밴프를 떠나는 날 부랴부랴 oTENTiks나 그 비슷한 것을 찾아보았다. 우연히 그래스랜즈 Grasslands라는 국립공원에 자리가 하나 남은 것을 확인할 수 있었다. 위치도 딱이었다. 밴프가 있는 앨버타 주와, 위니펙이 있는 매니토바 주의 가운데 있는 사스카추완 주에 있었다. 물론 조금 돌아가야 하는 경로이긴 했지만 그리 나빠 보이진 않았다. 캐나다가 그렇게 큰 나라라는 것을 운전 중 차 안에서 느끼며 약간 후회했지만 말이다.

예상했던 것 이상으로 그래스랜즈 캠핑장까지 가는 길은 험난했다. 30km도 넘는 비포장 자갈길을 덜컹거리며 가야 했다. 아이들이 힘들어할까 걱정했다. 하지만 더 큰 걱정은 차였다. 가는 길에 멈추기라도 하면 낭패. 지나가는 차도 없고 주변에 마을도 안 보였다. 문제가 생기면 해결방법이 없었기에, 차가 안전하게 우리를 목적지에 바래다주길 바랄 수밖에 없었다. 그렇게 한참을 긴장한 채 달렸고, 다행히도 별 탈 없이 안전하게 목적지에 도착할 수 있었다. 도착한 순간 맥이 탁 풀려버렸다. 그저 아무 사고 없이 도착했다는 사실에 감사하며.

후다닥 오두막에 짐을 풀고 저녁을 준비했다. 밥을 먹으려고 주변을 둘러보다 나도 모르게 탄성을 질렀다. 언덕 위 평평한 곳에 있는 캠핑장이 천국과 같은 느낌을 자아냈기 때문이다. 사람들이 옹기종기 앉아서 음식을 먹는 모습이, 해가 뉘엿뉘엿 지고 있는 풍경과 어우러져 평화롭게 느껴졌다. 그동안 두려움에 떨면서 이곳까지 차를 몰고 온 것에 대해 큰 보상을 받는 듯했다.

밤은 더 특별했다. 해가 지고 밤이 되면서 하늘은 우리에게 새로운 쇼를 보여주었다. 밤하늘의 수많은 별이 바로 쇼의 중심에 있었다. 밴프에서 본 하늘보다 훨씬 더 많은 별이 우리 위에 있었다. 주변에 나무도 산도 없었기에 시야를 가릴 것도 없었다. 하늘이 모두 우리 차지였다. 그런 광경을 처음 접하는 아이들은 하늘을 가득 메운 별을 보며 감탄하고 또 감탄했다. 이렇게 멋진 자연에서 아이들과 함께 있다는 사실이 행복했다.

"아빠, 검정색 도화지 위에 모래를 뿌려를 놓은 것 같아. 쏟아지는 별을 보니 너무 신기하다."
"돔에 있는 것 같아. 돔 위에 누가 별을 심어 놓았나 봐."

다음날 새벽이었다. 소변이 마려웠다. 귀찮았지만 화장실을 가기 위해 밖으로 나가야 했다. 잠이 덜 깬 채 눈을 비비고 오두막 밖으로 나왔다. 그리고 하늘을 보자마자 깜짝 놀라 잠이 다 달아났다. 너무나 멋진 하늘이 내 눈앞에 나타났기 때문.

하늘 전체가 핑크빛으로 물들어 있었다. 해는 아직 보이지 않았는데 해의 기운이 하늘에 퍼져 있는 듯했다. 이제껏 보지 못했던 빛깔의 하늘. 꿈인지 생시인지 알 수 없을 정도의 몽환적인 느낌을 자아냈다. 감사하다는 이야기가 절로 나왔다. 감사할 대상이 누군지는 알 수 없었지만 그냥 모든 게 다 감사했다. 캘리포니아 오하이Ojai라는 지역에서 해가 질 무렵 하늘이 핑크빛으로 변하는 환상적인 순간을 '핑크 모먼트'라고 한다던데, 나에겐 이 순간이 '핑크 모먼트'였다. 바라보는 것만으로도 나의 마음을 정화시켜 주는 것 같았다.

세렌디피티Serendipity라는 말이 있다. '뜻밖의 발견, 의도하지 않은 발견, 운 좋게 발견한 것'을 뜻하는 이 말은 영국의 작가 호레이스 월풀이 처음으로 쓰기 시작했다. 그의 작품 『세렌딥의 세 왕자The Three Prince of Serendip』에서 스리랑카의 옛 이름인 세렌딥의 왕자들이 왕국을 떠나 바깥세상을 여행하며 뜻밖의 발견을 했다는 데서 착안한 말이란다.

세렌딥의 왕자들처럼 여행은 나에게 세렌디피티의 장이었다. 아이들의 새로운 모습도, 자연의 아름다움을 만날 수 있었던 것도 모두 뜻밖의 발견이었다. 예상하지 못했던 곳에서 의외의 발견이 주는 기쁨은 훨씬 더 극적이었다. 기대가 없었기에 더 크게 다가왔고, 이는 나도 모르게 감사하는 마음을 갖게 만들었다. 그것이 당장 내 삶에 획기적인 변화를 주지는 않겠지만 덕분에 나는 여행의 즐거움을 어떻게 누려야 하는지를 다시 생각해보게 되었다.

마지막까지 큰 선물을 받은 우리는 위니펙까지 안전하게 돌아왔다. 도착한 순간 나는 모두가 안전하게 즐거운 여행을 마무리할 수 있었음에 감사하며 만세를 불렀다. 그렇게 나는 또 한 번 두려움과 마주했고 그것을 극복할 수 있었다.

괜찮아,
지금도 잘하고 있어

아이들 캠프 일정이 끝나고, 위니펙에서 3시간 떨어져 있는 라이딩 마운틴파크라는 국립공원에 다녀왔다. 이 국립공원에 가면 야생동물을 많이 볼 수 있다는 이야기를 들었던 터라 기대가 컸다. 밴프에서 곰을 만나 느꼈던 감동을 다시 느껴보고 싶었다.

국립공원 캠핑장에 도착한 우리는 아메리카 들소인 바이슨 서식지에 갔다. 그곳에서 한참을 돌다 우연히 바이슨 한 마리를 만났다. 유유히 우리 차 옆으로 지나가는 바이슨이 신기했다. 또 다른 바이슨을 만나기 위해 한참을 돌았지만 우리가 본 것은 애석하게도 그 한 마리가 전부였다. 떼로 지나가는 바이슨을 마주하고 싶었는데, 그러지 못해 아쉬웠다.

뿔 달린 사슴을 보고 싶다는 아이들의 말에, 무스와 엘크가 자주 출몰한다는 곳도 찾아갔다. 한참을 차를 몰고 다녔다. 지나가며 만난 관광객이 5분 전에 무스를 봤다는 말에 잔뜩 기대도 했건만, 무스는 우리와 연이 닿지 않았다. 곰도 마찬가지였다. 다른 사람들은 곰도 봤다는

데 우리 눈에는 아무 것도 보이지 않았다. 야생 동물을 보고 싶어 했던 아이들은 실망한 눈치였다. 둘째는 지쳤는지 차에서 잠이 들어 버렸다.

 잠시 아쉬운 마음이 들긴 했지만, 크게 낙담하지는 않았다. 바이슨 한 마리라도 본 게 어디냐고 생각하니, 그것으로도 충분히 감사했다. 다음을 기약했다. 지금이 아니더라도 또 좋은 기회가 생길 것이라 생각했다. '괜찮다'고 생각하니 편안해졌다.

 신기한 건 그 다음이었다. 동물을 찾아 헤매다 아무것도 보지 못하면서도 '괜찮다'는 나를 보면서 캐나다에서 몇 가지 루틴이 무너진 것도 큰 일이 아니게 느껴졌다. 휴직을 하자마자 만들었던 매일 새벽에 일찍 일어나는 루틴은 시차적응과 함께 안드로메다로 갔다. 새벽을 나만의 시간으로 활용해보겠다는 다짐은 온 데 간 데 없었고 일어나자마자 아침 준비를 하고 아이들 도시락 챙기느라 정신이 없었다. 조금 더 일찍 일어나면 됐을 텐데 그게 그렇게 어려웠다. 매일 글을 쓰겠다는 것은 어떻게 해서라도 지켜내고 싶었지만 갑작스러운 사고와 어쩔 수 없는 환경으로 그 약속도 지킬 수 없었다. 달리기도 마찬가지였다. 한 번 두 번 거르면서 나도 모르게 달리기는 꾸준히 하는 것이 아닌 어쩌다 하는 것으로 바뀌어 버렸다. 그런 나를 자책하곤 했었는데 그럴 필요가 없을 것 같았다.

 그때부터였다. 너무 애쓰지 말아야겠다고 생각했다. 나에게 엄격한 잣대를 들이대기보다는, 스스로에게 괜찮다고 이야기해 줄 수 있는 틈새를 만들어야겠다고 생각했다. 그게 쉼의 시작이었다. 그렇다고 글을 안 쓴 것도, 운동을 안 한 것도 아니었다. 하지만 하루쯤 못한다고 애태우지 않는 것, 아등바등하지 않는 것 자체가 휴식이 되었다. 혹자는 그게 무슨 쉬는 것이냐고 생각할 수도 있을 것이다. 하지만 잘 쉬는 것이 무엇인지 모르는 나에게, 편안해지면 언제나 찾아오는 '불안감' 때문에 괴로워하는 나에게, 마음의 여유를 준다는 것 자체가 큰 쉼이 되었다.

박진영 작가의 『나, 지금 이대로 괜찮은 사람』을 보면 나 자신에게 너무 엄격한 잣대를 들이대기보다는 '괜찮다'고 말해주는 것이 중요하다고 이야기한다. 그렇게 건강하게 받아들이는 사람이야말로, 진정한 의미의 건강한 자존감을 갖게 되고, 이는 행복하고 건강한 인간관계로 나아갈 수 있다고 한다.

> 현실적이면서 따뜻한 태도를 지닌다고 해서 약해 빠진 사람이 되는 것은 아니다. 자신에 대한 너그러움이야말로 우리에게 그대로 쓰러져 있지만은 않을 수 있다는 강인함을 준다. 이것은 우리가 삶에 대해 취할 수 있는 가장 책임감 있는 태도이다.
>
> ─박진영, 『나, 지금 이대로 괜찮은 사람』 중

이 문장을 보고 내가 어떻게 나의 루틴을 바라봐야 하는지를 생각하게 되었다. 나를 몰아붙이기보다는 괜찮다고 이야기해 주는 것이 나에게 중요했다.

"그래, 괜찮아. 뭔가 대단한 것을 하지 못해도 괜찮아. 지금도 충분히 많은 것을 얻었고, 더 중요한 것은 행복하다고 느끼고 있잖아?"

미리 알아두면 좋을 아이들과의 여행 팁!

여행 기억을 오래 남기기 위한 방법

아이들이 여행을 오랫동안 기억했으면 하는 아빠의 '욕심'이 있다. 기왕 돈을 들여 간 여행인데 금방 까먹으면 너무 아쉽다. 『금방 까먹을 것은 읽지도 말라』라는 책 제목처럼 금방 잊힐 여행은 안 가느니 못한 것 같다. 그렇다고 아이들에게 여행에 대한 기억을 계속해서 주입시킬 수도 없고 여러 가지로 어렵긴 하다.

아이들이 어떻게 하면 여행에 대한 기억을 오랫동안 간직할 수 있을지 고민했다. 아이들이 여행에 적극적으로 참여하면 할수록 오래 기억한다는 사실을 알게 되었다. 덕분에 나는 아이들이 적극적으로 여행을 대하는 몇 가지 방법을 찾아낼 수 있었다.

방법① 예습이 필수다

공부를 할 때도 예습이 중요하듯 여행도 사전 학습이 중요하다. 사전에 여행지에 대해서 얼마나 많이 알고 가느냐가 여행을 대하는 태도를 바꿔 놓는다. 그래서 나는 아이들과 여행 전, 예습을 함께 하곤 한다. 그렇다고 여행 책을 같이 읽지는 않는다. 예습도 재미있어야 하는데, 여행 책을 읽는 것을 아이들은 진짜 공부처럼 여겨 따분해 하기 때문이다.

대신 영상 자료를 많이 활용하는 편인데, 그 지역을 배경으로 만든 영화를 보여주곤 한다. 아이들이 영화를 보면서 여행지에 대해서 낯익게 해 주는 거다. 아이들과 자연사 박물관에 가기 전, 영화 〈박물관이 살아있다〉를 봤다. 그 영화의 배경이 바로 자연사 박물관. 본 영화와 실제의 '자연사 박물관'은 차이가 있어 아쉬웠지만, 그래도 아이들은 좋아했다. 전시물을 보면서 영화에서 봤다며 기억을 끄집어냈다.

〈EBS 세계테마기행〉 프로그램도 여행을 예습하기 적절한 시청각 자료다. 아이들과 하와이 여행을 준비할 때 이 프로그램이 큰 도움이 되었다.

방법② 아이들에게 미션을 줘라

나는 여행을 할 때마다 아이들에게 크고 작은 심부름을 시킨다. 여행을 하며 혼자 이것저것 챙기기 버겁기도 하지만, 아이들이 새로운 장소에서 하는 심부름을 나름 '미션'처럼 생각해 좋아하기 때문이기도 하다. 밴프에서 캠핑할 때도 그랬고, 뉴욕을 여행할 때도 그랬다. 나는 아이들에게 마트에서 물건을 찾아오라 시켰고, 자유의 여신상 가는 길을 알아보라고 주문했다. 아이들은 아빠가 준 미션을 수행하기 위해 열심히 마트를 돌아다녔고, 페리 타는 곳을 직접 찾았다. 미션을 완성할 때마다 아이들은 성취감을 느꼈다. 덕분에 아이들은 그때의 미션을 오래도록 기억할 수 있었다.

하지만 아이들에게 미션을 줄 때에는 특별한 주의를 기울여야 한다. 낯선 여행지에서 행여나 사고가 발생하면 안 되니까. 가장 필요한 것은 아이의 수준에 맞는 미션을 주는 것이다. 아이가 할 수 있는 것들을 시키는 게 필요하다. 그리고 아이들의 미션을 도와주지는 않더라도 잘 지켜봐야 한다. 혹시나 모를 상황에 빠르게 대응하려면 아빠의 세심한 관찰이 필요하다.

방법③ 기념품 사는 돈을 아끼지 말라

사전에 동영상을 보는 것이 여행의 예습이라면 기념품을 사는 것은 복습이라 할 수 있다. 그래서 나는 여행지를 다닐 때마다 기념품을 사서 집에 가져다 놓는다. 그것을 보면서 오래도록 여행을 기억하기 위해서다.

밴프에 갔을 때 가장 아쉬웠던 중 하나가 기념품을 사지 못했다는 거다. 너무 정신이 없어서 기념품점에 가는 것을 깜빡 잊었다. 밴프 로고가 찍힌 후드티를 하나씩 사서 입고 싶었는데 그러지 못해 아쉬웠다. 그 이후로 주요 관광지에 들를 때마다 꼭 기념품점에 갔다. 그리고 간단한 거라도 하나씩 샀다. 주로 마그넷이나 배지 등 싼 것을 샀다. 여행의 기억을 남기기 위해 굳이 비싼 것을 고를 필요는 없었으니까.

역시나 아이들은 기념품을 좋아했다. 큰 아들은 여행지에서 모은 뱃지들을 가방에 다 붙이고 다녔다. 물론 학교를 다니면서 하나 둘 잃어버렸다는 게 맹점이긴 했지만 가방에 붙은 배지를 보면서 여행을 되새김질하는 것 같았다.

아이들이 여행에서 무엇을 느끼고 어떤 변화를 가져왔는지까지는 부모가 챙길 수는 없다. 그것은 아이들 각자의 몫으로 남겨둬야 한다. 하지만 여행의 기억을 오래도록 간직하는 것은 아빠의 노력으로도 어느 정도 커버가 된다고 생각한다. 아빠가 어떻게 하느냐에 따라 금방 사라질 여행이 될 수도 있고, 오래도록 기억할 수 있는 여행이 될 수도 있다.

우리는 더 단단해졌다

∙
∙
∙

여행 근육을 키우다
지금 이 순간을 즐겨라
쓰면, 이루어진다
그래, 다 잊어버려 Forget about it
끝까지 잘하자
[Tip 다섯. 아이와 여행 스케줄을 짤 때 주의할 점]

여행 근육을
키우다

위니펙에서의 모든 일정을 마치고 토론토로 넘어갔다. 그곳에서 뉴욕, 워싱턴까지 둘러보고 한국으로 돌아갈 예정이었다. 토론토행 비행기를 타기 위해 위니펙 공항에서 대기하고 있는데 갑자기 위니펙에서의 하루하루가 주마등처럼 머릿속을 스쳐 지나갔다.

아이들이 캠프에 가던 첫날, 갑자기 아들이 배가 아프다고 해서 수술을 받아야 했던 날, 밴프에서 레이크 루이스를 만난 날. 그 당시 느꼈던 희로애락이 떠올랐다. 고마운 사람들도 하나 둘 생각났다. 가장 먼저 생각난 사람은 누나였다. 누나네 가족이 없었다면 이곳에 올 생각도 못 했을 것이다. 우리끼리 알아서 하겠다고 했지만 여러모로 많은 도움을 받을 수밖에 없었다. 한국어를 잘하는 캐나다 대학생 라이언과 그의 아버지, BTS를 사랑하는 필리핀계 이웃까지…. 고마운 사람들이 너무 많았다. 언젠가 기회가 되면 다시 꼭 오고 싶다는 생각을 하며 토론토행 비행기에 몸을 실었다.

가는 길은 수월했다. 위니펙 공항을 출발한 비행기는 금세 토론토 공항에 도착했고, 별도의 심사 없이 빠르게 공항을 빠져나올 수 있었다. 우리는 공항에서 유니온 스퀘어로 향하는 급행열차를 탔다. 급행열차는 시간도 가장 적게 걸리는 데다 아이들 요금도 무료인 터라 여러모로 효율적이었다. 기차를 탄 지 20여분 만에 유니온 스퀘어에 도착했다.

문제는 그 다음이었다. 유니온 스퀘어 역에서 호텔까지는 거리가 꽤 됐다. 걸어서 15분 정도는 족히 걸리는 거리였다. 그렇다고 역에서 호텔까지 택시를 타고 갈 수도 없는 상황. 결국 우리는 짐을 끌고 호텔까지 걸어가기로 했다. 캐리어 3개에 손에 든 가방 2개 그리고 각자의 백팩 3개까지, 이렇게 총 8개의 짐을 들고 가야 했다. 아이들에게 캐리어 하나와 본인들의 백팩을 각각 맡기고, 나는 나머지 짐을 들었다. 그리고 천천히 호텔 쪽을 향해 걸어갔다.

캐리어를 끌기엔 작고 힘도 약했지만, 아이들은 맡은 바 소임에 최선을 다했다. 백팩을 등에 메고, 자신의 캐리어를 '으쌰으쌰' 끌고 걸어갔다. 날이 더워서 땀도 삐질삐질 났다. 아이들이 조금 지친 것 같아 중간에 쉬기도 했다. 힘들었지만 아이들은 포기하지 않았다. 투정도 안 부리고 꿋꿋이 걸어갔다. 걸어가다 움푹 파인 곳에 캐리어 바퀴가 걸리는 바람에 여러 번 넘어지기도 했다. 울 법도 한 상황에서 아이들은 씩씩하게 일어났다. 그렇게 몇 번의 넘어짐과 한 바가지의 땀을 흘린 끝에 마침내 호텔에 도착했다. 힘은 들었지만 호텔까지 무사히 올 수 있었다는 것 자체로 감사했다.

이번 여행을 통해 아이들이 많이 성장했다고 생각했는데, 이번에는 조금 다른 느낌이었다. 육체적으로도 아이들이 크게 성장한 것 같았다. 아빠의 짐을 나눌 수 있을 정도로 체력도 좋아진 듯했다. 특히 일곱 살 둘째가 눈에 띄게 달라져 있었다. 이번 여행 전까지만 해도 유모차 없이는 여행하기 힘든 아이였다. 지난번 엄마와 함께 한 여행에서는 걷다가 힘이 들어 도로에서 토하기도 했다. 하지만 이번 여행에서는 형과 함께 아빠를 도와가며 씩씩하게 자기 할 일을 해냈다. 마냥 어리게만 보아왔던 아이가 든든하게 느껴졌다.

『대통령의 글쓰기』의 저자인 강원국 작가는 그의 글과 강의를 통해 글쓰기를 잘 하기 위해서는 글쓰기 근육을 키워야 한다고 강조한다. 평소 쓰고 싶은 글을 쓰면서 글쓰기 근육을 키워야만 써야 할 글이 있을 때 글을 잘 쓸 수 있다고 그는 말한다. 평상시의 노력을 '근육'을 키우는 일에 비유한 그의 이야기가 인상깊었다.

여행도 마찬가지라는 생각이 들었다. 여행을 잘 하기 위해서는 평소에 여행을 많이 하면서 여행 근육을 키우는 게 중요하다. 그런 면에서 이번 여행은 아이들도, 나도 여행 근육을 키우는 좋은 시간이었다. 아이들은 힘든 상황에 부딪힐 때마다 이를 잘 극복해가며 자신만의 여행 근육을 탄탄히 키워 나갔다. 나도 마찬가지였다. 아내 없이 아이들을 돌보며 아이들과 함께 여행하는 나만의 근육을 만들었다. 나는 아이들에게 의지하는 법을 배웠고, 아이들 또한 아빠를 돕는 방법을 터득해 갔다.

아이들의 여행 근육은 뉴욕에서도 확인할 수 있었다. 토론토에서 아이들이 '체력과 끈기'라는 여행 근육을 보여줬다면, 뉴욕에서 아이들은 '적응력'이라는 새로운 그들의 여행 근육을 보여줬다.

토론토에서 뉴욕으로 넘어간 우리는 하룻밤만 자고 다시 워싱턴으로 갈 예정이었다. 일정상 그게 여러모로 효율적일 것 같았다. 하지만 뉴욕의 숙소가 너무 비싼 게 문제가 됐다. 하룻밤 잠만 잘 거라고 생각하니 돈이 너무 아까웠다. 우연히 YMCA에서 하는 호스텔이 눈에 띄었다. 하룻밤에 15만 원도 안 되는, 뉴욕 맨하탄의 물가를 감안하면 아주 저렴한 곳이었다. 하지만 후기가 좋지 않았다. 싸긴 하지만 숙소가 좁고 지저분하다는 이야기가 대부분이었다. 고민 끝에 잠만 자고 곧장 나올 거란 생각을 하고 예약을 진행했다.

싼 게 비지떡이라고 막상 가 보니 호스텔은 많이 좁았고 깨끗하지 않았다. 게다가 화장실이 딸린 방이 아니어서 공용의 시설을 이용해야만 했다. 밤 늦게 들어와 아침 일찍 나가는 일정이었지만 그렇게 몇 시간 동안 있는 게 나는 많이 불편했다. 밤에 잠을 제대로 자지도 못했다. 혹시나 벌레가 나오지는 않을까 걱정하며 몇 번을 뒤척였다. 하지만 아이들은 달랐다. 예민한 아빠와 달리 좁은 침대에서 둘이 꼭 껴안고 하룻밤을 잘 보냈다. 머무는 내내 불편한 기색도 전혀 없었다. 아이들이 잘 자는 모습을 보며 아빠로서 부끄럽기도 했지만, 한편으로 아이들의 놀라운 적응력에 감탄하기도 했다. 이 아이들이라면 달나라도 여행할 수 있겠다 싶었다. 오히려 내가 문제였다. 어디든 여행을 하려면 내 여행 근육을 더 키워야 할 것 같았다.

지금 이 순간을
즐겨라

"링컨센터가 제일 재미있었어."

2박 3일 간의 워싱턴 여행을 마치고, 뉴욕으로 돌아가는 버스 안에서 나는 둘째에게 워싱턴에서 어디가 제일 재미있었냐고 물어봤다. 아이는 천진난만하게 '링컨센터'라고 대답했다. 예상치 못한 답이다. 당연히 자연사박물관이나 항공우주박물관일 거라고 생각했다. 우리가 워싱턴에 온 것은 박물관 때문이기도 했으니까. 하지만 아이는 잘 알지도 못하는 링컨 대통령 동상이 있는 그곳을 가장 재미있었다고 대답했다. 황당한 마음에 아이에게 그곳이 왜 좋았는지 물어봤다.

"미끄럼틀을 탈 수 있어서 좋았어."

일곱 살 어린이다운 대답이다. 뭔가 링컨 대통령에 대한 거창한 대답이 나오나 했는데, 역시 아이는 아이였다.

링컨센터에서 내려오는 계단 옆에 평평한 돌로 경사지게 놓인 난간이 있었다. 아이들은 계단이 아닌 경사진 난간을 따라 미끄러져 내려오길 바랐다. 크게 위험해 보이진 않았다. 미끄러져 내려오는 사람은 아무도 없었지만 아이들이 원했기에 어쩔 수 없이 '한 번만' 타기로 약속했다. 아이들은 시원하게 내려왔다. 한 번에 만족할 아이들이 아니었다. 더 타고 싶다는 아이들의 간절한 요청에, 나는 '마지막' 한 번이라고 약속을 하고 아이들이 난간을 따라 미끄러져 내려오는 것을 허락했다. 아이들은 그렇게 신나게 두 번 미끄러져 내려왔다. 혹시나 하는 마음에 아래에서 기다리고 있었기에 아이들은 다치지 않고 안전하게 내려올 수 있었다. 다행히 우리 아이들의 행동을 제지하는 사람은 없었다. 그렇게 짧게 탔을 뿐인데 아들이 가장 기억에 남는다고 하다니, 알다가도 모를 아이 마음이었다.

워싱턴에서 뉴욕으로 돌아온 우리는 호텔에 짐을 놓고선 곧장 하이라인 파크로 갔다. 그곳에 도착하자마자 재미있는 여성을 만났다. 화려한 옷을 입고 있던 그녀는 아이들에게 풍선을 불어 장난감을 무료로 만들어 주고 있었다. 우리 아이들도 그녀에게 달려가 멋진 칼 모양의 풍선을 받아 왔다. 아이들은 뜻하지 않은 선물을 받고 좋아했다. 그리고 둘이서 칼싸움을 하며 신나게 놀았다.

아이들은 주변 사람들에게 방해되지 않게 '조심스럽게' 칼싸움을 하며 나를 따라왔다. 덕분에 나는 하이라인 파크를 거닐며 뉴욕의 정취를 느낄 수 있었다. 효용가치가 떨어진 철길 위에 꽃과 나무를 심고, 예술작품을 배치해 사람들이 즐길 수 있게 만들었다는 게 흥미로웠다. 집 근처에 있는 경의선 숲길도 생각났다.

이것저것 둘러보다 보니 하이라인 파크를 끝에서 끝까지 횡단하게 되었다. 꽤 긴 거리를 걸은 것. 아이들도 뒤에서 나를 잘 따라왔다. 다리가 아플 법한데 그런 기색이 전혀 없었다. 둘이서 신나게 칼싸움을 하느라 정신이 없었기 때문이다. 아빠와 그냥 걸었다면 힘들다고 몇 번이고 돌아가자고 했을 아이들이었지만 흥미로운 칼싸움 덕분에 긴 거리를 잘 걸을 수 있었다. 아이들이 잘 따라와 준 게 고맙기도 했지만, 아이들이 지치지 않고 놀게 해 준 풍선으로 만든 칼이, 그리고 그것을 만들어준 그녀가 고마웠다.

링컨센터에서 탔던 미끄럼틀이 가장 재미있었다는 둘째의 이야기를 듣고, 아이들이 하이라인 파크에서 칼싸움을 하며 신나게 노는 것을 보면서 여행에서 어디에 가서 무엇을 하느냐보다 순간순간을 얼마나 잘 즐기느냐가 더 중요하다는 것을 알게 되었다. 아이들은 링컨이 누구인지 잘 몰라도, 하이라인 파크의 철길 위에 뭐가 있든지 그냥 그곳에서 재미있게 노는 걸로 여행을 온전히 즐겼다. 아이들을 보면서 '의미를 찾아야 한다는' 의무에서 벗어나야겠다고 생각했다. 굳이 '본전' 생각하고 애쓰며 다니지 않아도 된다는 것을 알게 되었다. 지금 이 순간을 잘 즐기는 것만으로도 충분하다고 생각했다.

휴직하고 만난 몇몇의 사람들도 떠올랐다. 모두들 자기 일을 즐기는 사람들이었다. 휴직이 끝나고 복직을 하든, 새로운 세상으로 나가든 그들처럼 순간의 재미를 온전히 느끼며 일하고 싶다는 생각이 들었다. 물론 여행과 달리 일은 즐길 수만은 없을 것이다. 수많은 어려움이 따라올 것이다. 돈을 벌어야 하는 일은 본질적으로 어렵고 힘든 일이기 때문이다. 하지만 그럼에도 불구하고 순간순간 기쁨을 느낄 수 있다는 것 자체로도, 일을 대하는 나의 태도가 조금 더 나아지지 않을까 싶다. 막상 일을 시작하게 되면 어떻게 변할지 모르겠지만.

쓰면,
이루어진다

[2020년 뉴욕 여행하기]
1. 연어가 들어간 베이글 먹어보기
2. 자유의 여신상 보기
3. 뉴욕의 최고급 호텔에서 자기

언젠가부터 집 냉장고에 큰 아들의 버킷리스트가 붙어 있었다. 내가 없을 때 아이 엄마와 만든 것이다. 세계 최대 도시, 뉴욕에 가보고 싶다고 말하곤 하던 아이는 뉴욕에서 하고 싶은 것들을 구체적으로 적어 놓았다. 아이의 버킷리스트를 보며 신기하기도 하고 기특하기도 했다. 이번 여행을 하면서 나는 아이에게 간절히 바라면 현실로 이뤄진다는 것을 보여주고 싶었다. 캐나다의 많은 도시를 제쳐두고 토론토에서 뉴욕으로 넘어온 것도 아이의 버킷리스트 때문이다.

뉴욕에서 아이의 버킷리스트를 하나씩 실행에 옮겼다. 숙소 근처에 있는 베이글 맛집에서 연어 베이글을 사 먹었고, 페리를 타고 자유의 여신상을 보았다. 아들은 연어 베이글을 먹고는 그것이 자기 취향은 아니라는 사실을 알게 되었고, TV로만 보던 자유의 여신상을 보고는 연신

감탄했다. 좋든 싫든 하고 싶은 일을 했다는 것으로 아이는 여행을 즐길 수 있었다.

자유의 여신상은 아이에게 조금 더 특별한 의미로 다가왔다. 일정을 짜느라 힘들어 하는 내게 아내가 준 조언 덕분이었다.

"지율이 보고 자유의 여신상 가는 것 좀 계획해 보라고 해."

큰 아이에게 자유의 여신상을 어떻게 하면 '잘' 보고 올 수 있을지 인터넷으로 검색해보라고 시켰다. 아이는 신이 나서 찾아보고는 자유의 여신상을 둘러볼 수 있는 몇 가지 방법에 대해 나에게 안내했다. 섬에 들어가서 자유의 여신상 안에 올라가는 방법도 있고, 무료 페리를 이용해 주변만 둘러볼 수도 있다고 설명했다. 그리고 각각의 장점과 단점이 적혀 있는 블로그를 찾아서 보여주더니 이번 여행에서는 무료 페리를 이용하는 게 낫겠다고 결론도 말했다. 자유의 여신상이 있는 섬으로 들어가는 것이 여러모로 복잡했고 다음에 또 뉴욕에 올 것이기 때문에 이번에는 그냥 둘러보는 것으로도 충분하다는 것이다.

아이의 설명대로 자유의 여신상을 무료 페리를 타고 둘러봤다. 아이는 페리를 타러 가는 길에 블로그 사진으로 본 표지판을 가리키며 길을 안내하기도 했다. 그렇게 자유의 여신상을 둘러볼 수 있었다. 비록 배를 타고 주변을 둘러본 것이긴 했지만 아이는 자유의 여신상을 보며 신기해했다.

애석하게도 아이의 세 번째 버킷리스트는 들어줄 수 없었다. 〈나홀로 집에2)를 본 아이는 주인공 케빈이 머물던 좋은 호텔에 머물고 싶어 했다. 하지만 뉴욕의 호텔은 우리가 감당하기엔 너무 비쌌다. 최고급 호텔에서 하룻밤을 자려면 며칠을 굶어야 할 판이었다. 적정한 가격대의 호텔에서 잘 수밖에. 하지만 아이는 뉴욕이 아닌 나이아가라 폭포의 호텔에서 잔 것으로 자기의 버킷리스트를 이룬 것이라고 이야기했다. 뉴욕은 아니었지만 이번 여행에서 폭포와 불꽃놀이가 보이는 최고의 방에서 잔 것만으로도 자기는 충분히 만족한다고 했다. 그렇게 이야기하며 아이는 뉴욕에서 자기가 하고 싶은 세 가지를 다 이룰 수 있어 행복하다고 말했다.

부모로서 내가 아이에게 줄 수 있는 것은 무엇일지 아이를 키우면서 수시로 생각한다. 여행을 함께 가는 것도, 비싼 장난감과 맛있는 음식을 사주는 것도 분명 좋은 선물일 것이다. 하지만 그보다 더 좋은 선물은 아이에게 좋은 가치관을 심어주는 것이라고 생각한다.

나는 이번 여행에서 아이의 버킷리스트를 들어주면서 아이에게 간절히 바라는 것은 언젠가 이뤄진다는 것을 가르쳐 주고 싶었다. 그래서 아이가 작든 크든 계속해서 꿈을 꾸고, 그 꿈을 이루며 살게 하고 싶었다. 간절히 바라기만 하면 하늘에서 뚝 떨어지는 것처럼 요행을 가르쳐 주려는 것은 아니었다. 그 속에 얼마나 많은 노력을 해야 하는지도 알려 줄 것이지만 그것은 다음을 기약하기로 했다. 이번 여행에서는 간절히 바라는 것에 대해서 가르쳐 주는 것만으로도 충분할 것 같았다. 아이가 얼마나 그것을 잘 이해하고 받아들일지는 알 수 없지만 말이다. 그건 아이의 몫으로 남겨줘야겠다.

그래, 다 잊어버려
Forget about it

　　　　　　　　뉴욕에 가면 아이들과 센트럴파크에서 자전거를 타야겠다고 생각했다. 뉴욕의 심장부를 신나게 자전거로 돌면 잊지 못할 추억이 될 것 같았다.

　자전거 대여소를 찾아가 자전거를 빌려 탔다. 큰 아이는 괜찮았지만, 작은 아이는 긴장한 듯 보였다. 자전거를 배운 지 얼마 안 된 데다 평소 자기가 타던 것이 아니라 불안해 한 것. 아이의 강한 적응력을 믿었던 나는 대수롭지 않게 여겼다. 할 수 있다며 아이를 열심히 독려했.

　처음에는 힘들어 하던 아이는 이내 잘 타는 듯 싶었지만 문제는 내리막길에서 발생했다. 조심스레 내려가던 길에서 아이의 자전거가 갑자기 빨라지기 시작했다. 브레이크를 밟으며 속도를 제어해야 했는데, 손이 작은 아이가 브레이크를 제대로 잡지 못한 것. 게다가 생각보다 내리막길은 길었다. 속절없이 빨라지는 자전거에 아이는 놀랐고 소리를 지르기 시작했다. 나 또한 놀라 부리나케 아이를 뒤쫓아갔다. 하지만 이미 속도가 붙은 아이의 자전거를 따라가기가 쉽지 않았다. 그런데 그

때 우리 앞에 한 의인이 나타났다. 한 남자분이 아이 자전거를 가로막은 것. 그는 빠른 속도로 내려오는 자전거 앞에 서더니 아이를 붙잡았다. 자전거는 멈췄고 아이와 그는 속도를 못 이기고 바닥으로 내동댕이쳐졌다. 몸을 바친 그 의인 덕분에 아이는 다행히 별 문제가 없었다. 그 '의인'이 너무나 고마웠다.

하지만 아이의 마음은 생각보다 진정이 되지 않는 듯했다. 실제로 한동안 자전거에 대한 공포감을 겪어야 했다.

"Forget about it"

문득 이 말이 생각났다. 『나는 천천히 아빠가 되었다』라는 책 속에서 저자가 그의 딸들에게 한 말이었다. 둘째가 지금의 트라우마를 잘 잊고 다시 신나게 자전거를 타게 되길 바랐다. 사실 이 말은 나에게 하는 말이기도 했다. 나 또한 놀란 마음을 진정해야 했다. 자꾸만 아이에게 미안한 마음이 들고, 괜히 아빠 때문에 큰 사고가 날 뻔한 것 같아 자책했다. 사소한 실수를 쿨하게 잊어버려야겠다고 생각하고 나에게도 'Forget about it'을 외쳤다.

위니펙에서의 그 사고도 생각났다. 마트에서의 일이었다. 아이들과 장을 보고 차로 돌아와 트렁크에 짐을 넣고 있을 때였다. 아이들은 여느 때처럼 스스로 차 문을 열고 들어가려 했다. 그런데 갑자기 바람이 심하게 불었다. 힘이 약한 둘째는 자기도 모르게 바람에 휩쓸려버렸다.

열려고 했던 문이 뒤로 확 젖혀진 것. '찌익' 소리를 듣고 화들짝 달려가서 보니 옆 차의 한 쪽이 긁혀 있었다. 놀라서 얼음이 되어버린 아이를 보고 나도 모르게 화가 나 아이를 차에 앉히고 소리를 지르며 다그쳤다. 아이도 놀랐는지 엉엉 울어버렸다. 우는 아이를 보며 나도 울고 싶은 심정이었다.

얼마 지나지 않아 차 주인이 왔고 다행히 일은 잘 처리되었다. 다소 복잡한 상황이긴 했지만 주차 중인 상태였고, 바람 때문에 어쩔 수 없는 것이라 보험으로 처리되어 큰 문제가 되지는 않았다. 그제서야 아이가 보였다. 아들은 풀이 죽어 있었다. 사실 아들의 잘못도 아니었다. 정확히 말하자면 나의 잘못이었다. 차 문을 내가 열어 주었더라면 그런 일이 발생하지 않았을 텐데 말이다. 아들을 꼭 껴안아 주고 미안하다 말했다. 진심을 다해 아이에게 용서를 구했다. 다행히 아이는 금세 괜찮아졌고 다시 예전의 활기찬 모습으로 돌아갔다.

아이가 잘 논다고 문제가 해결된 것은 아니었다. 겉으로는 잘 지내는 것처럼 보였지만, 둘째는 속으로 나름의 상처를 간직하고 있었다. 차 문을 열 때마다 극도로 조심하는 게 보였다. 서울로 돌아와 우연히 할머니와 그 사건에 대해 이야기할 때는 '내 잘못이 아니야'라고 외치며 엉엉 울기도 했다. 아이의 그런 모습을 보며 도대체 내가 어떻게 하는 것이 좋을지 한참을 고민했다.

어떻게든 아이의 상처를 치유해주고 싶었다. 그리고 불현듯 'Forget about it'이 생각났다. 아이에게 자꾸 그 일을 들춰내는 게 꼭 좋은 것만은 아니란 생각이 들었다. 아이에게 미안하다고 할 때마다 아픈 기억을 떠올리는 것 같았다. 아이를 믿고 아이가 그 상처를 잘 견뎌낼 수 있도록 기다려주는 것 또한 방법이 될 수 있을 것이라 생각했다. 나 먼저 그 일을 잊는 게 아이에게 도움이 될 것 같았다.

대신 더 많은 사랑을 줘야겠다고 생각했다. 그리고 아이에게 이성을 잃고 불같이 화를 내는 일을 더 이상 하지 않겠다고 다짐했다. 이 해결책이 맞는 방법인지는 모르겠지만, 아이의 상처를 아물게 하기 위해 내가 할 수 있는 최선이라 생각했다. 그래 다 잊어버리자.

끝까지 잘하자

캐나다에 머무는 동안 2019 US Open 테니스 대회가 열렸다. 방송 중계로 본 게 고작이었지만 아이들은 처음 접한 테니스를 좋아했다. 결승전도 볼 수 있었다. 결승전은 우리가 대부분의 일정을 마치고 뉴욕여행을 할 때 치러졌다. 스페인의 나달과 러시아의 메드베데프의 경기였다. 역시나 메이저 대회 결승답게 경기는 흥미로웠다. 세트 스코어 2:2까지 갔고, 결국 마지막 세트인 5세트가 되어서 우승자가 결정되었다.

팽팽한 접전은 5세트 중반 나달에게 기우는 듯했다. 나달이 무난하게 이길 것 같았다. 그런데 그때부터 나달이 흔들리기 시작했다. 서브가 제대로 들어가지 않았다. 범실도 잦았다. 중계방송에서 클로즈업 하는 그의 얼굴에는 긴장감이 역력했다. 상대 선수는 흔들리는 나달을 공략했고 야금야금 그를 따라갔다. 결국 턱밑까지 추격했고 결과를 알 수 없을 때까지 왔다. 나달은 마지막에 정신을 가다듬고 안간힘을 써서 겨우 승리를 지켜냈고, 2019년 US Open 챔피언 자리에 올랐다. 승리가 확정되고 나달은 감격스러웠는지 눈물을 보이기도 했다.

경기를 보면서 나달의 마음을 혼자서 헤아려봤다. 내 추측이긴 하지만 나달은 거의 이겼다고 생각하고는 집중력이 흐트러져 버린 것 같았다. 고지에 다 왔다고 생각하고 빨리 끝내고 싶은 마음에 조급해진 듯 싶었다. 그리고 그런 조급함이 그의 페이스를 흔든 것이다. 어디까지나 내 생각이지만 내 눈에는 그렇게 비쳤다.

나달의 흔들리는 표정이 남 일 같지 않았다. 긴 여행이 끝난다고 생각하니 나 또한 많이 흔들렸기 때문이다. 뉴욕에서의 일정이 끝날 때쯤, 그러니까 US Open 결승전을 볼 때쯤 나는 여행이 빨리 끝나기만을 바랐다. 여행이 힘들어서 그런 것은 아니다. 아이들과 다니는 여행은 생각보다 즐거웠다. 아이들도 잘 따라줬고, 덕분에 배울 수 있는 것도 많았다. 하지만 혼자서 아이들을 데리고 다니는 것은 여전히 불안했다. 혹시나 무슨 일이 생기면 어떻게 하나 걱정됐고, 아이가 맹장이 터졌던 때처럼 아무도 예상할 수 없는 상황이 또 벌어질까 두려웠다. 끝까지 마음을 놓기 어려웠던 것이다. 뉴욕에서 마지막 일정을 보내면서도, 다시 뉴욕에서 토론토로 넘어갈 때도 그랬다.

나의 흔들리는 마음은 아이들에게도 영향을 미쳤다. 아이들의 행동 하나하나에 예민하게 반응했다. 내 불찰이긴 했지만 센트럴파크에서 자전거를 타다 위험할 뻔 했던 터라 더 조심해야 한다고 생각했다. 그러다 보니 아이들에게 고운 소리를 하기보다는 엄하게 하지 말라고 하는 것들이 많아졌다. 눈치가 빠른 아이들은 그런 나에게 서운해 하는 것 같기도 했고.

나달이 우승하는 순간 나 또한 다짐했다. 끝이 좋아야 모든 것이 좋은 것. 아이들에게 끝까지 좋은 추억으로 남겨주고 싶었다. 흔들리지 말자고, 끝까지 즐거운 추억을 만들자고 혼자서 다짐했다. 뉴욕 양키스의 전설적인 야구 선수, 요기 베라의 말을 되뇌었다. '끝날 때까지 끝난 게 아니다.'

드디어 캐나다에서의 마지막 아침이 밝았다. 이제 아이들과 씻고 짐을 챙겨 공항으로 가면 된다. 그리고 그곳에서 인천행 비행기를 타면 이 긴 여행이 끝난다. 개운하게 일어나 한국으로 돌아갈 생각에 짐을 챙기는 아이들의 모습을 보니 마음이 한결 가벼워지는 느낌이다.

둘째도 드디어 엄마를 만나러 간다며 신이 났다. 캐나다에서 한 번도 엄마를 찾지 않던 씩씩한 아이였다. 엄마와 영상통화를 하면서도 울지 않았던 아이다. 그런데 며칠 전부터 엄마 보러 갈 날만 손꼽아 기다리고 있었다. 엄마가 많이 그리웠나 보다. 7살 아이에게 70일 간의 여정이 쉬웠을 리는 없다. 잘 버텨준 아이가 고맙고 대견스러웠다. 여행이 끝났다는 사실을 아쉬워하는 건 첫째뿐이었다. 여행을 좋아하는 첫째는 한국으로 돌아가기 싫어했다. 내년에 또 오고 싶다며 아쉬워했다.

호텔에서 짐을 챙겨 공항에 도착, 티케팅을 하고 비행기를 타는 순간까지 큰 무리 없이 일은 진행됐다. 우리는 제 시간에 인천행 비행기를 탔고, 비행기 또한 무사히 인천에 도착했다. 그렇게 70일 간의 나와 아이들의 여행은 끝이 났다. 편안하게 입국심사도 받고 짐도 찾아서 공항을 빠져나왔다. 그리고 드디어 우리는 나의 아내이자 아이들의 엄마를 만날 수 있었다.

둘째는 엄마를 보자마자 와락 품에 안기더니 이내 눈물을 흘렸다. 엄마가 나타나니 나는 찬밥 신세가 되어버렸다. 아이들의 마음이 이해도 됐지만, 나도 모르게 배신감이 들기도 했다. 어쩔 수 없었다. 70일 간 함께 보냈지만 아이들에게는 여전히 엄마가 1순위였으니.

차를 타고 집으로 돌아오는 길, 하늘을 올려다 봤다. 맑긴 했지만 서울의 하늘은 위니펙의 그것만큼 파랗지는 않았다. 귀국한 게 실감이 났다. 이렇게 우리의 여행이 끝났다고 생각하니 시원하면서도 서운했다. 힘들었지만 잊지 못할 추억을 만들어준 여행이었다. 언제 다시 이런 기회가 올지 기약할 수 없었기에 더 아쉬움이 남았다. 아주 특별했던 우리의 70일은 그렇게 마무리되었다. 아주, 잘, 그리고 해피엔딩으로.

미리 알아두면 좋을 아이들과의 여행 팁!

아이와 여행 스케줄을 짤 때 주의할 점

아이와의 여행 스케줄을 짤 때에는 세심한 주의를 기울여야 한다. 가장 중요한 것은 아이 눈높이에 맞춰야 한다는 점이다. 어린 아이가 감당하기 힘든 일정을 짰다가 나중에 탈이 날 수 있다. 아이의 심리도 잘 활용해야 한다.

팁① 아이가 좋아할 일정을 가장 나중에 배치한다

우선, 계획을 세울 때 배치에 신경을 써야 한다. 아이가 가장 좋아할 만한 것을 맨 뒤 일정으로 짜는 것을 추천한다.

큰 아들과 오사카 여행을 갔을 때 우리가 가장 기대했던 곳은 '유니버설 스튜디오'였다. 도착하자마자 그곳에 가서 신나게 놀았다. 문제는 다음날부터 발생했다. 물론 다른 관광지가 나쁜 것은 아니었지만 첫 감동보다는 약했다. 이미 짜릿한 경험을 했던 터라, 다른 경험들은 역치 그 이상의 자극을 이끌어내기 어려웠던 것. 그때 깨달았다. 여행에서 지치지 않으려면 뒤로 갈수록 재밌어야 한다는 사실을.

이번 여행에서 뉴욕을 가장 마지막 여행지로 선택했던 것도 비슷한 이유 때문이었다. 왜 그런지 모르겠지만 아이들은 뉴욕에 가 보고 싶어 했다. 세계 최대의 도시란 이야기 때문인지 그곳을 동경하는 것 같았다. 물론 사람도 많고 복잡해서 힘들기도 했지만 가고 싶던 뉴욕에 가니 아이들은 좋아했다. 여행의 막바지라 힘들 법도 한데 잘 버텨주었다. 아이들이 끝까지 잘 버틴 것도 뉴욕이라는 도시 때문이라고 생각한다. 무엇보다 다양한 볼거리가 있어서 아이들이 끝까지 신나게 놀 수 있었다.

팁② 아이들의 에너지를 잘 활용해야 한다

　에너지를 분출할 때와 충전할 때를 잘 파악해서 일정을 짜는 것도 중요하다. 이번 밴프 여행을 할 때 장거리 운전을 하면서 나도 아이들도 힘이 들었다. 그런데 아이들이 힘든 것은 나의 힘듦과 조금 다른 종류였다. 운전을 하느라 피곤했던 나와 달리 아이들은 좀이 쑤셔서 견디기 힘든 듯했다. 뛰어 놀아야 할 아이들인데 차 안에만 있어야 했기에 답답할 법도 했다. 사전에 이를 예상했던 터라 나는 숙소에 도착하자마자 아이들을 수영장에 풀어 놓았다. 수영을 하면서 아이들은 힘껏 에너지를 분출할 수 있었다.

　아이들이 힘들어 할 때를 보면 진짜 힘들어서라기보다는 에너지를 제대로 발산하지 못해 힘들 때가 있다. 그때는 아이를 쉬게 하려고 하지 말고 뛰어 놀게 해야 한다. 그래야 아이가 더 신나서 여행을 할 수 있다.

　물론 반대의 경우도 있다. 아이들이 지친 상황인데 계속 놀려고 할 때가 있다. 그때는 빨리 일정을 마무리하는 게 중요하다. TV로 유혹하는 한이 있더라도 방에 들어가서 쉬도록 해줘야 한다. 잘 논다고 계속 놀게 하면 아이들은 탈이 날 수도 있다.

팁③ 식사 시간을 잘 맞춰라

　일정을 짤 때 식사 시간도 신경 써야 한다. 아이들은 신기하게도 배가 고플 때 배가 고프다는 이야기를 잘 안 한다. 대신 예민해지거나 짜증을 내곤 하는데, 그럴 때면 아빠인 나도 당황스럽다. 아이가 짜증을 낼 때 식당에 데리고 가서 밥을 먹이면 금세 가라앉을 때가 있다. 아이가 짜증이 났던 건 힘들어서가 아니라 배가 고파서 그랬던 것이었다. 스케줄을 짤 때 식사 시간을 잘 고려해야 하는 것도 이 때문이다.

여행 중에는 식사가 여의치 못할 경우도 있다. 그럴 때를 대비해서 나는 간단한 간식을 챙겨서 다닌다. 아이가 조금 지친 기색이 보인다 싶으면 간식을 입에 넣어준다. 그러면 아이는 금세 활기를 찾게 된다. 어른도 당이 떨어지면 힘들어 하는 것처럼 아이도 마찬가지다. 떨어진 당을 빨리 채워주는 게 중요하다.

아이들과의 여행에서 가장 중요한 것은 '관찰'이다. 아이들이 언제 힘이 드는지, 언제 기분이 좋은지 잘 살펴보는 것이 필요하다. 그것에 맞춰 일정을 짜면 여행의 큰 산은 넘은 셈이다. 그렇다고 너무 겁먹을 필요는 없다. 하다 보면 익숙해질 테니까. 일단 몇 번 부딪혀 보라. 할 수 있다. 누구든 지레 겁만 먹지 않는다면 말이다.

퇴사 말고 휴직
남자의 휴직, 그 두려움을 말하다

제3장

새로운 도전
휴직의 끝은 퇴사가 아니다

1. 어느새 마흔, 비로소 보이는 것들
2. 나는 소망한다

어느새 마흔,
비로소 보이는 것들

∴

한 발짝 물러서니 내 잘못이 보였다
좋은 직장, 좋은 직업이란 무엇인가
우물 안 개구리로 살았네
회사에서 내가 챙긴 것은 자존심이었다
임원이 되어야만 성공한 것이라고 생각했는데…
악마는 디테일에 있다
모든 것은 다 내게서 비롯되었다
회사를 바라보는 내 마음이 달라졌다

한 발짝 물러서니
내 잘못이 보였다

최근 시트콤 〈지붕 뚫고 하이킥〉이 초등학생 사이에서 인기라는 이야기를 들었다. 우리 집 초등학생도 예외는 아니어서 큰 아들은 유튜브를 통해 자신이 태어나기도 전에 나온 TV 프로그램을 즐겁게 보았다. 덕분에 나도 예전의 추억을 떠올리며 아이와 함께 시트콤을 즐길 수 있었다.

인상적인 에피소드가 있었다. 주인공 부부인 보석과 현경이 어쩌다 산속에서 부부싸움을 하게 되었다. 서로 티격태격하다 눈을 던지며 육탄전까지 벌이게 되었다. 치열한 싸움이었다. 지나가던 노부부가 이 장면을 목격했다. 재미난 것은 노부부의 반응이었다. 그들은 젊은 부부의 육탄전을 아름다운 로맨스라고 생각했다. 멀리서 보니 그렇게 보였나 보다. 그러면서 인상적인 문구가 자막으로 깔렸다.

인생은 멀리서 보면 희극이고 가까이서 보면 비극이다.

찰리 채플린이 한 말이었다. 똑같은 현상도 한 발짝 물러서서 바라보면 달리 보일 수 있겠다는 생각이 들었다.

이 에피소드는 나의 직장생활에 대해 돌이켜보는 계기가 되었다. 그 속에 있을 때 느끼지 못했던 것들이 직장에서 잠시 떨어져 있으니 눈에 보이기 시작했다. 인공위성으로 찍은 사진을 통해 비로소 지구가 푸른 별이라는 사실을 인식할 수 있는 것처럼 나 또한 그 안에 있을 때 알 수 없었던 새로운 것들을 발견할 수 있었다.

책을 쓰고 싶다, 강의를 하고 싶다고 생각했지만 쓸 거리도, 이야기할 거리도 없었다. 모든 사람에게는 다들 자기만의 이야깃거리가 있다고 하던데, 나에게는 그런 게 도무지 보이지 않았다. 그러던 어느 날 책 쓰기 강의를 들으러 갔다가 강사로부터 질문을 받았다.

"회사 생활 하면서 어떤 일을 하셨어요? 곰곰이 생각해 보세요. 거기에 답이 있을 수 있어요."

어떻게 대답해야 할지 몰라 얼버무리며 이것저것 했다고 말했다. 그리고 강의가 끝나고 집으로 돌아와 회사 생활을 돌아봤다. 14년의 직장생활 중 6년은 은행, 6년은 카드사, 2년은 지주사에서 근무했다. 같은 금융그룹 안에서 움직였기에 한 회사를 다닌 셈이다.

나는 세 곳의 회사에서 다양한 부서를 경험했다. 은행 지점에서 1년 동안 현장을 익혔고, 재무부서에서 2년, 상품부서에서 3년을 보냈다.

카드사로 옮겨선 4년 동안 광고 일을 했고, 2년은 신사업 발굴 업무를 담당했다. 마지막으로 그룹을 총괄하는 지주사에서는 디지털 혁신과 관련한 업무를 수행했다. 대개 일반적인 금융 업무와 떨어진 일이었지만, 덕분에 회사 전반을 다양한 측면에서 보고 이해할 수 있었다. 했던 일로만 보면 나름대로 화려한 이력을 가진 직장인이었다.

다양한 경험을 했다는 게 그때는 좋았지만, 시간이 지나면서 점점 독이 되었다. 나만의 전문분야가 없다는 게 가장 아쉬운 점이었다. 회사 타이틀을 떼고는 내가 할 수 있는 게 없었다. OO회사 최호진 차장으로 할 수 있는 일은 많았지만, 내 직함에 회사를 지우면 나를 받아줄 만한 곳은 없었다.

처음에는 이게 다 회사 때문이라며 회사를 탓했다. 회사의 인사정책이 문제라고 생각했다. 나를 잘 알아보지 못하고 인재를 잘 관리하지 못한 회사가 원망스러웠다. 하지만 다양한 부서를 경험했던 것은 나 때문이었다. 딱히 해보고 싶은 직무가 없었던 나는, 쉽게 일에 싫증을 느꼈고, 요리조리 옮겨 다니며 지루함을 벗어나고자 했다. 사내 공모가 있으면 지원해서 새로운 것을 갈망했다. 그러니 나만의 전문분야가 없을 수밖에.

그렇다고 금융 전반에 대해 지식이 많은 것도 아니었다. 금융회사를 다녔지만 창피하게도 금융에 대해서 사람들에게 자신있게 알려줄 수도 없었다. 청약, 대출, 재테크 등의 개인금융 이야기도, 파생상품이니 PF이니 기업금융 이야기도 내가 알고 있는 것은 인터넷에서 찾을 수 있는 수준에서 더 나은 게 없었다. 금융은 나와 맞지 않는 것이라 지레 여기고 좀 더 깊이 있게 공부를 해보려 하지 않았기 때문이다.

 휴직을 하고 회사 생활을 돌아보니 그동안 보이지 않던 것들이 보였다. 그 속에서 나의 잘못이 하나 둘 나타났다. 아니 알고 보니 상당히 많은 부분에서 나의 문제가 보였다. 하나씩 정리해 보고 싶다는 생각이 들었다. 물론 나의 민낯을 드러내는 것 같아 부끄럽기도 하지만 다시는 똑같은 실수를 저지르지 않고 싶은 마음에서 말이다.
 비단 회사 생활을 잘해보려고 정리하는 것만은 아니다. 내가 직장에서 저지른 과오는 인생에도 똑같이 영향을 미친다고 생각했다. 회사를 그만두든, 회사에 남든 지금의 반성이 분명 나의 인생에도 시사하는 바가 크리라 본다. 제대로 반성하지 못한다면 기존의 사슬 또한 끊지 못할 것이다.

좋은 직장, 좋은 직업이란 무엇인가

대리 시절 인사부에서 채용을 담당했던 동기가 있다. 동기는 담당 업무가 힘들다고 푸념을 늘어놓기는 했지만 보람도 많이 느낀다고 했다. 신입사원이 뿜어내는 에너지를 잘 알고 있었기에 동기가 말하는 의미를 짐작할 수 있었다. 그가 채용이 확정된 신입사원에게 꼭 해주는 말이 있다고 했다. 그 말이 꽤 흥미로웠다.

"우리 회사가 좋은 직장인 것은 맞습니다. 하지만 좋은 직업인지는 잘 생각해 보시기 바랍니다."

뚱딴지 같은 이야기였다. 모르긴 몰라도 신입사원들은 나보다 더 황당했을 것이다. 기대하던 회사에 들어왔는데, 좋은 직업을 선택한 것인지 고민해 보라는 게 귀에 들어왔을까 싶기도 했다. 그런데 언제부터인가 동기가 신입사원에게 들려줬다는 그 이야기가 나를 고민하게 만들었다. 나는 어떤가? 좋은 직업을 선택한 걸까? 그 고민은 휴직을 하고 나를 돌아보는 시간에도 계속 됐다.

 직장은 일하는 장소를 의미하며 영어로 workplace라고 한다. place, 즉 장소가 중요한 개념이다. 일반적으로 'OO회사'를 다닌다고 할 때 회사의 이름이 바로 직장이 된다. 좋은 직장은 그런 의미에서 좋은 회사를 말하기도 한다. 이때의 좋다는 것은 급여나 복지 등을 의미한다. 금전적인 혜택을 우선 고려하게 되는 것이다. 안정성 또한 좋은 직장의 가늠자다. 이런 범주에서 생각해 봤을 때 나는 분명 좋은 직장에 다녔다. 월급은 꼬박꼬박 들어왔고 연봉도 나쁘지 않았다. 야근이 많기는 했지만 다른 기업에 비하면 근무 여건도 좋은 편이었다.

 직업은 '어디에 다니느냐'보다 '무엇을 하느냐'에 더 집중한 개념이다. 아나운서, 프로그래머, 딜러 등은 회사라는 테두리를 넘어 개인이 하고 있는 일에 집중한 개념이다. 『쿨하게 생존하라』의 김호 작가는 그의 책을 통해 직업에 대해 다음과 같이 정의를 내리기도 한다.

> 직업이 있다는 말은 직장을 떠나서도 스스로 일을 지속할 수 있는 상태를 말합니다. 사업을 하든, 프리랜서든, 혼자 설 수 있는 상태인 것이지요. 명함에서 회사 이름과 직책을 지웠을 때 스스로 무엇으로 정의내릴 것인지 지금부터 준비해야 합니다.
>
> ―김 호, 『쿨하게 생존하라』 중

 좋은 직장은 일반적으로 통용되는 기준이 있는 반면, 좋은 직업은 쉽게 정의 내리기 어렵다. 좋은 직업의 가장 큰 기준은 개인의 만족감이다. 모두가 바라는 꿈의 직장을 다닌다고 하더라도 어떤 이에게는 그곳에서 하는 일이 좋은 직업으로, 다른 이에게는 생계를 위해 어쩔 수 없이 하는 일이 될 수도 있다. 오병곤 작가는 그의 책『회사를 떠나기 3년 전』에서 모든 사람에게 다 좋은 유망직종은 없기에 '나에게 맞는 유망직종은 무엇일까'를 고민하는 게 중요하다고 설명한다. 결국 좋은 직업이란 뚜렷한 기준은 없지만 어떤 마음을 갖고 일하느냐에 달려 있다.

　가장 이상적인 것은 좋은 직장을 다니며 좋은 직업을 영위하는 것이다. 하지만 이는 가장 비현실적인 방법이기도 하다. 회사 일을 하면서 만족감을 느끼기란 쉽지 않다. 조직 생활이 내 뜻대로만 되는 게 아니다. 처음에 설레던 일도 하다 보면 죽기보다 하기 싫은 일이 될 수도 있다.
　때로는 좋은 직업을 위해 기다려야 할 수도 있다. 서두에서 '좋은 직장'과 '좋은 직업'을 이야기했던 그 동기는, 현재는 투자금융 업무를 담당하고 있다. 그는 은행에 들어올 때부터 투자 관련 업무를 해보고 싶었는데, 본의 아니게 인사 업무를 맡게 되었다. 하지만 그는 하고 싶은 일을 위해 자격증을 따고 공부를 하며 10년 가까이 투자 관련 업무를 준비했다. 결국 입사 후 10년차가 되어서야 하고 싶은 일을 하게 되었고 지금은 그 업무에 만족하며 지내고 있다. 좋은 직장에서 원하는 일을 하는 사례를 동기를 보면서 알 수 있었다. 때로는 그것을 위해서 기다려 보고 끊임없이 문을 두드리는 것도 좋은 방법이 될 수 있겠다 싶었다.
　어쩔수 없는 현실을 받아들이는 것도 지혜로운 방법이다. 회사 동료

중 한 명은 회사가 우리에게 월급을 주는 이유가, 그 일이 '지랄맞기' 때문이라고도 했다. 직장에서 하는 일이 즐거운 일이라면 우리가 회사에 오히려 돈을 지불해야 한다고 했다. 그의 말에 100% 동의하긴 어려웠지만 좋은 직장을 다닌다고 생각한다면 어느 정도의 체념 또한 필요하다는 생각을 하지 않을 수 없었다.

반대로 과감하게 좋은 직업을 위해서 직장을 떠나는 것도 방법이다. 스타트업 대표들 중에는 대기업을 박차고 나온 분들도 많다. 물론 좋은 직장을 떠나기 위해서는 엄청난 용기가 필요한 것이 사실이다. 생계 문제도 고민해야 한다. 쉽지 않은 문제이지만 절실하다면, 그리고 자신에 대한 확신이 있다면 해 볼 수도 있는 일이라고 생각한다. 'High risk, high return'이라는 말처럼, 위험을 무릅쓴 도전이 때로는 더 큰 보상으로 다가올 수 있으니까.

휴직을 하고 직장과 직업에 대해 돌이켜 보면서 내가 다니는 곳이 좋은 직장은 맞지만 지금까지는 나에게 좋은 직업은 아니라는 것을 알 수 있었다. 배부른 소리 같지만 애석하게도 나는 그 속에서 만족하지 못했다. 그리고 그 속에서 나의 문제가 보였다. 좋은 직업을 위해서 회사 내에서 내가 원하는 일을 하기 위해서 공부하고 준비했던 것도 아니다. 적당히 체념하기엔 불만이 너무 컸고 도전하기엔 두려움이 커서 안주해 버리고 말았다.

물론 지금 이 순간 어떤 결정이 나에게 최선일지 답을 정하지는 못했다. 여전히 나는 두렵고 흔들리고 있다. 하지만 그래도 다행인 것은 고민이 단순해졌다는 것이다. 서술형 주관식 문제가 단답형 객관식 문제로 바뀌어 쉬워진 느낌이 들었다. 꾸준히 고민하며 내게 맞는 좋은 직업을 찾기 위해 노력할 것이다. 회사 안이든 회사 밖이든 말이다. 내가 할 수 있는 것부터 하나씩!

우물 안 개구리로
살았네

　　　　　　　　업무가 끝나고 회사 동료들과 가볍게 소주 한 잔 마시는 시간을 좋아했다. 회사 동료들과의 술자리는 그날의 스트레스를 풀기에 충분했다. 동병상련의 심정이었을까? 그들은 누구보다 나의 고충을 잘 이해해 주었다. 회사 밖 지인들은 우리 업의 특수성을, 그리고 나의 상사의 이상함을 이해하지 못했다. 그래서 나는 항상 회사 안 사람들과만 어울렸다.

　그러던 어느 날, 회사 동료들과 신나게 '번개'를 하고 집으로 돌아오는 길, 갑자기 이날의 술자리가 허무하게 느껴졌다. 분명 다들 내가 좋아하는 사람들이었다. 그렇다고 술자리가 재미없었던 것도 아니다. 여느 때처럼 회사 상사들을 안주 삼아 신나게 먹고 마시고 있었다. 하지만 그날따라 이런 술자리와 그 속에서의 대화에 회의감이 들었다. 아무리 뒤에서 이야기를 한다고 해도 상사는 바뀌지 않을 것이고, 회사의 불합리한 제도가 개선되지 않을 것을 잘 알고 있었다. 우리의 대화는 그냥 푸념에 불과했다.

그때부터였다. 회사 사람들과의 저녁 술자리를 줄이기 시작했다. 좋아하는 사람들과의 즐거운 시간이 아쉽기는 했지만 조금 더 나를 위해 시간을 써보자고 생각했다. 책을 읽고 블로그에 글을 쓰는 일에 좀 더 많은 시간을 투자했다.

휴직을 하고 많은 사람들을 만났다. 나를 보자고 하는 사람보다는 내가 보고 싶은 사람들이 많았다. 열심히 '들이댐' 기질을 발휘해서 만났다. SNS를 통해 알게 된 분들에게 먼저 연락하고, 한 번 보자라는 미끼를 덥석 물어 만났다. '언제 어디서 볼까요'라는 구체적인 질문으로 넘어가서 주로 점심시간에 그들의 사무실 근처로 찾아갔다.

물론 들이댄다고 모두가 나를 만나준 것은 아니었다. 하지만 대부분이 흔쾌히 받아 주었다. 그 속에 나만의 비결이 있었다. 나의 글이 바로 그 비법이었다. 나는 꾸준히 글을 썼고 그 중 의미 있는 것들을 골라, SNS에 공유했다. 글 속에서는 나의 고민도 담뿍 담겨 있었다. 사람들은 나를 만나기 전 나의 글을 먼저 접했다. 덕분에 많은 분들이 나에 대해 호감을 갖고 있었다.

사람들을 만날 때에는 일대일로 만나는 것을 선호했다. 한 사람을 만나 그 사람의 인생을 배워보고 싶다고 생각했다. 물론 상대방은 부담스러웠을 수도 있겠지만, 나는 그게 좋았다. 덕분에 소중한 사람들로부터 회사 밖 다양한 세상에 대해 배울 수 있었다.

모임에 참여해 사람들을 만나기도 했다. 휴직하자마자 신정철 작가가 운영하는 '성장판 독서모임'에 참석하기 시작했다. 대학시절 이후 처음으로 해 보는 발제가 있는 독서 모임이었다. 혼자라면 도저히 읽지 못했을 책이지만 멤버들과 함께 읽으며 지식의 지평을 넓힐 수 있었다. 참여한 분들이 내게 자극을 주기도 했다. 대부분 직장인이었는데, 회사를 다니면서 책을 읽고 독서 모임에 참여하는 열정이 대단하게 느껴졌다. 회사에 다닐 때에는 이런 것에 전혀 관심도 없는 나였으니까.

새로운 형태의 살롱 문화도 경험할 수 있었다. SNS를 통해 알게된 '록담'이 운영하는 '리뷰빙자리뷰'라는 모임에 가게 되었다. 나보다 먼저 휴직을 했던 분이 자기 이야기를 발표하는 자리였다. 일반적인 발표 모임과는 조금 달랐다. 참석한 사람들이 한 명씩 자기소개를 하며 한참동안 이야기를 나눴고, 발표자의 발표가 끝나고도 삼삼오오 모여서 대화를 이어갔다. 발표자의 발표가 중심이었지만 발표를 들으러 온 사람들도 자기 목소리를 낼 수 있는 자리였다. 그동안 강연회에 자주 갔지만 너무 딱딱한 분위기에 위축되곤 했는데 힘을 빼고 자연스럽게 녹아들어 이야기를 들을 수 있었다.

처음에는 회사 밖의 또 다른 세상이 다소 불편하게 느껴졌다. 맞지 않는 옷을 입은 것 같았다. 하지만 그것도 잠시였다. 한 번, 두 번, 참여하면 할수록 나 또한 이런 분위기에 익숙해졌다. 나와 비슷한 사람을 만나는 것은 공감을 형성할 수 있어 좋았고 반대로 결이 다른 사람들에게서는 새로운 것을 배울 수 있어 유익했다.

'내가 만나는 사람 5명의 평균이 나를 정의한다.' 드롭박스 Dropbox의 창업자 드류 하우스턴이 2013년 MIT 졸업식 축사에서 한 말이다. 어떤 사람들을 만나느냐에 따라 내가 달라진다는 이야기다. 직장생활을 하면서 아쉬웠던 것 중 하나가 회사 선후배, 동료들과만 관계를 맺으려고 했던 점이었다. 그러다 보니 직장 안에 내 생활이 매몰되었고 개인적인 발전이 없었다. 휴직을 하고 다양한 사람들을 만나면서 신문물을 경험했다. 쇄국정책을 고집하던 내게 신문물은 엄청난 자극이 되었다.

 이런 경험이 나의 인생에 작은 물꼬를 터 주면서 새로운 도전을 꿈꾸게 만들었다. 롤 모델도 만날 수 있었다. 시간이 없다, 만나는 방법을 모른다 등의 이런저런 핑계로 그동안 다양한 사람들을 만나 새로운 경험을 하지 못했던 게 안타까웠다. 이 좋은 걸 왜 이제서야 알았을고?

회사에서 내가 챙긴 것은
자존심이었다

　　　　　　　　　　1년 동안 같은 부서에서 근무했던 후배가 있다. 그 친구는 참 똑 부러졌다. 나보다 한 살 어렸지만 업무 역량은 훨씬 뛰어났다. 그의 진가(?)를 알게 되면서 후배를 신뢰하게 되었고, 애정을 갖게 되었다. 나에게 살갑게 다가와준 덕분에 마음 속 고민까지도 나눌 수 있는 사이가 되었다.

　　솔직히 고백하자면 처음부터 후배를 신뢰했던 것은 아니었다. 그와 같이 일하기 시작할 무렵, 그의 출신학교를 알고 나도 모르게 선입견을 갖게 되었다. 그 후배는 지방대 출신이었다. 회사 내에서 유능하다고 소문이 자자한 친구였기에 그 후배의 출신학교가 소위 명문대가 아니라는 사실이 놀라웠다. 그리고 후배의 출신학교에 놀라는 나 자신을 보며 씁쓸했다. 대학을 졸업한 지 10년도 더 넘은 사람인데 언제까지 출신학교가 판단기준이 되어야 하나 싶었다. 겉으론 학벌이 중요하지 않다고 말했지만 나 스스로 학벌을 따지는 사람인 것 같아 창피했다.

　　나는 서울대를 나왔다. 학교에 다닐 때에는 당당했는데, 회사에 들어

오고 나서부터 서울대 출신이라는 사실이 부담스러웠다. 사람들에게 떳떳이 말하는 게 두려웠다. 사람들이 뒤에서 수근거릴 것 같았다. 생각보다 내가 일을 잘 하지 못하는 것 같았기 때문이다.

물론 서울대를 나왔다고 해서 당연히 일을 잘 해야 한다고 생각하는 것은 또다른 학벌주의일 수도 있다. 스스로 그렇게 되어야 한다는 생각 자체가 오만일 수도 있다. 하지만 어쩔 수 없는 사회적 기대에, 나 또한 그래야 한다고 생각했다. 남들보다 잘 하는 게 당연하다는 사람들의 생각에 나 또한 동의했다. 하지만 회사에서 나는 사람들의 기대를 충족하기 어려웠다.

금융을 잘 아는 것도 아니고, 대학 때부터 취업을 위해 차근차근 준비했던 것도 아니었다. 아나운서를 해보겠다고 깝죽대고 다녔다. 사회학과를 나왔다고 하지만 전공 지식을 갖추지도 않았다. 이도저도 아닌 채 그저 서울대 졸업장만 갖고 있을 뿐이었다. 회사에서 내가 발휘할 수 있는 재능이 무엇인지도 몰랐기에 어떻게 활용할지도 몰랐다.

다만 창피하지 않기 위해 노력했을 뿐이다. 사람들이 뒤에서 나에 대해 수근대지 않았으면 하는 마음뿐이었다. 회사에서는 이미 내가 어느 학교 출신인지 다들 알고 있었기에 욕만 먹지 말자고 생각했다. 그래서 나는 내 모교가 부담스러웠다.

우스운 건, 학교를 밝히는 것을 부담스러워 하면서도, 남들이 나를 서울대 출신임을 알아서 챙겨줬으면 좋겠다고 생각한 점이다. 구체적으로 증명해 보일 능력은 없지만, 학력을 앞세워 '핵심부서'에서 '핵심

요직'을 갈망했다.

지점에서 1년 근무를 마치고 맨 처음 맡은 본부 업무는 관리회계였다. 나는 그 업무를 별로 좋아하지 않았다. 회계에 대한 지식이 전혀 없었기에 생소하고 어려웠다. 하지만 진짜 문제는 어렵다는 것 자체에 있지 않았다. 조직에서 관리회계에 별로 관심이 없는 것 같았다. 내가 하고 있는 업무가 그리 중요해 보이지도 않았다. 핵심 의사결정을 위해 Back up 데이터를 정리하는 업무일 뿐이라고 생각했다. 게다가 동기들이 각자의 부서에서 핵심파트의 일을 하는 것 같아 나도 모르게 조바심이 났다. 나만 뒤처지는 것은 아닌지 걱정되고, 서운하기도 했다. 회사에서 나를 알아봐 주지 않는 것 같아서. 이런 생각은 비단 철없던 신입사원 때만 했던 것은 아니다. 회사를 다니는 내내, 남들이 나를 인정해 주지 않을 것 같으면 나도 모르게 나의 출신학교를 떠올리기도 했다.

"나 서울대 나왔는데…."

써놓고 보니 참 이상한 사람 같은데, 솔직히 나는 그랬다. 내게 좋은 쪽으로만 해석하려 했다. 내 능력을 의심받을 것 같으면 감추고 싶었고, 누군가 나를 몰라주는 것 같으면 드러내고 싶었다. 그렇게 오락가락 했다.

『내리막 세상에서 일하는 노마드를 위한 안내서』를 읽다 자존심과 자존감에 대한 비교가 눈에 띄었다.

자존감이 '세상에서 자신을 스스로 지탱할 수 있다는 확신'이라면 자존심은 '다른 사람보다 뛰어나고 싶다는, 그래서 그들에게 높이 평가받고 싶다는 욕망'이다. (중략) 자존심보다는 자존감으로 동기를 부여받을 수 있는 사람만이 '관객'으로부터 자유롭게, 오히려 진짜 '자기 주도적으로' 일의 기쁨을 추구할 수 있다.
　　　　　　　　__제현주, 『내리막 세상에서 일하는 노마드를 위한 안내서』 중

이 문구를 읽다 보니 회사에서 내가 챙기고 싶었던 것은 그 어떤 것도 아닌 남들의 평가에 연연하는 나의 자존심이라는 사실을 알게 되었다. 괜히 씁쓸했다.

휴직을 하고 사람들을 만나면서 학교에 대한 나의 이중적인 집착을 객관적으로 바라보게 되었다. 굳이 나의 출신학교에 대해 고민하는 것 자체가 낭비였다. 사람들은 나의 출신학교에 관심이 없었다. 있는 그대로의 나를 바라봐 주었다. 최호진이라는 사람의 과거보다는 지금 이 순간 어떤 모습인지를 중요하게 바라봤다. 지인이 내게 해준 말이 딱 맞았다.

"호진 님은 지금 스스로를 브랜딩하고 있는 거예요. 그리고 그 속에 꾸준함과 휴직 그리고 다양한 호진 님의 캐릭터가 녹아 있어요. 그 속에는 호진 님의 출신학교 따위는 없어요. 사람들은 더 이상 서울대라는 프레임으로 호진 님을 바라보지 않아요."

지인의 이야기를 통해 서울대라는 프레임은 과거의 나라는 것을 알 수 있었다. 과거의 나는 참조사항일 뿐이지 나를 정의하는 중요한 요소가 아니었다. 진짜 중요한 것은 지금 나의 모습이었다. 덕분에 나는 더 이상 내가 어느 학교를 나왔는지가 부끄럽지도, 또 대단하게 여겨지지도 않게 되었다. 지금 내가 할 수 있는 것에 최선을 다하는 게 중요하니까.

임원이 되어야만
성공한 것이라고 생각했는데…

휴직을 하고 나와 비슷한 처지의 사람들을 만날 수 있었다. 남성으로서 휴직을 선택한 사람들…. 그들을 만나 위안을 얻고 힘도 받았다. 고민의 형태도, 새롭게 시작하려는 마음가짐 또한 비슷했다.

그렇게 만난 휴직자 중 인상적인 이가 있었다. 그의 이야기가 흥미로웠다. 그는 누구보다 열심히 일했다. 가장 먼저 출근했고, 가장 늦게 퇴근했다. 외국계 회사라 해외에 있는 본사에서 저녁에 자료를 요청하는 일이 잦았다. 하지만 그는 아랑곳하지 않았다. 언제 어디에서든 회사에서 요청한 일은 당일에 처리했다. 야근은 필수였다. 회사 업무가 우선이었기에 가족들에게 무심한 것은 덤이었다. 업무 시간 중 집에서 전화가 오면, 바쁘다는 이유로 빨리 전화를 끊어 버리기도 했다. 그의 목표는 '임원'이었다. 회사에서 누구보다 빨리 그리고 높은 자리에 오르고 싶었다.

열심히 일하던 그에게 번아웃Burn out이 찾아왔다. 이유는 정확히 알 수 없었지만, 어느 시점부터 힘겹게 느껴졌다고 한다. 주변의 사람들은 편하게 직장을 다니는 것 같은데, 왜 자기만 고생하고 있는지 의문을 갖게 됐다. 우울증까지 겹쳐왔다. 옥상에 올라가면 자꾸 아래만 내려다보는 자신을 발견했다. 이러다 죽을 수도 있겠단 생각이 들었다. 안 되겠다 싶었고 아내와 상의를 한 끝에 휴직을 결정했다.

휴직을 하고 경제적으로 쪼들린 삶을 살고 있지만, 다행히 그는 심신의 안정을 찾을 수 있었다. 가족에게도 먼저 다가갔고, 그간 회사에만 몰두했던 자신에 대해 진심을 다해 아내에게 사과했다. 그리고 지금은 긍정의 에너지를 전파하는 사람이 되었다. 복직을 하고 나서, 그는 더 이상 임원이 되겠다는 꿈을 꾸지 않는다. 예전처럼 열심히 일은 하지만 자리에 연연하지 않게 되었다. 그에게 있어 중요한 것은 어디까지 올라가느냐가 아니라 지금 이 순간에 충실하는 것이다.

그의 이야기를 들으며 나 자신의 회사 생활을 돌이켜 볼 수 있었다. 그처럼 열심히 일하지는 않았으면서도 '임원'이 되었으면 좋겠다고 생각했다. 회사에 들어온 순간부터 막연히 임원의 꿈을 꾸었다. 경쟁을 좋아하는 나의 기질도 한 몫 했다. 누군가와 싸워서 이겨야만 한다고 생각하던 내게 임원 자리는 승리자만이 쟁취할 수 있는 전리품이었다. 나의 생존을 위해서는 어쩔 수 없다고 변명을 늘어놓기도 했다.

언제부턴가 임원 자리가 그렇게 부럽지 않아 보였다. 남이 운전하는 차를 타고, 비서가 스케줄을 관리하는 삶은 '있어' 보였다. 하지만 가까이에서 본 그들 또한 월급쟁이일 수밖에 없다는 생각이 들었다. 그리

편해 보이지도 않았다. 자기 자리를 지키기 위해 더 노력해야 한다는 것도 알게 되었다.

그때부터 임원을 '안' 해야겠다고 생각했다. 다행히 휴직을 하고 나서부터는 그런 마음이 강해졌다. 물론 현실적으로 불가능한 일이기도 했고 말이다. 그리고 왜 임원에 연연했을까 반성하고, 그게 얼마나 부질없는 생각이었는지 깨닫게 되었다.

목표와 목적이란 말이 있다. 비슷한 말인 듯하지만 다른 말이다. 사전의 정의를 보면 목적이 조금 더 큰 범주의 단어라는 것을 알 수 있다.

> 목표(目標) 「명사」「1」 어떤 목적을 이루려고 지향하는 실제적 대상으로 삼음. 또는 그 대상.
> 목적(目的) 「명사」「1」 실현하려고 하는 일이나 나아가는 방향.
>
> ─참고: 국립국어연구원

남충식 작가의 『기획은 2형식이다』를 읽으면서 〈나는 가수다〉를 예로 든 설명을 통해 목표와 목적의 차이를 이해할 수 있게 됐다. 〈나가수〉가 시청률이 좋지 못해 폐지되었지만, 그것을 '목적'의 관점에서는 성공한 기획이라 평가했다. 책에서는 김영희 PD의 이야기로 이를 부연 설명한다.

<나가수> 기획 당시 목표(목적)한 바가 있었다. 사람들이 더 행복한 꿈을 꾸며 잘 수 있어야 한다는 것이었다. <나가수>를 보고 시청자들이 열광하며 행복해 하는 모습을 보았다. 나는 목표(목적)를 이뤘고 행복하다. 국민들에게 <나가수>는 행복을, 가수들의 노래는 감동을 주었다고 생각한다. ─남충식, 『기획은 2형식이다』 중

※목표 옆에 목적이라고 괄호로 표기했던 것은 김영희 PD가 이야기한 목표가 목적에 더 가까웠기 때문이다.

시청률이 목표라면, 행복과 감동을 주는 것이 목적이었다. 그렇기에 시청률이 낮았어도 프로그램이 국민들에게 행복과 감동을 주었으므로 <나가수>는 충분히 성공한 기획이었다.

설명을 들으며 목적과 목표에 대한 어렴풋한 개념이 구체적으로 다가왔다. 목적은 Why를 담고 있어야 한다. 왜 그것을 해야 하는지 설명할 수 있어야 한다. 우리가 원하는 본질적인 이유를 담고 있어야 한다. 반면에 목표는 What을 지니고 있어야 한다. 무엇을 달성할 것인지에 대해 구체적으로 나와야 한다. 그런 점에서 나가수의 시청률이나 임원이 되고 싶다는 나의 바람은 목적보다는 목표에 가까운 것이다. 하지만 김영희 PD의 목적의식이 나의 임원이 되겠다는 바람에는 없었다.

왜 내가 임원이 되고 싶은지 설명하기 어려웠다. 그냥 하면 좋을 것이라고 생각했고, 임원을 바라는 게 회사원이 가져야 할 자세라고 생각했지 그것을 통해 내가 얻으려는 것이 무엇인지에 대해서조차 심각하게 생각해보지 못했다. 그저 동경의 대상으로만 여겼는지도 모르겠다.

다행히 나는 이제 임원의 꿈을 놓아 주었다. 실현 가능성 여부와 관계 없이 굳이 자리에 연연하지 않기로 했다. 나에게 자리는 더 이상 중요한 것이 아니었다. 단지 동경의 대상이었을 뿐 내게 절실한 것도 아니었다. 그리고 지금은 임원이 되는 것보다 더 중요한 것들이 생기기 시작했다.

올해 초 승진 발표가 있었다. 이번에도 승진 인사는 씁쓸함을 남겼다. 예상했던 사람이 승진하지 못하고, 그렇지 않은 사람이 승진하는 케이스도 있었다. 하지만 나는 동요하지 않았다. 회사 밖에 있어서이기도 했지만 승진을 하고 하지 않고가 나에겐 크게 중요하지 않은 일로 변했기 때문이다. 임원이 되겠다는 꿈을 버리니 마음의 평화가 찾아온 듯했다.

악마는
디테일에 있다

 '탕!탕!탕!탕!' 일하다가 망치 두드리는 소리가 났다. 돌아보니 아니나 다를까 스테이플러 심을 박는 소리였다.

 회사에서는 보고서를 출력해서 상사에게 보여줘야 할 일들이 종종 있다. 환경을 생각해서 이메일로 보고하면 좋으련만, 대개는 임원을 배려해 종이로 출력해 보고했다. 이때 여러 장의 인쇄물을 하나로 묶어서 스테이플러로 찍어야 했는데, 마지막 마무리가 중요했다. 스테이플러로 심을 두드려 최종 점검을 했다. '탕탕탕탕' 망치 두드리는 소리처럼 나는 게 바로 이 소리였다. 행여나 스테이플러 심이 삐져나와 보고 받는 사람 손가락이 다칠까봐 이를 미연에 방지하기 위한 조치였다.

 사람들이 그런 소리를 낼 때마다 '굳이 그렇게까지 해야 하나'라는 반감이 들었다. 보고 받는 분들도 다 큰 성인인데 알아서 할 수 있는 게 아닌가 싶었고 그런 걸 바라는 상사는 '꼰대'일 거라고 생각했다. 허례허식이라 치부했던 나는 오기를 부려가며 이런 '망치질'을 하지 않았다. 이것 또한 내 자존심이 허락하지 않았다.

스테이플러에 민감한 팀장이 있었다. 팀장과 나는 사이가 좋은 편이었다. 업무 스타일도 맞았다. 같이 일을 진행하면서 나름의 성과도 냈다. 하지만 스테이플러를 찍는 것은 나와 맞지 않았다. 내가 찍은 것이 마음에 들지 않는지 팀장은 꼭 그것을 풀어서 다시 찍고 망치질을 했다. 그렇다고 내게 뭐라 한 것은 아니었지만 신경이 쓰일 수밖에 없었다. 나름 정성 들여 스테이플러 심을 찍어 봤지만 매번 똑같았다. 용기를 내어 스테이플러를 다시 찍고 망치질까지 하는 이유에 대해 팀장에게 물었다.

그때 팀장은 내게 책 한 권을 빌려 주었다. 『보고서는 권력관계다』라는 책이었다. 책에는 스테이플러에 대한 이야기가 나왔다. 스테이플러는 45도 각도로 박아야, 보는 사람이 편하다는 이야기였다. 그리고 이는 보고하는 사람이 당연히 해야 하는 의무이지 단순히 보고 받는 사람을 배려하려는 것은 아니라고 했다. 보고서가 지니고 있는 '권력관계'를 고려하면 그렇게 할 수밖에 없다고 했다. 스테이플러 심에 망치질을 하는 것도 같은 맥락이었다.

권력관계라는 말에 일견 거부감이 들었지만, 맞는 말이었다. 다양한 형태의 보고서가 있겠지만 일반적으로 보고서의 가장 큰 목적은 '통과'에 있다. 그래서 우리는 몇 날 며칠을 고심해서 좋은 내용을 담기 위해 고민하고 자료도 찾는다. 이렇게 만든 보고서인데 스테이플러 심 하나 때문에 안 좋은 인상을 심어 줄 필요는 없다. 기왕이면 다홍치마라고 마지막까지 최선을 다하는 게 옳은 것이다.

디테일은 비단 스테이플러 심에만 있는 것은 아니었다. 맞춤법을 꼼꼼히 체크하는 것도 디테일을 챙기는 것이다. 이런 것 때문에 괜히 트집잡힐 필요는 없다. 중심 내용을 잘 보이게 편집하는 것도, 출력할 때

여백을 고려하는 것도 디테일에 신경 쓰는 자세다. 읽기 편하면 좋으니까. 이메일을 보낼 때도 마찬가지다. 받아보는 사람의 입장을 고려해 최대한 친절하게 보낼 필요가 있다. 어떤 분은 이메일로 보내는 첨부파일을 저장할 때에는 열리자마자 파일의 첫 페이지가 보이도록 저장한다고 한다. 그래야 첨부파일을 열어보는 상대방이 커서를 옮기는 수고를 하지 않기 때문이라고. 그만큼 상대방을 배려하는 마음으로 세세한 것까지 챙기는 것이었다.

책을 읽는 내내 부끄러웠다. 신입시절에 읽었어야 할 책을, 직장생활 10년도 훌쩍 넘은 차장이 읽으며 고개를 끄덕이는 모습이 한심해 보였다. 기본기도 없이 화려한 것만 챙기려는 오만함이 보였기 때문이다.

휴직하고 블로그에 매일 글을 쓰다 보니 디테일이 얼마나 중요한지 깨닫게 되었다. 회사에서 보고서를 작성하고 스테이플러를 찍을 때보다 더 절실하게 느낀다. 괜한 오타 하나 때문에 내 글의 가치가 떨어지는 것 같아 더 꼼꼼히 퇴고를 한다. 좋은 사진을 고르고, 중요한 글씨는 색을 달리 표현해서 강조하는 등 어떻게 해서든 사람들이 쉽게 내 글을 이해하기 쉽도록 만든다. 작은 것들 하나하나까지도 신경 쓴다. 기왕이면 내 글이 사람들에게 좋은 반응을 얻었으면 하는 마음에서 우러나오는 행동이다.

블로그를 쓰면서 그리고 그 속에서 디테일을 챙기는 나를 보면서 지난날을 반성했다. 중요한 건 디테일인데, 왜 나는 그걸 외면하려 했을까?

모든 것은 다
내게서 비롯되었다

좋아하는 선배가 있다. 대리 시절 같은 부서에서 근무한 인연으로 1년에 한두 번 만나 술을 먹고 이야기를 나누는 선배다. 선배와 술자리에서 이야기를 나누다 그를 부러워했던 적이 있다. 선배의 '팀장 복福' 때문이다. 선배는 가끔씩 나에게 자신이 만난 팀장이 대부분 좋은 분들이었다고 자랑했다. 비록 일은 힘들지언정 함께 일하는 팀장들 덕분에 견딜 수 있다고 했다. 그가 부러웠고 그의 이야기 덕에 나의 상황을 돌이켜 보게 되었다.

"왜, 나는 만나는 팀장마다 이 모양일까?"

몇몇 좋았던 팀장도 있었지만 사람들에게 팀장 복을 이야기할 만한 경우는 없어 보였다. 다른 사람들에 비해 내가 모시던 팀장은 하나같이 뭔가 아쉬운 면(?)이 있었다. 과연 그게 팀장들의 문제였을까? 휴직을 하고 한 발짝 뒤로 물러나 회사 생활을 돌이켜 보며 나의 팀장 복에 대해 곰곰이 생각해 보게 됐다.

　팀장들과 사이가 나빴던 것만은 아니었다. 좋은 관계를 맺고 업무 성과를 냈던 경우도 있었다. 가장 기억에 남는 팀장은 5년차 때 만났던 '불도저' 같은 팀장이었다. 그는 스피드와 타이밍을 강조하는 사람이었다. 임원들에게 보고해야 하는 경우면 눈에 불이 날 정도로 예민해져 있었다. 타이밍을 중시하는 분이었기에 보고해야 할 타이밍을 맞추기 위해 누구보다 기민하게 움직였다. 성격도 급했다. 급한 마음은 보고서를 출력할 때 나타나곤 했다. 나에게 출력하라고 시키면 그는 곧장 프린터 앞으로 달려갔다. 아직 프린트 기능을 실행도 안 했는데 말이다. 덕분에 나는 'Ctrl + P'를 누구보다 빨리 누를 수 있게 되었다.
　그런데 의외로 그런 게 나랑 합이 잘 맞았다. 타이밍을 중요하게 생각하다 보니 손이 빨랐던 나를 좋게 봐 주었다. 대충해서 문제였지 빨리 하는 것은 자신 있었다. 100%라고 할 순 없지만, 보고는 대부분 만족할 만한 결과로 끝이 났다. 시간에 맞춰 보고한 덕도 컸다. 그렇게 몇 번 쌓이다 보니 대리였지만 팀장의 신뢰를 얻을 수 있었다. 그리고 나는 팀장으로부터 처음으로 '인정'을 받을 수 있었다.
　4년 여 기간 동안 신입 티를 벗지 못하고 있었던 터라, 나름 그때 인정받은 것이 좋았던 것 같다. 물론 그 팀장과 좋았던 기억만 간직한 것은 아니었지만 그때 받았던 인정은 나의 사회생활에 큰 자신감으로 다가오기도 했다.
　회사 특성에 따라 조금은 다르겠지만, 내가 다니는 회사는 팀장과 팀원의 사이가 꽤 중요했다. 팀장은 팀원의 첫번째 관문이다. 그의 컨펌을 받아야 일이 진행될 수 있었다. 팀장은 팀원의 멘토이기도 했다. 그렇기에 업무를 진행하고 회사생활을 원활하게 하기 위해서는 팀장으로부터 인정받는 게 중요했다. 팥으로 메주를 쑨다고 해도 믿을 정도로 팀원을 팀장이 신뢰한다면 더할 나위 없을 것이다.

그래서 그랬는지, 나는 팀장에게 인정받고 싶어 나름 최선을 다했다. 팀장이 내준 숙제(?)를 잘 해결하기 위해 아이디어를 짜내기도 했고, 그것을 좋은 보고서로 만들기도 했다. 물론 디테일이 부족해 오타가 가끔씩 나고 스테이플러를 제대로 박지 못하긴 했지만 인정을 받기도 했다. 'Ctrl+P'를 잘 누른 덕분에 팀장이 프린터 앞에 도착하기 전에 프린트물을 내놓기도 했고, 임원에게 잘한다는 이야기를 들어 팀장의 기를 살려주기도 했다.

인정받고 싶은 욕구는 잘 발현하면 긍정적인 영향을 발휘할 수 있다. 하지만 나의 인정받고 싶은 욕구는 쓸 데 없이 너무 컸다. 상사의 인정에 집착하곤 했다. 욕구가 유달리 강했다. 그리고 얼마 전 읽은『차라리 혼자 살 걸 그랬어』를 통해 왜 내가 인정받는 것에 대해 과도하게 집착해야 했는지 알 수 있었다. 분명 책은 가정생활에 대한 이야기였는데, 왜 나는 이 문구를 읽으며 직장생활에서의 아픔을 느꼈는지 모르겠다.

저는 늘 다른 사람들로부터 인정받기를 원했습니다. 특히 아내로부터 인정받고 싶었죠. 왜 그럴까요. 저 스스로의 자아존중감이 낮았기 때문입니다. 저 자신이 가치 있는 사람이라는 것을 늘 확인받고 싶었어요. 왜냐하면 제 안에 그게 없었기 때문입니다. 저 스스로를 가치 있는 사람이라고 생각하지 않았기에 다른 사람의 인정이 필요했던 것입니다. ─이수경, 『차라리 혼자 살 걸 그랬어』 중

저자가 아내에게서 인정받기를 원했던 것처럼 나 또한 회사에서 팀장에게 인정받기를 항상 원했다. 그 기저에는 나 스스로 회사에서 가치 있는 사람이라고 생각하지 못하는 자신감의 부재가 있었다. 혹시나 그들이 나를 싫어하면 어쩌지, 일을 잘 못해서 쫓겨나면 어떻게 하지라는 두려움 때문에 그들의 인정을 확인하고 싶어 했다. 더 근원적으로 보면 나의 낮은 자존감이 문제였다. 휴직을 하고 조금 먼 발치에서 회사 생활을 바라보고, 객관적으로 나를 바라보니 알게 된 점이었다. 내가 나를 조금 더 사랑하고 인정해 주었다면 남에게 인정받고 싶어 하는 욕구가 그렇게 강하지도 않았을 텐데….

아이러니하게도 나는 남들에게 인정받고 싶어 했지만 남들을 쉽게 인정하지 못했다. 회사에서 다른 사람들이 성과를 내면 '운'이 좋았을 것이라고 그들의 성과를 평가절하하기도 했다. 내가 모시던 팀장들을 인정하지 못하기도 했다. 그들의 수많은 성과보다 한 가지 결점에 주목했다. 왜 우리 팀장은 리더로서의 자질이 부족할까, 우리 팀장은 실력이 부족한 것은 아닐까라고 생각하며 아쉬워했다. 내가 팀장 복이 없다고 생각했던 것은 팀장에게 내가 기대하는 바가 너무 높았기 때문이다.

내가 부러워했던, 팀장 복이 많았던 선배의 팀장들은 얼마나 대단했을까라는 생각을 해봤다. 어쩌면 그렇지 않을 수도 있겠다는 생각을 하게 됐다. 팀장이 어떤 사람이냐가 중요한 것이 아니라 팀장을 바라보는 선배의 태도가 더 중요하다는 것을 알게 되었다. 선배는 먼저 팀장을 인정했기에 팀장 복이 많았던 것이다.

결국 내가 팀장 복이 없었던 것은 내 마음가짐의 문제였다. 나는 인정받고 싶으면서도 남을 인정하려 하지 않는 나의 문제 말이다.

회사를 바라보는
내 마음이 달라졌다

올해 나의 계획은 '멋지게 복직하기'다. 휴직기간 중 직장생활에서의 나의 모습을 되돌아보았던 게 큰 도움이 되었다. 회사 생활을 하면서 남 탓만 했던 나를 반성하며 그동안 가졌던 원망과 아쉬움이 조금씩 풀렸다. 회사 생활에 만족하지 못하고 힘들어 했던 것의 중심에는 회사가 아닌 내가 있었다. 잘못했던 것들이 하나둘 보이기 시작하면서, 어정쩡하게 회사 생활을 마무리할 수 없다는 생각이 들었다. 회사에서 어떤 자리에 올라가는 것을 목표로 두지 않더라도, 무슨 일을 하는지에 연연하지 않더라도 나만의 가치를 지키면서 언제가 될지 모르지만 회사와 아름답게 이별하는 내가 되고 싶다는 바람을 갖게 됐다.

작년 초, 『일하는 마음』의 제현주 작가 강의에서 '대리인의 삶'과 '당사자의 삶'에 대한 이야기를 들었다. 그녀의 10년 직장생활은 타인의 목적을 대신 수행해 주는 대리인의 삶이었다. 그 후 롤링다이스라는 협

동조합을 만들어 운영하던 시절은 당사자의 삶을 살았다. 그리고 지금 하고 있는 임팩트 투자는 대리인의 삶과 당사자의 삶이 교묘하게 결합된 형태라고 했다. 남의 돈을 대신 투자해서 수익을 내는 것이기에 일종의 대리인의 삶이라고 할 수 있지만 사회적 가치를 찾아내고 본인만의 철학을 기반으로 투자한다는 점에서는 당사자로서의 가치도 포함되어 있다는 것이 그녀의 설명이었다.

강의를 듣고 한동안 당사자의 삶과 대리인의 삶에 대해 고민했다. 그리고 직장생활에 대한 반성을 하면서 직장인으로서 당사자의 삶을 살아가는 방법은 없을까 골똘히 생각해 봤다. 물론 직장생활은 필연적으로 대리인의 삶을 살 수밖에 없겠지만 그 속에서 나의 가치를 실현하는 방법이 있을 것이라고 생각했다. 굳이 이곳을 돈이 나오는 창구로만 인식하고 싶지는 않았다. 그때 떠오른 게 내 삶의 비전이었다.

> 어제의 나와 경쟁하여 스스로 매력적인 사람이 되고,
> 그 매력을 통해 영향력을 발휘하는 삶을 살고 싶다.

이 비전은 작년 6월, 한 워크숍에서 만들었다. 타인과의 경쟁을 좋아하고 남들로부터 인정받기를 원하는 기질의 방향을 잘 활용해보라는 진행자의 조언을 듣고 경쟁의 대상을 나로 잡고, 남들의 인정보다 나 스스로의 인정을 추구하는 사람이 되어야겠다고 생각해 만든 비전이

었다. 그리고 이런 내 삶의 태도에다 사람들의 삶에 영향을 주고 싶다는 바람도 추가했다.

나의 비전이 회사에서도 유효할 수 있을 것이라고 판단했다. 나의 성장을 도모하고 그것을 통해 선후배에게 좋은 동료로서 살아가는 것도 분명 나를 중심으로 살아가는 방법이 될 수 있을 것이라 생각했다.

새롭게 해보고 싶은 일이 생긴 것도 복직을 바라게 만들었다. 회사 내에서 사이드 프로젝트를 만들어 보고 싶어졌다. 휴직 후 회사 밖 사람들을 만나면서 나는 신세계를 경험했다. 일을 통해 가치를 실현하는 것도 대단하게 느껴졌지만, 사이드 프로젝트를 통해서 자신만의 새로운 영역을 만들어 가는 것도 꽤나 부러웠다. 저녁마다 디제잉을 연습하는 분도, 독서 모임을 하는 분도, 영화 시나리오를 쓰는 분도 있었다. 회사 생활에서 지친 몸과 마음을 사이드 프로젝트를 통해 회복하는 것이 느껴졌다. 사이드 프로젝트의 성격이 업무와 관련이 있건 없건, 회사 생활에 도움이 되는 듯했다.

회사 동료들과 사이드 프로젝트를 함께 하면 재미날 것 같았다. 휴직 후 경험한 신세계에서 배웠던 것들을 하나씩 풀면서 직원들의 응어리 또한 함께 풀어보고 싶다는 생각을 하게 됐다. 떠오른 아이템이 지금 회사 밖 사람들과 하고 있는 '한 달 습관' 프로젝트다. 한 달 동안 하고 싶은 아이템을 정해서 꾸준히 해보는 프로그램을 회사 직원들과 함께 해보면 좋을 것 같다. 그 속에서 자기가 진짜 하고 싶은 것을 발견하고, 재미있는 취미를 발견함으로써 일상 속에서의 소소한 기쁨도 얻고 성장의 기회도 마련했으면 하는 바람에서다. 혹시 그 속에서 원석을 발견하는 동료도 있을 수 있지 않을까? 휴직기간에 배웠던 것들을 휴직을 할 수 없는 상황의 직원들에게 조금이나마 나누고 싶다.

복직을 바라는 마음의 끝에는 회사라는 안전지대로 다시 돌아가고 싶다는 마음도 있다. 휴직기간 동안 경험한 회사 밖 정글의 세계는 재미난 것들도 많았지만 위험 또한 여기저기 도사리고 있었다. 만만하게 볼 곳은 아니었다. 어쩌면 복직을 하자마자 곧장 자유로운 삶에 대한 갈망을 다시 느낄지도 모르겠다. 휴직을 하면서 아침마다 설렘을 느낄 수 있었으니까. 여러 마음이 들지만 중요한 것은 복직을 하겠다는 마음을 갖는 지금의 내가 너무 좋다는 사실이다. 회사 안에서도 희망을 갖고 새로운 도전을 해보고 싶다는 마음 하나로도 충분히 복직은 나에게 의미 깊은 결정이라 생각한다. 적어도 도망치듯 퇴사하고 싶진 않게 되었다.

같이 일했던 동료들과 가끔씩 점심을 먹었다. 그들이 들려주는 이야기만 보면, 회사는 지난 1년 반 전과는 크게 다르지 않은 듯했다. 여전히 불합리한 것, 쓸 데 없는 일도 많은 데다 상사들은 여전히 꼰대인 것 같다. 그럼에도 불구하고 회사로 돌아가서 다시 부딪혀봐도 괜찮다고 생각한다. 적어도 회사를 바라보는 내 마음이 많이 바뀌었기 때문이다. 그 속에서 온전히 '나다움'을 지켜 나가면서 좋은 영향을 미칠 수 있을 것이라는 믿음이 있기 때문이다. 이제는 더 이상 복직이 두렵지 않다.

나는 소망한다

아내에게 인정받으며 살고 싶다
아이들은 나를 가르치는 스승이다
아이들에게 바라기보다는 내가 먼저!
작은 꿈이 생겼습니다
나는 기버Giver인 척 살기로 했다

아내에게
인정받으며 살고 싶다

"휴직을 왜 허락해 줬어?"

휴직을 하고 얼마 되지 않은 어느 날 아침이었다. 출근한 아내에게 메시지를 보냈다. 갑자기 아내가 왜 나의 휴직을 허락해 주었는지 그 이유가 궁금했다. 한참 후 아내에게서 답변이 왔다.

"잘 할 수 있을 것 같았어. 그리고 대리만족을 느껴보고 싶었어. 나는 못할 것 같지만, 서방님이라면 뭐든 할 수 있을 것 같았거든."

아내의 대답에 나도 모르게 울컥했다. 아내가 나를 얼마나 사랑하는지 느껴졌다. 누군가에게 온전한 지지를 받는다는 것이 이렇게 감사하고 벅찬 것인지 아내의 문자를 받고 새삼 느낄 수 있었다. 행복했다.

작년 여름『저 청소 일 하는데요』라는 책을 재미있게 읽었다. 김예지 작가는 사회적 편견에 당당히 맞서 4년 넘게 청소 일을 업으로 삼았다. 20대 여성이 청소 일을 하는 것에 대해 사람들의 편견이 있었다. 청소 일 자체에 대해 부정적인 시선도 컸거니와, 그것을 젊은 사람이 할 일이라고 생각하지 않았기에 사람들은 그녀의 일을 좋지 않게 바라봤다. 그녀는 타인의 시선을 극복하기보다는 견뎌냈다고 했다. 견뎌내는 것을 통해 그녀가 더 성장할 수 있었겠지만, 그 시간이 꽤나 힘들었음이 짐작이 갔다.

작가가 견딜 수 있도록 힘을 준 사람이 있었다. 바로 그녀의 어머니. 어머니는 처음 그녀에게 청소 일을 권유했던 사람이기도 하다. 때로는 직장 동료로서 때로는 든든한 후원자로서 어머니는 그녀의 곁에 있었다. 그리고 그 누구보다 그녀를 응원했다. 물론 세상 모든 어머니가 다 그러하다고 할 수도 있겠지만 그녀의 온전한 지지자가 되었던 어머니가 조금 특별해 보였다. 책을 보며 우리가 시련을 견뎌내는 데 있어 많은 사람의 응원보다 더 중요한 것이 한 사람의 온전한 지지라는 것을 새삼 느낄 수 있었다.

책을 보는 내내 아내가 생각났다. 물론 나의 어머니도 나를 언제나 지지하고 응원해 주신다. 하지만 지금의 내 옆에서 가장 오랜 시간 나를 지켜보면서 가장 열정적으로 지지해주는 사람은 아내였다. 그런 아내 덕분에 나 또한 휴직 생활을 잘 견뎌낼 수 있었고 그 사실이 감사했다.

물론 이것이 꼭 긍정적으로만 작용한 것은 아니었다. 아내의 온전한 지지가 때로는 내게 강한 압박으로 다가올 때도 있었다. 아내에게 실망스러운 모습을 보여주지 말아야겠다고 생각했고, 빨리 소기의 성과물을 만들어 내는 것이 아내의 지지에 화답하는 길이라고 생각했다. 아내가 내게 그런 것을 요구한 것도 아니었지만 나 혼자서 그래야 된다고 생각했다. 이런 마음은 나의 행동으로 나타났다. 휴직 초반 이를 악물고 뭐라도 얻어 보려고 애를 썼던 것도 그런 이유 때문이다. 어떻게 해서든 지금의 이 소중한 시간을 잘 보내서 아내가 원하는 대리만족을 느끼게 하고 싶었다. 일 분 일 초라도 헛되이 쓰면 안 된다고 생각했다.

그때마다 나를 잡아준 것도 아내였다. 매일 블로그에 기록을 남기면서 나의 행동과 생각을 정리했다. 당연히 조급한 마음이 글에 담길 수밖에 없었다. 아내에게 일부러 보여주기 위해서 그런 글을 쓴 것은 아니었다. 정확히 내 감정을 표현할 수 있어야 좋은 글이라고 생각했기에 솔직하게 썼을 뿐이다. 매일 나의 글을 읽고 댓글을 남겼던 아내가 나의 이런 마음을 모를 리가 없었다.

"괜찮아. 지금 이 소중한 시간을 잘 즐겨."

아내는 나의 조급함을 잘 이해했다. 그리고 괜찮다는 말 한 마디로 나를 토닥여 줬다. 말 한 마디로 조급한 마음이 사라진 것은 아니었지만, 아내의 댓글 덕분에 잠시 마음을 내려놓을 수 있었다.

아내의 온전한 지지를 받아서 그런지 휴직기간 동안 가장 바란 것은 아내의 인정이었다. 다른 사람들이 뭐라 해도 아내만 인정하면, 그것으로 됐다고 생각했다. 나를 가장 잘 아는 아내가 해 주는 인정이 제일 정확하다고 생각했기 때문이다. 다행히 아내는 나를 온전히 지지해 줬지만 칭찬을 남발하는 사람은 아니었다. 내 글에 대한 평가가 그랬다. 칭찬은 가뭄에 콩 나듯 해 주었다. 하지만 이것이 내게는 더 큰 자극이 되었다. 아내에게 인정받고 싶다는 마음에 꾹꾹 담아 글을 쓰게 되었으니 말이다.

덕분에 나는 새로운 지향점을 갖게 되었다. 나는 앞으로도 아내에게 인정받는 것을 가장 중요한 성과의 척도로 생각할 예정이다. 다른 누구도 나를 인정하지 않는다 하더라도 아내가 나를 인정해 준다면 그것으로 괜찮다고 생각하기로 했다. 그만큼 아내의 눈이, 적어도 나를 바라볼 때는 정확하다고 생각하니까.

내 블로그 필명은 '똘똘한 온달'이다. 나의 인생에 가장 큰 영향을 미친 사람은 평강공주 같은 아내다. 바보가 아닌 '똘똘한'이라는 수식어를 달았던 것은 내 자존심이다. 어찌됐든 나는 아내 덕분에 지금의 내가 될 수 있었다. 그리고 앞으로의 나도 아내 덕분에 만들어질 것이다. 항상 나를 지지하고 응원해 주는 아내를 만나 너무 감사하다. 그리고 그런 아내에게 언제든 인정받으면서 그렇게 살고 싶다.

아이들은
나를 가르치는 스승이다

70대 노부부의 세계 여행 이야기가 담긴 『즐겁지 않으면 인생이 아니다』를 읽었다. 린 마틴과 팀 마틴 부부는 70살이 되던 해 남은 인생의 시간들을 세계 여행을 하면서 보내기로 결정한다. 그리고 그 다음 해 집을 팔고 소중한 물건들만 보관소에 맡긴 후 직접 운전해서 멕시코를 시작으로, 전 세계를 천천히 여행하며 살아간다.

책을 읽으며 여행을 좋아하는 나도 새로운 꿈을 갖게 되었다. 70이 되어 모든 것을 정리하고 아내와 함께 전 세계를 여행하는 그런 삶을 살고 싶었다. 책 말미에 여행에 대한 노부부의 이야기가 특히 인상적이었다.

> 우리는 예전보다 훨씬 용감무쌍해졌다. (중략) 넓은 세상에서 살아가는 우리의 능력에 대해 자신감이 커졌고, 웬만한 일에는 화를 내지 않게 됐다.   _마틴 부부, 『즐겁지 않으면 인생이 아니다』 중

이 이야기는 지난 여름 아이들과 함께 했던 70일간의 캐나다 여행을 생각나게 했다. 많은 것을 배운 여행이었다. 여행을 마치고 집으로 돌아올 때 나와 아이들은 출발 전보다 조금 더 끈끈해지고 단단해졌다. 아이들과 함께라면 이 세상 어디도 갈 수 있을 것 같다는 자신감도 얻었다. 노부부의 세계 여행처럼 우리의 캐나다 여행도 나를 훨씬 용감무쌍한 사람으로 만들어 주었다.

다 아이들 덕분이었다. 여행을 하는 내내 아이들은 새로운 모습을 보여주며 나를 놀래켰다. 아이들이 보여준 적응력과 회복력은 내가 생각했던 것 이상이었다. 영어를 못해도 아이들은 주눅들지 않았다. 말하지 않아도 친구와 노는 법을 터득하며 새로운 친구들을 사귀기도 했다. 맹장이 터져 병원에 입원한 아들은 힘든 상황에서도 희망을 잃지 않았다. 억울해 하면서도, 더 좋은 일이 생길 거라고 이야기하는 아이 앞에서 나 혼자 감동받기도 했다.

밴프에서, 토론토에서, 뉴욕에서, 워싱턴에서 아이들의 활약은 기대 이상이었다. 무거운 캐리어를 끌며 아빠를 도왔고, 캠핑장에서는 각자 맡은 역할을 성실하게 수행해 주었다. 아빠가 준 미션을 둘이서 척척 해결하기도 했다. 아이들이 여행을 하면서 육체적으로도 정신적으로도 많이 컸다는 것을 실감할 수 있었다. 아이들은 내가 생각했던 것보다 훨씬 강했다. 나 혼자 오롯이 아이들을 책임지는 70일 동안 아이들로부터 배운 게 참 많았다. 아이들 덕분에 내가 '성장'할 수 있었고, 그런 아이들에게 고마울 따름이다.

일상에서도 아이들은 나에게 많은 가르침을 주었다. 아이들의 새로운 도전은 제한선을 넘지 않으려는 나를 반성하게 만들었다.

작년, 일곱 살이던 둘째는 두 발 자전거를 처음으로 배웠다. 아이는 힘들어했지만, 포기하지 않았다. 두 발 자전거를 타겠다는 의지가 강했다. 첫 날 힘겹게 배운 아이는 매일 나가서 연습했다. 덕분에 나 또한 아이에게 끌려가야 하는 수고로움을 감당해야 했지만 말이다. 아이는 포기하지 않고 될 때까지 연습했고, 5일째가 되어서야 안정적으로 두 발 자전거 페달을 밟을 수 있게 되었다.

자전거를 배우고 얼마 후 주말이었다. 둘째가 자전거를 타고 한강에 가고 싶어 했다. 네 발 자전거로는 몇 번 갔지만 두 발 자전거로는 처음이었다. 아직 완벽하지 않아 무리라고 생각했지만 의지가 강했다. 일주일 동안 아파트 공터에서 배웠던 실력을 한강에 나가서 뽐내 보고 싶어 했다. 아이의 강한 의지에 두 손 두 발 들고 함께 가기로 했다. 그리고 나는 그런 아이에게 몇 번이나 주의를 줬다.

"두 발 자전거를 탄다는 것은 자전거를 책임지게 된다는 거야. 아빠는 절대 너의 자전거를 돌봐주지 않을 거야. 혼자 잘 관리하는 거야, 알았지?"

아이는 신나게 자전거를 탔다. 왕복 10km의 긴 구간을 형과 함께 다녀왔다. 중간에 편의점에서 라면도 먹으며 즐거운 시간을 보냈다. 비록 집 근처에 도착할 때쯤 다리에 힘이 풀려 몇 번 넘어질 뻔했지만 끝까지 자기 자전거를 책임지며 집까지 올 수 있었다. 일곱 살 아들의 투지를 보면서 한계란 무엇일까 생각했다. 어쩌면 한계는 내가 만든 것일 수도 있겠다 싶었다. 처음부터 못한다고 정의를 내리고, 쳐다보지도 않았던 것들이 어쩌면 할 수 있는 것들이었을지도 모르겠다는 아쉬움도 들었다. 벽을 치는 것도, 제한을 두는 것도 그리고 한계를 설정하는 것도 결국 나였다. 실상은 아무도 모르는데 말이다.

그동안 나는 아빠로서, 어른으로서 아이들에게 가르쳐야 된다고만 생각했다. 그게 당연한 세상의 이치라고 여겼다. 하지만 캐나다 여행을 통해서, 그리고 일상에서 내가 오히려 아이들을 통해 배운다는 사실을 알 수 있었다. 나의 스승이 되어준 아이들이 너무 고맙고 사랑스럽다. '앞으로도 더 잘 배우겠습니다!'

아이들에게 바라기보다는
내가 먼저!

캐나다에서의 일이다. 세상이 좁아졌다는 사실을 새삼 느꼈다. 머나먼 캐나다에서도 한 시간 정도만 기다리면 한국의 TV 프로그램을 볼 수 있었다. 어쩌다 보니, 이런저런 한국 드라마와 예능 프로그램을 보게 되었다. 우리나라가 그리웠는지 꽤나 재미있게 시청했다. 그 중 단연 기억에 남는 건 〈캠핑클럽〉이라는 프로그램이었다. 캐나다에 오기 전부터 이 프로그램에 대한 기대가 컸다. 핑클의 멤버 전원이, 14년 만에 뭉친다고 하니 어떤 이야기가 펼쳐질지 궁금했다.

그들이 6박 7일 동안 국내 곳곳을 누비며 캠핑하는 이야기를 보고 있으니 나도 모르게 흐뭇한 웃음이 나왔다. 어릴 때 생각이 나서 그런지 너무 좋았다. 고등학생 시절 나를 지탱해 준 그룹이 바로 '핑클'이었다. 하얀 드레스를 입고 '약속해줘'를 부를 때 나도 함께 새끼손가락을 걸고 약속했다. 무엇을 약속했는지 모르겠지만 그냥 그들과 함께 할 수 있어 좋았다. 멤버 네 명이 함께 나오니 고등학생 시절로 돌아간 기분이었다. 오랜만에 만난 나의 아이돌이 반가웠다.

하지만 세월의 흔적은 곳곳에서 드러났다. 그들의 대화에는 그간의 고민이 잘 녹아 있었다. 스포트라이트를 받으며 살았던 그들이, 화려함에서 잠시 빗겨 서게 되고 그 과정에서 고민하며 깨달은 이야기는 나로 하여금 많은 생각을 하게 했다. 나의 고민과 크게 다르지 않은 것 같아 더 공감이 갔다.

방송 중에 이효리 씨가 어느 날 아침, 갑자기 깨달은 게 있다며 멤버들에게 신나서 이야기하는 장면이 나온다.

> 우리 개개인은 다 멀쩡한 사람이야. 문제가 없어. 근데 넷이 모이니까 비교가 되잖아. 너는 그냥 원래 그 시간에 일어나는데 늦게 일어나는 애가 돼 버리잖아. 그리고 너는 원래 네 속도가 있는데 느린 애가 되고. 나는 성질 급한 애가 되고. 그게 우리의 문제였어. '비교'.
>
> ─ 〈캠핑클럽〉 중

비교에 대한 이효리 씨의 이야기를 듣고 있자니 이런저런 생각이 들었다. 어릴 때부터 나는 비교에 익숙해 있었다. 누군가를 꼭 '이겨야' 한다고 생각하며 살았다. 학교에서는 좋은 성적을 받아야만 했고, 회사에서는 사람들을 제치고 빨리 승진해야 한다고 생각했다. 그럭저럭 성적도 나쁘지 않았다. 하지만 항상 비교하고 누군가를 이겨야 한다는 생각은 어느 순간 한계에 다다랐다. 긴 슬럼프에 빠졌다. 그리고 선택한 게 휴직이었다. 정해진 경로를 인생에서 처음으로 이탈했다.

휴직은 나에게 많은 생각거리를 던져줬다. 책을 읽고 사람들을 만나면서 남들과 경쟁해서 이긴다는 것이 무의미하다는 사실을 알게 되었다. 물론 남과 경쟁해서 이기면 그 순간은 기분이 좋다. 하지만 모든 것을 경쟁으로 생각하기 시작하면 한도 끝도 없다. 내가 세계 1등이 된다 해도 만족감은 채워지지 않을 것 같았다. 중요한 것은 남과 비교하며 경쟁하는 게 아니라 나 스스로 만족하고 사랑하는 것이라는 사실을 휴직을 하고 나서야 알 수 있었다.

비교에 대한 생각은 곧장 아이들에게로 향했다. 아이들이 나처럼 비교우위에 연연하는 과오를 범하진 않았으면 좋겠다 싶었다. 자신의 가치를 인정하면서 살되, 남에 비해서 자기가 못하다고 기죽지 않았으면 좋겠고, 남들보다 조금 잘한다고 우쭐하지 않았으면 했다. 그래서인지 비교하지만 않는다면 누구의 인생이든 멀쩡하다는 이효리 씨의 이야기가 참 좋았다. 아이들에게도 꼭 이 가치를 알려주고 싶었다.

정혜신 작가의 『당신이 옳다』를 읽다가 아이들에게 알려주고 싶은 또 다른 가치를 발견했다. 그것은 바로 '공감'이었다. 책에 나오는 작가의 공감에 대한 정의가 인상적이었다.

> 공감은 다정한 시선으로 사람 마음을 구석구석, 찬찬히, 환하게 볼 수 있을 때 닿을 수 있는 어떤 상태다. 사람의 내면을 한 조각, 한 조각 보다가 점차로 그 마음의 전체 모습이 보이면서 도달하는 깊은

> 이해의 단계가 공감이다. 상황을, 그 사람을 더 자세히 알면 알수록 상대를 더 이해하게 되고 더 많이 이해할수록 공감은 깊어진다. 그래서 공감은 타고나는 성품이 아니라 내 걸음으로 한 발 내딛으며 얻게 되는 무엇이다.
> ─정혜신, 『당신이 옳다』 중

 단순히 상대방의 이야기를 잘 듣고, 고개를 끄덕이는 것을 넘어 그 사람이 그런 이야기를 할 수밖에 없는 이유, 그런 행동을 할 수밖에 없는 이유를 이해하는 것이 진정한 공감이었다. 이를 위해 남의 이야기를 귀담아 듣고 적극적으로 이해하려는 자세가 더욱 필요해 보였다. 그리고 우리 아이들이 남들을 잘 이해할 수 있는 공감 능력이 높은 아이로 커 주었으면 했다.

 하지만 이런 생각은 캐나다에서 돌아오자마자 금세 깨지고 말았다. 우연히 김민식 PD의 강의를 듣게 되었다. 강의 중에 김 PD는 무언가를 보고 듣고 느낀 것들을 나에게 적용하면 교훈이 되지만 남에게 적용하길 바라면 '폭력'이 된다고 이야기했다. 이야기를 듣는 순간 내가 아이들에게 바라는 것이 아이들에게는 '폭력'이 될 수 있겠다 싶었다.
 사실 아이들에게 이런 것들을 바라는 이유는 따로 있다. 내가 잘 못하는 것들이었고, 그것을 못해서 후회하고 있었기 때문이다. 나의 아쉬운 점들을 아이들은 극복하며 살았으면 했다. 그렇게 사는 것이 아이들이 나처럼 힘들게 살아가지 않는 방법이라고 생각했다. 비교하지 않고, 공감하는 삶을 살 수 있도록 아빠가 도와주는 것이, 아빠로서 내가 해

줄 수 있는 선물이라고 말이다.

 김 PD의 강의는 내가 진짜 바라는 것은 아이들이 아니라 나의 변화라는 사실을 알게 해주었다. 아이들에게 바라는 내 마음에는 내가 못할 것이라 생각하는 것들을 아이들을 통해 대리만족하고 싶어 하는 욕망이 숨어 있었다. 그리고 아이들에게 바라는 모습을 그냥 솔직하게 마주하기로 했다. 아이들이 아닌 '나'에게 바라는 것이라고 말이다. 아이들이 어떻게 생각하든 그것은 아이들 몫으로 남겨두고 솔직하게 나의 바람을 적었다. 나는 남들과 비교하지 않고, 공감을 잘 하는 어른으로 자라고 싶다고, 아이들이 아니라 변화의 주체는 나여야 한다고. 그리고 한 가지 더 다짐했다. 아이들에게 무언가를 바라는 것이 생길 때마다 그것을 해야 할 사람은 아이들이 아니라 나 자신이라는 것을 잊지 말자고.

작은 꿈이 생겼습니다

 작년 겨울, 당일치기로 광주에 다녀왔다. '한 달 습관' 프로젝트의 걷기 모임 덕분이었다. 나와 함께 '온라인 걷기 모임'을 하는 분들 중 광주 멤버들이 나를 초대했다. 오프라인을 통해 한 번 보고 싶다고 생각했는데, 간만에 콧바람도 쐴 겸 감사한 마음으로 짧은 여행을 다녀올 수 있었다. 막상 가려니 그냥 갔다 오는 게 조금 아쉬웠다. 기왕 가는 건데, 나에게도 또 그 분들에게도 의미 있는 시간을 만들어 보고 싶다는 욕심이 들었다. 우연히 그들의 공통점을 찾게 됐다. 다들 나의 블로그를 꾸준히 읽으며 자기만의 글을 쓰고 싶어 하셨다. 그 분들께 내 글쓰기에 대해서 이야기를 해주고 싶었다. 결국 다른 멤버들까지 포함해 다섯 명 앞에서 글쓰기 강의를 진행했다.

 솔직히 강의 내용이 대단한 것은 아니었다. 내가 베스트셀러 책을 낸 것도, 전업 작가도 아니었기에 글을 잘 쓰는 '대단한' 방법을 알려줄 수는 없었다. 내가 알지 못하는 부분이기도 했고. 그저 나의 경험을 이야기했을 뿐이다. 지난 몇 년 간 블로그를 하면서 시나브로 바뀐 나를 보여줬다. 그리고 매일 글을 쓰는 나만의 몇 가지 방법에 대해 공유했다. 사람들이 이날의 강의를 통해 글을 쓰고 싶은 마음을 갖고, 한 글자라도 글을 쓰게 만들고 싶은 게 내 바람이었다.

내 마음이 통했는지 다섯 분은 나의 이야기를 경청해 주셨다. 평범한 사람이 해주는 글쓰기 이야기라 더 공감하시는 것 같기도 했다. 열심히 사진도 찍고, 메모하는 모습을 보면서, 또 반짝이는 그들의 눈망울을 보면서 광주까지 내려와서 강의하기를 잘 했다고 생각했다.

강의를 끝내고 기차를 타고 집으로 돌아오는 길이었다. 나의 이야기에 귀를 기울여주는 사람들을 떠올리니 행복한 감정이 올라왔다. 내가 누군가에게 도움이 될 수 있다는 것이 감사했다. 그리고 소수지만 나의 이야기를 듣고 싶어 하는 분들이 있다는 것을 알게 되었다. 비록 내가 대단한 사람이 아닐지라도, 내 이야기에 에너지를 얻고 새로운 도전을 꿈꾸는 사람이 있다는 사실이 나를 흥분시켰다.

이런 마음은 올해 초 버킷리스트 100개를 만드는 워크숍을 진행하면서 확신으로 변했다. 주변의 요청으로 버킷리스트를 100개 만드는 워크숍을 기획했다. 하지만 나 혼자 만드는 워크숍은 생각보다 어려웠다. 특히 사람을 모으는 일은 꽤나 고통스러운 작업이었다. 많은 분들이 오셨으면 했지만 열 명도 채우기 버거웠다. 겨우 사람들을 모아 진행할 수 있었다.

다행히 워크숍은 잘 진행됐다. 참여하신 분들의 반응도 꽤나 좋았다. 자기가 하고 싶은 것만을 오롯이 생각하는 세 시간을 통해 사람들은 자기의 욕망을 알게 되고 진짜 나의 모습을 찾는 데 도움이 되었다고 했다. 참여자들의 눈이 반짝이는 것을 느끼기도 했다. 그 순간, 나의 심장도 빠르게 뛰었다. 그때 나는 몇 명이 워크숍에 참여했느냐가 내게 크게 중요하지 않다는 것을 알게 되었다. 소규모의 사람들이 참여하더라도 그 속에서 소중한 가치를 얻어가는 것으로 주최자로서 내게 큰 의미가 있었다.

덕분에 나는 새로운 꿈을 갖게 됐다. 나는 사람들 앞에 나서서 나의 것을 나눠주는 사람이 되고 싶다. 많은 사람이 아니어도, 나를 필요로 하는 몇 명의 사람에게 내가 가진 경험과 지식을 아낌없이 공유하는 사람이 되고 싶다. 아니, 단 한 사람이라도 나를 필요로 하는 사람이 있다면 그것으로 충분하다. 그 속에서 나의 진정성도 오래도록 유지하고 싶다. 금전적 대가를 바라기보다는 나의 것을 나눠주는 것 자체에서 기쁨을 느끼고 싶다.

최근 한 남성 휴직자의 일기가 나에게 인상 깊게 다가왔다. 론다 번의 『매직』에 나와 있는 내용을 바탕으로 자신의 소망 목록을 적는 것이었는데, 그 중 하나가 내 눈에 들어왔다.

"아이들 선생님께 전해 들었습니다. 아이들이 가장 존경하는 사람이 아빠라고 말했다고 하네요. 아빠를 그렇게 생각해 주다니 고맙다 애들아. 고마워, 고마워, 고마워."

그 분의 소망이었지만 나의 바람이기도 했다. 아니 모든 부모의 바람일 거라 생각한다. 휴직을 하고 내게 생긴 꿈이 아이들에게도 자랑스럽게 다가왔으면 좋겠다. 아이들에게 부끄럽지 않도록 내 꿈을 펼치고 싶다. 그 속에서 아빠를 닮고 싶어 하는 아이들이 된다면 더할 나위 없이 기쁠 것 같다. 너무 큰 욕심이지만, 그 욕심을 위해 열심히 살아야겠다.

나는 기버^{Giver}인 척 살기로 했다

작년 말, 『자기 인생의 철학자들』을 인상 깊게 읽었다. 평균 72세 어른들의 인터뷰가 꽤나 재미있었다. 그들의 인터뷰를 통해 인생을 돌아볼 수 있었다. 어떤 어른이 되어야 하는지, 진정한 나다움을 어떻게 찾을 수 있을지 책을 읽으며 곰곰이 생각했다. 책을 오랫동안 음미하고 싶어 일부러 천천히 읽었다.

책을 읽다 보니 72세의 어른들 외에 한 사람이 눈에 들어왔다. 바로 그들을 인터뷰한 작가 김지수. 인터뷰 대상자의 입에서 사람들이 듣고 싶어 하는 이야기를 뽑아내는 작가의 인터뷰 기술이 실로 대단해 보였다. 자연스레 관심은 '김지수의 인터스텔라'로 이어졌다. 『자기 인생의 철학자들』은 조선비즈에 매주 토요일마다 연재한 것 중 일부를 모아 발간한 것이다. 덕분에 더 많은 사람들의 인터뷰를 찾아볼 수 있었다. 그리고 얼마 전 주옥 같은 인터뷰를 만날 수 있었다.

이날의 인터뷰 대상자는 '백종원' 씨였다. 최근 〈골목식당〉과 〈맛남의 광장〉을 통해 단순한 요리사업가가 아닌 인생컨설턴트로, 사회사업가로 거듭난 그의 이야기가 이번 인터뷰에 담겨 있었다.

> 저는 저한테 도움 되는 일을 해요. 저도 바보가 아닌데요. (중략) 다만 좀 멀리 봐요. 어떤 일들은 내가 은퇴하고 나서 좋아질 일들이죠. 먼 후일을 바라보니까 눈앞에 욕심은 안 내요. 백종원이 처음부터 호랑이를 그린다? 아녜요. 그리다 보면 이거 잘하면 호랑이도 되겠네, 감이 오는 정도죠.
> ─『인터뷰 중 일부』

김 작가의 백종원 씨 인터뷰는 하나도 버릴 것 없이 다 좋았지만, 그중 가장 인상 깊었던 것은 그의 선행에 대한 이야기였다. 베푸는 행동에 대한 질문에, 백종원 씨는 자신에게 도움이 되기 때문에 그 일을 한다고 단호하게 말한다. 대신 도움이 되는지에 대해 좀 더 멀리 바라본다고 했다.

애덤 그랜트의 『기브앤테이크』가 떠올랐다. 책에서 말하는 진정한 기버Giver의 삶을 백종원 씨가 살고 있는 것 같았다. 애덤 그랜트의 『기브앤테이크』에서는 진정한 기버와 호구를 구별했다. 호구는 남에게 주기만 한 사람이지만, 진정한 기버는 남에게 베푸는 삶을 살면서도 자기 자신의 이익 또한 무시하지 않는 사람이다.

아이러니하게도 자신의 이익에 대한 관심 덕분에 에너지를 유지하는 성공하는 기버가 실패한 기버보다 더 많이 베푼다. (중략) 성공한 기버는 실패한 기버보다 덜 이타적인 것처럼 보일지도 모르지만, 그들은 소진한 에너지를 회복하는 능력 덕분에 세상에 더 많이 공헌한다.

―애덤 그랜트, 『기브앤테이크』 중

책의 이야기와 오버랩되면서 남들에게 주는 삶을 사는 것 속에서 자기 자신의 이익을 챙기는 것 또한 중요하다는 점을 깨달았다. 백종원 씨의 이야기를 통해 진정한 기버의 삶을 살려면 앞으로 어떻게 살아야 할지 고민하게 되었다.

휴직을 하고 다양한 사람들을 만났다. 초반에는 내가 만나고 싶은 사람들을 만났다. 하지만 최근 들어 신기하게도 나를 만나고 싶어 하는 이가 하나둘씩 생기기 시작했다. 휴직에 대해 궁금해 하는 분도, 캐나다에서 아이들과의 이야기를 듣고 싶어 한 분도, 매일 글을 쓰는 마음을 알고 싶어 하는 분도 있었다. 만나자고 연락해 오는 사람들은 무조건 만났다. 그들과 대화를 나누는 것 자체가 즐거웠다. 나의 경험을 공유하고 그 속에서 배웠던 것을 이야기하는 게 좋았다. 내가 가지고 있는 것을 나눌 수 있다는 것이, 그 속에서 내가 누군가에게 도움을 줄 수 있다는 사실이 나를 흥분시켰다.

하루는 의정부에서 일을 마치고, 홍대까지 한 분이 찾아오셨다. 나의 블로그 글을 보며 나를 롤모델로 삼는다는 분이었다. 신나게 대화를 나눴다. 내 일상과 생각에 대해서 이야기했다. 그리고 몇 개의 질문을 던지며 그의 이야기를 들을 수 있었다. 그와 이야기를 나누며 그를 이해할 수 있었고 내가 그에게 도와줄 수 있는 것을 찾을 수도 있었다. 몇 시간의 '수다'를 떨고 헤어질 때 그는 나에게 미안함을 표시했다.

"괜히 호진 님의 소중한 시간을 뺏은 것 같아서…."

그의 이야기를 들으니 내가 더 미안했다. 몇 시간 동안의 대화가 나에게도 충분히 도움이 됐기 때문이다. 나 또한 그에게 배웠던 것이 많았다. 그의 인생사가 나에게 많은 영감을 주었다. 내 이야기를 하면서 나를 정리하기도 했다. 또한 사람들이 나에게 어떤 점을 궁금해 하는지도 알 수 있었다. 덕분에 이런 글을 쓸 수 있게 됐고, 나에게도 유익한 시간이었는데, 그가 불편한 감정을 느꼈다니 미안할 따름이다. 사실 누군가에게 베푸는 척 하고 있지만, 나 또한 어떤 행동을 하든 나에게 얼마나 도움이 되는지를 중요하게 생각하는 사람이었다. 그리고 그와의 만남도 나에게 그런 것이었다.

백종원 씨의 인터뷰 중에 그의 '척'에 대한 부분이 인상적이었다. 착한 척, 순한 척, 겸손한 척 하면서 점점 '척'대로 되어간다는 이야기가 재미있었다. 그의 삶의 태도를 배워야겠다고 생각했고, 척하며 살아야겠다고 생각했다. 정작 이기적인 나이지만 사람들에게 내가 가진 것을 나눠 주면서 '기버인 척' 하며 살아가기로 마음먹었다. 그러다 보면 진짜 베푸는 사람이 될 것이고, 호구가 되지 않고 진정한 기버로 살아갈 수 있지 않을까?

에필로그

다시 일터로 돌아가며

아직도 난 배가 고프다

'남성 휴직자, 두 아이 아빠, 꾸준한 성장.' 나를 설명하는 세 가지 주요 키워드다.

나의 첫 번째 키워드는 '남성 휴직자'다. 휴직은 나에게 소중한 경험이었다. 매일 아침이 새롭고 설렜다. 아침에 눈을 뜰 때마다 오늘은 어떤 흥미로운 일이 벌어질까 기대했다. 그 속에서 새로운 인연도 만들었다. 닮고 싶은 사람도 만났고, 함께 도전할 수 있는 동지도 얻었다. 신기하게도 나를 멘토라 불러주는 분들도 있었다. 덕분에 휴직기간 동안 외롭지 않았다. 매일 많은 분들께 응원을 받을 수 있었다. 가장 큰 힘이 된 것은, 나와 비슷한 처지의 남성 휴직자들이었다. 의외로 남성 휴직자가 많다는 것을 알게 되었다. 하지만 그들은 다들 외로워했다. 주위에 기댈 수 있는 사람들이 별로 없었다. 그들과 만나면서 휴직기간을 더 잘 보내야겠다고 다짐했다. 내 행동이 누군가의 휴직에 영향을 줄 수 있겠다는 책임감을 느끼게 된 것이다.

두 번째 키워드는 '두 아이 아빠'다. 휴직을 하게 된 것은 아이들 덕분이었다. 아이들에게 당당한 아빠가 되고 싶었다. 회사를 다닐 때에는 좋은 아빠가 되지 못했다. 회사 일이 바빠서도, 아이들과 잘 놀지 못해서도 그런 것은 아니었다. 나 자신의 삶에 만족하지 못하다 보니 아이들에게 그런 감정이 고스란히 전달되었다. 몇 번의 위험신호를 감지했고, 더 이상 무기력하게 화만 내는 아빠로 남고 싶지 않았다. 그래서 선택한 게 휴직이었다. 휴직기간 동안 아이들과의 소중한 시간이 감사했다. 그 속에서 새로운 것을 알게 되었다. 아이들에게 좋은 아빠가 되기 위해 그 전에 해야 할 것이 있었다. 우선 좋은 '나'가 되는 것이다. 아이들에게 무언가를 가르치려 하기보다는, 나 스스로를 잘 다스리는 게 더욱 중요하다는 것을 알게 되었다.

 마지막 키워드는 '꾸준한 성장'이다. 직장생활에 익숙해지고 나서부터 나는 나를 가꾸는 일에 관심을 갖지 못했다. 쓸모없는 짓이라 생각했다. 정체된 것 같아 가슴이 아플 때도 있었지만 아등바등한다고 달라질 것 같지 않았기에 지레 포기한 적도 많았다. 우연히 글을 쓰게 되고, 버킷리스트 100개를 만들면서 나에게 아직 '성장'에 대한 욕구가 남아 있다는 사실을 알게 되었다. 그것을 채우고자 선택한 휴직이었기에, 휴직기간 동안 그 욕구는 더욱 활활 타올랐다. 덕분에 나는 매일 성장할 수 있었다. 변하는 나의 모습이 보였고, 움츠러들었던 나의 어깨가 점점 펴지는 것도 느껴졌다. 토익 점수나 달리기 기록처럼 나의 성장을 객관적인 수치로 환산할 수 있다면 더할 나위 없이 좋겠지만, 그런 지표가 없더라도 만족스러운 성과였다. 분명 휴직 이전보다 지금의 나는 훨씬 좋은 사람이 되어 있으니까. 적어도 나의 눈에는 말이다.

"I am still hungry."

비록 대단한 업적을 이룬 것은 아니지만, 휴직기간 동안 나는 많은 것을 쌓았다. 그 누구보다 치열하게 살았고, 그 속에서 내게 진짜 필요한 가치를 알게 됐다. 그럼에도 불구하고 나는 아직도 배가 고프다. 더 자라고 싶다. 아직도 나는 부족한 게 많은 사람이다. 에고는 수시로 찾아와 나를 괴롭히고, 주변의 가벼운 바람에도 여전히 나는 흔들린다.

하지만 무리할 생각은 없다. 게임의 법칙을 알아 버렸기 때문이다. '성장'이라는 세계에서는 빨리 가려고, 힘을 준다고 더 잘 나가는 게 아니다. 오히려 힘을 뺄 때, 마음의 여유를 가질 때 더 성장할 수 있는 게 이곳의 룰이다. 이 세계에서 진짜 중요한 것은 포기하지 않고 꾸준히 '삽질'하는 것이다. 언젠가 금맥을 캐낼 수 있다는 믿음으로 매일 하는 것이 중요하다. 그래서 나는 복직을 하더라도 지금 내가 매일 하는 것들을 포기하지 않고 꾸준히 하려 한다. 그 속에서 '점진적 과부하'를 추구할 예정이다. 오버 페이스가 아닌, 조금씩 내가 감당할 만큼의 과부하를 두면서 내 몸과 마음의 근육을 단련시키고 싶다. 비록 그것이 효율적이지 못할지라도 그것으로 충분하지 않을까 싶다. 조금씩 천천히 가는 길 끝에 분명 내가 추구하는 가치가 있을 것이라 생각하며 주저앉지 않을 것이다.

이젠 더 이상 마흔이 두렵지 않다

　최근 휴직을 막 시작한 사람을 알게 됐다. 그는 휴직을 하고 영어 공부도 하고, 책도 읽고, 글도 써 볼 계획이었다. 하지만 휴직 한 달 후부터 조바심을 내기 시작했다. 한 달이 전광석화처럼 지나가 버렸기 때문. 그리고 자신에게 주어진 시간이 생각보다 짧다는 사실을 알게 되었다. 이러다가 휴직이란 귀한 시간을 그냥 날려 보내는 것은 아닌지 걱정했다. 그를 보면서 1년 전의 내 모습을 보는 것 같았다. 그리고 그에게 위로의 말을 건네주고 싶었다. 조바심을 내는 모습이 지극히 당연한 모습일 뿐더러 지금의 그 마음이라면 분명 휴직이 끝날 때쯤 좋은 시간이었다고 말할 수 있을 것이라고 말이다. 나 또한 그랬으니까.

　책을 쓰면서 휴직을 막 시작한 그 분이 자꾸 떠올랐다. 그리고 이 책이 휴직원을 막 제출한 이 땅의 휴직자 분들께 조금이나마 도움이 되었으면 좋겠다고 생각했다. 한편으로는 위로가 되고, 다른 한편으로는 좌표가 되는 책이었으면 하는 바람과 함께. 또한 휴직을 할까 말까 고민하는 분들에게는 이정표가 될 수 있었으면 좋겠다. 어떤 분은 'Go'를 선택할 수도 또 어떤 분은 'Don't Go'를 선택할 수도 있을 것이다. 어떤 선택이든 간접적으로나마 그 세계를 경험해 보는 계기를 마련해 주고 싶다.

　또 다른 바람도 있다. 꼭 휴직이 아니더라도 많은 분들이 삶에서 잠시 쉬는 시간이 있었으면, 그리고 그 속에서 진짜 나를 찾아가는 시도를 할 수 있었으면 좋겠다. 오바마의 딸 말리아가 대학 입학 전 1년 동안의 갭이어를 가질 계획이라는 기사를 보고 놀란 적이 있다. 갭이어라는 말을 처음 알게 되었다. 휴직 전 나는 일생에 단 한 번도 갭이어를 가져본 적이 없었다. 항상 직진만 하며 살았다. 휴학을 하긴 했지만 그때에도 취업을 위해 영어 공부에 매진해야 했다. 내 나이 또래의 대부분이 나와 비슷하지 않았을까 싶다. 항상 어딘가를 향해 달려왔을 뿐이지 잠시도 쉬어 본 적이 없는 분들이 많다. 그분들에게 잠시 쉼의 시간을 가져도 괜찮다는 메시지를 전달하고 싶다.

물론 휴직이라는 것을 화두로 던진 것이 부담스럽기는 하다. 분명 누군가에게는 불편한 이야기일 수도 있다. 나처럼 휴직을 할 수 있는 경우가 많지 않을 수도 있기 때문이다. 하지만 꼭 휴직이 아니어도 괜찮다고 생각한다. 꼭 일 년 이상이 아니어도 상관없다고 본다. 잠시 나만을 생각하고 쉴 수 있는 시간이어도 충분하지 않을까? 단 며칠이어도 좋고 단 몇 시간이어도 좋다. 오롯이 나만 생각하는, 나를 위해 행복한 이기주의자가 되는 시간을 가져봤으면 좋겠다.

올해 나는 우리 나이로 마흔이 되었다. 사람들은 나이의 앞자리가 바뀌면 우울하다고 하던데 나는 그렇지 않았다. 오히려 새로운 한 해가 시작된다는 것이 설레고 흥분될 따름이었다. 지난 서른아홉의 시간을 너무나 알차고 즐겁게 보냈기에 마흔이 되는 게 두렵지 않았다. 그동안 해보지 못했던 많은 일들을 휴직을 하면서 할 수 있었다. 그 속에서 아내의 배려와 주변 사람들의 도움이 컸다. 덕분에 내 주변에 감사한 마음을 갖게 된 것도 이번 휴직이 준 선물이다.

최인철 교수는 그의 책 『굿라이프』에서 그가 생각하는 행복에 대해 이야기한다.

> 어쩌면 우리는 이미 만족하고 이미 감사하고 이미 고요하고 이미 즐거우면서도, 여전히 행복이라는 파랑새 같은 감정을 경험해야만 한다는 숙제를 안고 살아왔는지도 모른다. ―최인철, 『굿라이프』 중

휴직을 하고 나를 찾아가고 그 속에서 가족들과 시간을 보내면서 행복에 대한 생각이 많이 바뀌었다. 큰 것을 이루는 것도 행복이지만 소소한 것이 쌓여서 더 큰 행복을 줄 수도 있다는 것을 알게 되었다. 그런 의미에서 작년 한 해 나는 참 행복했다. 그 속에서 우리 가족은 자주 웃을 수 있었고 더 많이 보듬어 줄 수 있었다. 아내가 내 블로그에 남긴 댓글이 확 와 닿았다. 그리고 그것이 진짜 우리의 파랑새였다.

"적어도 확실한 것은 지난 1년 동안 우리가 더 자주 행복했다는 사실이야."